第3版
証拠保全の実務

朝倉 佳秀／高木 勝己 [編著]

一般社団法人 金融財政事情研究会

第3版はしがき

　東京地裁証拠保全委員会による『新版　証拠保全の実務』が刊行されてから約9年が経過した。

　この間、証拠保全の場において、社会のあらゆる分野でのデジタル化が進展したことに伴って、電磁的記録を検証物とする申立てが激増し、電磁的記録の所持者はだれとみるべきかなど、多くの新しい論点が生起した。また、それ以外についても、関連する複数の証拠保全の申立てがあった場合など、日々の証拠保全の現場において、従前の検討結果のみでは対処に困難を感じる事案も少なからず発生してきた。

　当研究会では、これら各種の問題について、毎年一定の研究テーマを設定して、東京地方裁判所において実際に証拠保全を担当する判事補が、先輩の判事や書記官の助言を受けながら、調査・研究にあたってきたが、この度、これらの成果を踏まえて、合計10の設問を新設して解説を加えるとともに、関連するいくつかの設問について設問および解説を一部見直すなどして、「証拠保全の実務」をよりアップ・トゥ・デイトなものに改訂することとした。一部の設問については、複数の考え方を併記するにとどめた箇所もあり、この点は、今後の裁判例等の集積を待ってさらに検討を重ねていく予定であるが、本書が引き続き証拠保全の実務に携わる方々の参考になれば幸いである。

　本書は、研究会の過去の調査・研究に負うところも多く、これまで調査・研究にあたってきた判事補等に深く感謝の意を表するとともに、本書の刊行にあたって終始ご協力いただいた一般社団法人金融財政事情研究会の平野正樹氏に深く感謝の意を表したい。

　令和6年11月

東京地方裁判所判事

朝倉　佳秀

高木　勝己

新版はしがき

　東京地裁証拠保全研究会による『証拠保全の実務』が刊行されて約9年が経過した。この間、いわゆる電子カルテの普及や診療録の任意開示制度の充実、労働事件、金融商品取引事件等を本案とする申立ての増加など、証拠保全をめぐる情勢は刻々と変化しているように思われる。

　そこで、このような変化に対応すべく、全編にわたり旧版の記述を見直し、主要な判例、文献等を追加して、よりアップ・トゥ・デイトなものにするとともに、労働事件、金融商品取引事件について、新たに問いを設け、実務の運用と問題点を解説することにした。

　改訂にあたっては、旧版と同様、東京地方裁判所において実際に証拠保全を担当する判事補が、先輩の判事の指導や書記官の助言を受けながら、調査、研究に当たった。また、解説のうち、意見にわたる部分は、あくまで研究会での検討結果にすぎないことも旧版と同様である。時間的な制約もあり、研究不足があることは否めないが、この点は今後の不断の検討に委ねられるものとして、ご容赦願いたい。

　本書は、旧版の研究成果はもちろん、過去の研究会における研究成果に負うところが大きい。これまで調査、研究に当たった判事補等に深く感謝の意を表するとともに、本書の刊行にあたって終始ご協力いただいた一般社団法人金融財政事情研究会の髙野雄樹氏に深く感謝の意を表したい。

　平成27年7月

東京地方裁判所判事

森冨　義明

東海林　保

はしがき

　民事訴訟法（平成8年法律第109号）234条以下に定められている証拠保全の制度は、民事訴訟においては、さまざまな分野で幅広く利用されており、実際の申立事件数も多い。特に、医療関係の損害賠償請求訴訟においては、患者側当事者において、訴えの提起前に、カルテ等の医療記録の検証を目的とする証拠保全を申し立てるのが、標準的なプラクティスとして確立している状況にある。

　ところで、従来、証拠保全事件に関する文献は、必ずしも多くはなかった。民事訴訟法の教科書や注釈書などに制度の概略についての記述がみられるものの、事件に実際に携わる裁判官、弁護士その他の方々の需要を満たすような文献は少なかった。

　そこで、われわれは、証拠保全実務に携わる方々に広く利用していただくことを念頭に置いて、純理論的な問題よりも、実務的な問題、制度の運用の実情を中心に、証拠保全事件の申立てから終了までの解説書として本書を出版することとした。

　本書においては、まず冒頭の第1編において、初めて証拠保全事件を担当する実務家が事件の流れのイメージをつかめるように、モデル事案を設定して、証拠保全の申立てから手続の終了までを物語風に記述してみることとした。第2編は、本書の中心をなす部分であり、証拠保全における実際の運用と問題点を、一問一答の形式で、論点ごとにわかりやすく解説した。最後に、第3編として、申立書・決定書・調書等の記載例を付した。

　本書の構成および内容は、東京地方裁判所における証拠保全事件の標準的な運用をベースとして、証拠保全事件で実際に問題となる事項につき執筆者の間で議論を重ねて、できあがったものである。忘れてはならないことは、本書の基礎には、執筆者の先輩に当たる前任裁判官たちの貴重な情報の蓄積があることである。東京地方裁判所民事部においては、十数年前から、裁判官の間で自発的に証拠保全に関する研究会が構成され、実際に証拠保全事件を担当する判事補が、先輩の判事のアドバイスを受けながら、実情の調査、

実務上の諸問題の研究を行ってきた。本書は、研究会の過去の調査・研究の蓄積に負うところも大きく、執筆者の先輩に当たる前任裁判官たちに深く感謝の意を表したい。

　最後に、本書の刊行にあたって終始ご協力いただいた社団法人金融財政事情研究会の竹崎巌氏にも深く感謝の意を表したい。

　平成18年3月

　　　　　　　　　　　　　　　　　　　　東京地裁証拠保全研究会
　　　　　　　　　　　　　　　　　　　　　　齋藤　　隆
　　　　　　　　　　　　　　　　　　　　　　野山　　宏
　　　　　　　　　　　　　　　　　　　　　　深見　敏正
　　　　　　　　　　　　　　　　　　　　　　山添　春樹

■第3版執筆者一覧（50音順。肩書きは令和6年3月当時）

朝倉　佳秀	東京地方裁判所判事
伊藤　愉理子	東京地方裁判所判事補
小川　勝己	東京地方裁判所判事補
勝又　直子	東京地方裁判所主任書記官
加藤　創	東京地方裁判所判事補
北岡　憧子	東京地方裁判所判事補
佐藤　順一	東京地方裁判所次席書記官
高岡　遼大	東京地方裁判所判事補
高木　勝己	東京地方裁判所判事
高橋　雅生	東京地方裁判所主任書記官
長　博文	東京地方裁判所判事
土屋　桜子	東京地方裁判所判事補
名島　享卓	東京地方裁判所判事
林　正人	東京地方裁判所訟廷副管理官
原　美湖	東京地方裁判所判事
藤田　正憲	東京地方裁判所主任書記官
宮崎　裕季子	東京地方裁判所判事補
和田　義光	東京地方裁判所判事補
和田　安民	東京地方裁判所主任書記官

■新版執筆者一覧（50音順。所属・肩書きは平成27年3月当時）

五十嵐　章裕	東京地方裁判所判事
大曽根　史洋	東京地方裁判所判事補
加藤　智也	東京地方裁判所次席書記官
齊藤　隆広	東京地方裁判所判事補
佐々木　耕	東京地方裁判所判事補
下道　良太	東京地方裁判所判事補
品川　英基	東京地方裁判所判事
東海林　保	東京地方裁判所判事
髙田　卓	東京地方裁判所判事補
高木　俊明	東京地方裁判所判事補
谷口　典子	東京地方裁判所訟廷副管理官
手塚　隆成	東京地方裁判所判事補
中川　真梨子	東京地方裁判所判事補
水田　直希	東京地方裁判所判事補
森冨　義明	東京地方裁判所判事
渡貫　昭太	東京地方裁判所判事補
綿貫　義昌	東京地方裁判所判事

■執筆者一覧（50音順。所属・肩書きは平成18年３月当時）

貝阿彌	千絵子	前東京地方裁判所判事補
川嶋	知正	東京地方裁判所判事補
後藤	英時郎	東京地方裁判所判事補
齊藤	暁子	東京地方裁判所判事補
齋藤	隆	東京地方裁判所判事
芝田	由平	東京地方裁判所判事補
東海林	保	東京地方裁判所判事
鈴木	敦士	前東京地方裁判所判事補
髙橋	光一	東京地方裁判所訟廷副管理官
丹下	友華	東京地方裁判所判事補
都野	道紀	東京地方裁判所判事補
西岡	清一郎	東京地方裁判所判事
西尾	洋介	東京地方裁判所判事補
野山	宏	東京地方裁判所判事
林	啓治郎	前東京地方裁判所判事補
林	道晴	前東京地方裁判所判事
久次	良奈子	東京地方裁判所判事補
深見	敏正	東京地方裁判所判事
福永	弘子	東京地方裁判所訟廷副管理官
古市	文孝	東京地方裁判所判事補
堀内	元城	東京地方裁判所判事補
皆川	更	東京地方裁判所判事補
望月	千広	東京地方裁判所判事補
山添	春樹	東京地方裁判所次席書記官
吉岡	大地	東京地方裁判所判事補
吉澤	邦和	東京地方裁判所判事補

■ 略記法および参考文献一覧 ■

1　民事訴訟法を「民訴法」、民事訴訟規則を「民訴規則」とし、本文中で引用する法令は通常の略記による。

2　判決の表記は、次のように記載した。
　最判昭54.4.17民集33巻3号366頁
　東京高決昭42.10.6判時501号73頁

3　判例集、法律雑誌の略記は、下記のとおり、通常の例によった。
　【判例集】
　　民集→最高裁判所民事判例集
　　刑集→大審院刑事判例集
　　裁判集→最高裁判所裁判集民事
　　下民集→下級裁判所民事裁判例集
　【法律雑誌】
　　判時→判例時報
　　判タ→判例タイムズ
　　金判→金融・商事判例
　　民訴雑誌→民事訴訟法雑誌

4　参考文献一覧と略記
　証拠保全に関する文献は、以下のようなものがあり、うち本文中に多数引用したものについては、末尾【　】内にゴチック体で引用に用いた略語を表記した。

(単行本)
・伊藤眞『民事訴訟法〔第7版〕』(有斐閣、2020)
・稲垣喬『医療過誤訴訟の理論』(日本評論社、1985)
・井上治典＝伊藤眞＝佐上善和『これからの民事訴訟法』(日本評論社、1984)
・加藤良夫＝増田聖子『患者側弁護士のための実践医療過誤訴訟』(日本評論社、2004)
・門口正人編集代表『民事証拠法大系第2巻』(青林書院、2004)【証拠法大系2巻】
・門口正人編集代表『民事証拠法大系第4巻』(青林書院、2003)【証拠法大系4巻】
・門口正人編集代表『民事証拠法大系第5巻』(青林書院、2005)【証拠法大系5巻】
・畔柳達雄＝高瀬浩造＝前田順司編『わかりやすい医療裁判処方箋』(判例タイ

ムズ社、2004）
- 小島武司『民事訴訟の基礎法理』（有斐閣、1988）
- 小林秀之『新証拠法〔第2版〕』（弘文堂、2003）
- 小林秀之『民事裁判の審理』（有斐閣、1987）
- 裁判所書記官研修所監修『新民事訴訟法における書記官事務の研究Ⅰ』（司法協会、1998）
- 裁判所書記官研修所監修『新民事訴訟法における書記官事務の研究Ⅱ』（司法協会、1998）
- 裁判所職員総合研修所監修『民事実務講義案Ⅰ〔五訂版〕』（司法協会、2016）
- 裁判所書記官研修所監修『民事訴訟関係書類の送達実務の研究〔新訂〕』（司法協会、2006）
- 櫻庭信之＝行川雄一郎＝北條孝佳編『法律実務のためのデジタル・フォレンジックとサイバーセキュリティ』（商事法務、2021）
- 佐々木茂美編著『新版医事関係訴訟の実務』（新日本法規、2005）
- 鈴木信幸『民事検証の手続と調書』（法曹会、1976）
- 高橋宏志『重点講義　民事訴訟法　下〔第2版補訂版〕』（有斐閣、2014）
- 法務省民事局参事官室編『一問一答新民事訴訟法』（商事法務研究会、1996）
- 松田克己『民事訴訟における証拠保全に関する実証的研究』昭和45年度裁判所書記官実務研究第9巻第2号
- 山本和彦＝須藤典明＝片山英二＝伊藤尚編『文書提出命令の理論と実務〔第2版〕』（民事法研究会、2016）

（論文集）
- 浅井登美彦＝園尾隆司編『医療過誤』現代裁判法大系7（新日本法規、1998）【現代裁判法大系7】
- 畔柳達雄＝林豊編『損害賠償Ⅱ（医療事故・製造物責任）』民事弁護と裁判実務⑥（ぎょうせい、1996）
- 新堂幸司編集代表『講座民事訴訟⑤　証拠』（弘文堂、1983）【講座民訴⑤】
- 鈴木忠一＝三ヶ月章監修『新・実務民事訴訟講座5』（日本評論社、1983）【新実務民訴5】
- 日本医事法学会編『医事法学叢書　第2巻　医療行為と医療文書』（日本評論社、1986）
- 根本久編『医療過誤訴訟法』裁判実務大系17（青林書院、1990）【裁判実務大系17】

（コンメンタール）
- 秋山幹男＝伊藤眞＝加藤新太郎＝高田裕成＝福田剛久＝山本和彦著『コンメンタール民事訴訟法Ⅰ〔第3版〕』（日本評論社、2021）【コンメⅠ】

- 秋山幹男＝伊藤眞＝加藤新太郎＝高田裕成＝福田剛久＝山本和彦著『コンメンタール民事訴訟法Ⅱ〔第3版〕』（日本評論社、2022）【コンメⅡ】
- 秋山幹男＝伊藤眞＝加藤新太郎＝高田裕成＝福田剛久＝山本和彦著『コンメンタール民事訴訟法Ⅳ〔第2版〕』（日本評論社、2019）【コンメⅣ】
- 賀集唱＝松本博之＝加藤新太郎編『基本法コンメンタール　民事訴訟法2〔第3版追補版〕』（日本評論社、2012）
- 加藤新太郎＝松下淳一編『新基本法コンメンタール　民事訴訟法2』（日本評論社、2017）
- 兼子一＝松浦馨＝新堂幸司＝竹下守夫＝高橋宏志＝加藤新太郎＝上原敏夫＝高田裕成著『条解民事訴訟法〔第2版〕』（弘文堂、2011）【条解】
- 菊井維大＝村松俊夫『全訂民事訴訟法Ⅰ〔補訂版〕』（日本評論社、1993）【菊井＝村松Ⅰ〔補訂版〕】
- 菊井維大＝村松俊夫『全訂民事訴訟法Ⅱ』（日本評論社、1989）【菊井＝村松Ⅱ】
- 厚生省健康政策局総務課編『医療法・医師法（歯科医師法）解〔第16版〕』（医学通信社、1994）
- 斎藤秀夫＝小室直人＝西村宏一＝林屋礼二編著『注解民事訴訟法(8)〔第2版〕』（第一法規出版、1993）【注解(8)】
- 斎藤秀夫編著『注解民事訴訟法(5)』（第一法規出版、1977）
- 最高裁判所事務総局民事局監修『条解民事訴訟規則』（司法協会、1997）
- 最高裁判所事務総局民事局監修『条解民事保全規則〔改訂版〕』（司法協会、1999）
- 新堂幸司＝小島武司編『注釈民事訴訟法(1)』（有斐閣、1991）【注釈(1)】
- 高田裕成＝三木浩一＝山本克己＝山本和彦『注釈民事訴訟法第4巻』（有斐閣、2017）
- 吉村徳重＝小島武司編『注釈民事訴訟法(7)』（有斐閣、1995）【注釈(7)】

（論文）

- 安西明子「文書提出命令（公務秘密文書）—医療事故報告書」ジュリスト1453号119頁
- 石井宏治「証明妨害」裁判実務大系17　405頁
- 一宮なほみ「診療録の記載と事実認定」裁判実務大系17　416頁
- 稲垣喬「訴え提起前の診療録の証拠保全」医療過誤訴訟の理論79頁
- 太田朝陽「ビデオ撮影方式による証拠保全手続の記録について」判タ934号31頁
- 大竹たかし「提訴前の証拠保全実施上の諸問題—改ざんのおそれを保全事由とするカルテ等の証拠保全を中心として—」判タ361号74頁
- 春日偉知郎「ドイツ民事訴訟法における『証拠保全手続』の改正によせて」

NBL474号12頁
- 加藤新太郎＝齊木教朗「診療録の証拠保全」裁判実務大系17　470頁
- 畔柳達雄「医療事故訴訟提起前の準備活動」新実務民訴5　175頁
- 畔柳達雄「医療事故訴訟提起時および応訴の際の準備活動」新実務民訴5　213頁
- 小島武司「証拠保全の再構成─『挙証限界』と『二重機能』の理論をめぐって─」自由と正義29巻4号28頁
- 小林秀之「民事訴訟における訴訟資料・証拠資料の収集㈢ ─主要事実・間接事実の区別と文書提出命令・証拠保全を中心として─」法学協会雑誌97巻8号1150頁
- 同「民事訴訟における訴訟資料・証拠資料の収集（四・完）─主要事実・間接事実の区別と文書提出命令・証拠保全を中心として─」同97巻11号1545頁
- 柴田昌一「大洋デパート火災証拠保全事件メモ」書研所報25号（裁判所書記官研修所）107頁
- 霜島甲一「アメリカ合衆国の開示手続─わが国の研究の現状・意義・方法─」法學志林79巻4号1頁
- 新堂幸司「訴訟提起前におけるカルテ等の閲覧・謄写について」判タ382号10頁
- 鈴木利廣「医療過誤事件における訴訟技術」判タ624号65頁
- 瀬戸さやか「診療録の証拠保全」現代裁判法大系7　68頁
- 髙見進「証拠保全についての若干の考察」民訴雑誌33巻227頁
- 同「証拠保全制度の機能」ジュリスト増刊　民事訴訟法の争点〔新版〕270頁
- 同「証拠保全の機能」講座民訴⑤321頁
- 田倉整「証拠保全手続覚書」判タ119号5頁
- 田倉整＝内藤義三「特許侵害事件における証拠保全について」自由と正義29巻4号74頁
- 東京地方裁判所証拠保全・収集処分検討委員会、医療訴訟対策委員会「電子カルテの証拠保全について」判タ1329号5頁
- 東京地方裁判所証拠保全・収集処分検討委員会「独立行政法人国立病院機構に対する証拠保全決定の送達について」判時1853号3頁
- 内藤寿彦「労働訴訟における証拠保全、文書送付嘱託、文書提出命令、調査嘱託等」労働関係訴訟の実務〔第2版〕（商事法務、2018）538頁
- 林圭介「証拠保全に関する研究」民訴雑誌37号24頁
- 松田克己「証拠保全覚書」全国書協会報84号49頁
- 水沼宏「カルテ─記載内容の証明力、提出命令」判タ686号103頁
- 道田信一郎「権利侵害と証拠保全」法学論叢116巻1～6号26頁
- 森谷和馬「診療記録の証拠保全」民事弁護と裁判実務6（ぎょうせい、1996）12頁

- 山門優「ビデオ撮影による証拠保全手続」判タ934号19頁
- 吉岡大地＝吉澤邦和「医療機関における事故報告文書等の証拠保全について」判時1895号3頁
- 吉本俊雄「診療録についての文書提出命令と送付嘱託」裁判実務大系17　485頁
- 米田泰邦「医療裁判と医療記録」法律時報57巻4号32頁

(判例評釈)

- 伊藤瑩子「証拠保全手続における診療録提出命令」別冊ジュリストNo.76民事訴訟法判例百選〔第2版〕218頁
- 右田堯雄「判例評論　改ざんのおそれを保全事由とする診療記録の証拠保全申立事件においては、改ざんのおそれは抽象的では足りず、具体的でなければならない」判時1239号209頁
- 遠藤賢治「診療録保全申立事件」別冊ジュリストNo.50医事判例百選94頁
- 高見進「診療録などにつき改ざんのおそれがあるとして証拠保全の申立てが認容された事例」判タ660号32頁
- 中山幾次郎「改ざんのおそれを保全事由とする診療記録等の証拠保全申立て事件において、申立てが認容された事例」判タ677号272頁
- 山本和彦「証拠保全における検証物提示命令の申立ての黙示の却下」判タ1361号56頁
- 山本和彦「国立病院における医療事故調査報告書の公務秘密文書（民訴法220条4号ロ）該当性」判タ1386号109頁

(座談会等)

- 「医療訴訟と専門情報」福田剛久＝高瀬浩造編『医療訴訟と専門情報』（判例タイムズ社、2004）33頁
- 「医療訴訟の運営をめぐる懇談会(二)」判タ1055号45頁
- 「「証人尋問・当事者尋問・鑑定・証拠保全について」の(一)」法の支配34号70頁
- 「書証・検証・証拠保全・事実認定(1)」法の支配46号91頁
- 「シンポジウム『医療記録　再論』」日本医事法学会編『年報医事法学1』（日本評論社、1986）127頁

目　次

第1編　物　語

- 第1章　証拠保全事件の受任から証拠保全の申立てまで……………3
- 第2章　事件の配てんと申立書の審査………………………………11
- 第3章　面　　接………………………………………………………23
- 第4章　決　　定………………………………………………………35
- 第5章　証拠調べの実施………………………………………………39
- 第6章　証拠調べ調書の作成（手続の終了）………………………55

第2編　検証の方法による証拠保全（医療事件を中心にして）

- 第1章　証拠保全の機能………………………………………………63
  - Q1　訴えの提起前における証拠保全の機能……………………64
  - Q2　訴えの提起前における証拠保全と証拠収集処分……………66
- 第2章　申立て…………………………………………………………69
  - 第1節　申立書の記載………………………………………………70
    - Q3　申立書に記載すべき事項、添付すべき書類………………70
    - Q4　1通の申立書による複数の証拠方法の証拠保全の申立ての許否……………………………………………………………74
    - Q5　関連する複数の証拠保全の申立てをする場合………………76
  - 第2節　申立ての相手方……………………………………………78
    - Q6　証拠保全における相手方と第三者……………………………78
    - Q7　相手方の表示……………………………………………………80
    - Q8　相手方として複数人が想定される場合………………………83

Q 9	相手方の捉え方を間違った場合	85
Q 10	相手方がわからない場合	87
Q 11	相手方の住所がわからない場合	89
Q 12	申立ての対象物の特定	91
Q 13	電磁的記録の所持者	93

第 3 節　管　　轄 96
Q 14	管轄一般	96
Q 15	土地管轄を異にする複数の証拠保全の併合申立ての許否	99
Q 16	電磁的記録を検証物とする検証の申立てにおける管轄	102
Q 17	土地管轄を誤った場合	106
Q 18	簡易裁判所から地方裁判所への移送	107
Q 19	人事訴訟事件を本案訴訟とする訴えの提起前の証拠保全の管轄	108

第 4 節　証明すべき事実 110
| Q 20 | 証明すべき事実の具体性 | 110 |

第 5 節　証拠保全の事由と疎明 112
Q 21	証拠保全の事由	112
Q 22	大量の電磁的記録の証拠保全の申立ての注意点	115
Q 23	改ざんのおそれの疎明の程度	118
Q 24	診療録についての改ざんのおそれの疎明	122
Q 25	診療録以外の検証物についての改ざんのおそれの疎明	125
Q 26	廃棄・散逸のおそれの疎明	127

第 6 節　検証物提示命令 129
Q 27	書証と検証	129
Q 28	文書提出義務のない文書	131
Q 29	送付嘱託	133
Q 30	検証物提示命令の申立ての扱い	136
Q 31	検証物提示命令の効果	139
Q 32	医師個人を相手方とする場合の検証物提示命令	141
Q 33	書証の提出方法と文書提出命令	143

Q 34　医療機関における事故報告文書等に対する証拠保全……145
　第7節　費　　　用……149
　　Q 35　証拠保全の費用……149
　　Q 36　訴訟救助……152
第3章　面　　　接……155
　　Q 37　証拠保全決定の審理……156
　　Q 38　面　　　接……158
　　Q 39　文書や検証物の所持者による違い……163
第4章　決定および送達等……165
　第1節　決　　　定……166
　　Q 40　当事者の記載の誤り……166
　　Q 41　証拠保全決定から実施期日までの当事者の死亡……168
　　Q 42　証拠保全決定に対する不服申立て……170
　　Q 43　検証物提示命令に対する不服申立て……173
　第2節　送　　　達……175
　　Q 44　送達書類……175
　　Q 45　執行官送達と郵便送達……178
　　Q 46　公示送達……181
　　Q 47　第三者が検証物を所持する場合の証拠保全決定の送達先……183
　　Q 48　病院を開設する相手方が法人である場合の送達先……185
　　Q 49　検証場所が旧国立病院である場合の送達場所……188
　　Q 50　検証場所が公立病院である場合の送達場所……191
第5章　証拠調べの実施等……193
　第1節　事前準備……194
　　Q 51　裁判所および申立人の準備……194
　第2節　検証場所等における対応……196
　　Q 52　検証場所等における趣旨説明……196
　　Q 53　検証場所等に管理者がいない場合……200
　　Q 54　検証場所等において責任者がいないといわれた場合……201
　　Q 55　検証場所における検証物提示命令の処理について……203

Q 56 検証場所において検証物提示命令の発令を留保された場合の
措置‥‥‥‥‥‥‥‥‥‥‥‥‥‥‥‥‥‥‥‥‥‥‥‥‥‥‥‥205
Q 57 検証場所において検証物提示命令が発令されなかった場合の
処理‥‥‥‥‥‥‥‥‥‥‥‥‥‥‥‥‥‥‥‥‥‥‥‥‥‥‥‥207
Q 58 検証場所等における検証物提示命令に対する不服への対応‥‥209
Q 59 検証不能を理由として証拠保全手続が終了した場合におけ
る、検証物提示命令申立てについての判断に対する抗告の利益
の有無等‥‥‥‥‥‥‥‥‥‥‥‥‥‥‥‥‥‥‥‥‥‥‥‥‥211
Q 60 検証場所等に目的物がない場合（廃棄）‥‥‥‥‥‥‥‥‥‥213
Q 61 検証場所等に目的物がない場合（他所保管）‥‥‥‥‥‥‥‥214
Q 62 検証場所において検証の実施を拒絶された場合の対応‥‥‥‥216
Q 63 証拠調べ期日における当事者等の立会い‥‥‥‥‥‥‥‥‥‥217
Q 64 主文の範囲外の物に対する検証‥‥‥‥‥‥‥‥‥‥‥‥‥‥219
Q 65 検証場所等における主文の訂正の可否‥‥‥‥‥‥‥‥‥‥‥221
第3節 証拠調べの実施および調書の作成‥‥‥‥‥‥‥‥‥‥‥‥‥‥223
Q 66 検証の実施方法‥‥‥‥‥‥‥‥‥‥‥‥‥‥‥‥‥‥‥‥‥223
Q 67 検証物に修正等があった場合の対応‥‥‥‥‥‥‥‥‥‥‥‥227
Q 68 検証物に無関係な第三者の情報が含まれている場合の対応‥‥229
Q 69 レントゲンフィルム等の複製‥‥‥‥‥‥‥‥‥‥‥‥‥‥‥230
Q 70 検証場所で検証物の写しをとることができない場合の対応‥‥232
Q 71 電磁的に記録された情報に対する検証等の実施方法‥‥‥‥‥236
Q 72 データの復元の可否‥‥‥‥‥‥‥‥‥‥‥‥‥‥‥‥‥‥‥238
Q 73 電磁的記録を検証場所等で再生できない場合の対応‥‥‥‥‥241
Q 74 電磁的記録に修正等がある場合の対応‥‥‥‥‥‥‥‥‥‥‥243
Q 75 電磁的記録の記録化の方法‥‥‥‥‥‥‥‥‥‥‥‥‥‥‥‥244
Q 76 電子カルテの検証‥‥‥‥‥‥‥‥‥‥‥‥‥‥‥‥‥‥‥‥246
Q 77 マイクロフィルムにより保存されている診療録の検証‥‥‥‥249
Q 78 手術の様子を撮影した動画の検証‥‥‥‥‥‥‥‥‥‥‥‥‥250
Q 79 レセプト控えの検証‥‥‥‥‥‥‥‥‥‥‥‥‥‥‥‥‥‥‥252
Q 80 検証が実施または終了できない場合の処理‥‥‥‥‥‥‥‥‥255

第6章　証拠保全手続終了後の手続 ………………………………259
Q81　証拠保全手続終了後に送付された書面の処理 ……………260
Q82　手続の再開の可否 ……………………………………………262
Q83　本案裁判所への上程手続 ……………………………………263

第3編　検証以外の方法による証拠保全

Q84　証拠保全においてできる証拠調べ …………………………269
Q85　書証の方法による証拠保全 …………………………………270
Q86　文書送付嘱託の手続 …………………………………………271
Q87　文書送付嘱託の方法による場合の注意点 …………………275
Q88　文書提出命令の手続 …………………………………………277
Q89　調査嘱託 ………………………………………………………280
Q90　鑑　　定 ………………………………………………………282
Q91　人　　証 ………………………………………………………285

第4編　その他の証拠保全

第1章　労働事件 ……………………………………………………291
Q92　労働事件 ………………………………………………………292
第2章　金融商品取引事件 …………………………………………295
Q93　申立書の記載方法 ……………………………………………296
Q94　対象となる資料 ………………………………………………299
Q95　検証実施の注意点 ……………………………………………301
Q96　検証場所についての注意点 …………………………………304
Q97　検証物提示命令の申立てと発令 ……………………………306
第3章　刑事施設を検証場所とする証拠保全 ……………………309
Q98　申立書の記載方法 ……………………………………………310

Q99　検証実施時の注意点……………………………………………312
　　Q100　刑事留置施設を検証場所とする証拠保全における検証物提示
　　　　　命令………………………………………………………………314

第5編　資　　料

第1章　申立書例・決定書例・主文例……………………………321
　　目　　　次………………………………………………………………322
第2章　調書記載例………………………………………………………341
　　目　　　次………………………………………………………………342

事項索引………………………………………………………………………355

第1編

物 語

第1章

証拠保全事件の受任から証拠保全の申立てまで

令和6年4月4日（木）　午後1時頃

「皆さん、忙しいところを申し訳ないが、少し相談したいことがあるので会議室に集まってもらえるかね」

「何事かしら」

　新年度を迎え、何かと慌ただしいなか、自席で仕事に打ち込んでいた斉藤千絵弁護士らは、事務所のパートナー弁護士である川嶋敦士弁護士に声をかけられ、会議室に集まるように告げられた。

　斉藤は、昨年の12月に司法研修所を卒業し、東京ディストリクトコート法律事務所に就職した新人弁護士である。弁護士になってから川嶋らとともに民事事件の訴訟活動を行ったり、刑事事件で国選弁護人として法廷活動を行ったりと、忙しい日々を送っていたが、就職して約3カ月、ようやく事務所の雰囲気にも慣れ、事務所の一員として活躍が期待されているところであった。

　東京ディストリクトコート法律事務所は、弁護士が10名所属する法律事務所である。斉藤らが会議室に入ると川嶋は皆に席へ着くよう告げた。斉藤らが椅子に腰を下ろすと、川嶋はおもむろに口を開いた。

「実は、当事務所に医療事件に関する相談があった。事案の概要は、3歳の男の子が心室中隔欠損症の手術後に容態が急変し死亡したというものだ。私は、一度相談者の方とお会いして話を聞いたり、持参していた資料等をみせてもらったりしたのだが、事案の内容から、訴訟を提起する場合には我が事務所の事件として受任しようと考えている。その場合

には、皆にもいろいろとサポートをお願いすることになると思うが、この案件については、私と斉藤さんが主任となって担当しようかと考えている。皆さん、どうだろう」

　そういって、川嶋が斉藤に視線を投げかけると、同僚たちも一斉に斉藤のほうを振り向いた。

　医療訴訟‼　斉藤は、一瞬たじろいだ。司法修習生のとき、医療訴訟の記録を読んだことがあった。しかし、準備書面に医療専門用語が多数記載されており、また、医学書などの専門書が多数書証として提出されているというものであったため、記録を読み、内容を把握するだけで、四苦八苦するような状態であった。そのような経験をした斉藤には、医療訴訟は難しいという印象が強く植え付けられていた。

　しかし、弁護士に成り立てでやる気に燃える斉藤は「川嶋先生、是非一緒にやらせてください。頑張ります」と答えた。ほかの弁護士たちも特に異論はなく、会議は終了した。

　会議が終了し、斉藤が会議室から自席に戻ろうとすると、斉藤は、川嶋に声をかけられ、川嶋の部屋に来るよう告げられた。斉藤が川嶋の部屋に入ると、川嶋は、より詳細な事案の概要を説明し始めた。

　相談者は、藤林という若い夫婦である。藤林夫婦には当時3歳になる息子の裕君がいたが、裕君は、ホスピタル病院での心室中隔欠損症の手術後高熱を発し、呼吸困難となって亡くなってしまった。藤林夫婦は、裕君が亡くなった後、病院側に裕君が死亡した原因等について説明を求めたが、満足のいく説

第1章　証拠保全事件の受任から証拠保全の申立てまで　5

明がされず、その後も説明を求めに病院へ行っても追い返されるような状況である……。

　斉藤は、川嶋から説明を受けた後、川嶋が持っていた資料等もみせてもらった。

　資料等を見終わると、川嶋は、今後の方針を検討、確認するため、斉藤に話しかけてきた。

「藤林夫婦は、まだ若いのに本当に気の毒なことになってしまった。やるからには二人のために我々も頑張らなければいけない。さて、今後のことだが……」

「川嶋先生、事案の概要は十分に把握できましたから、是非私に訴状の起案をさせてください。藤林夫婦のためにも一刻も早く訴えを提起しましょう」

「まあ、待ちたまえ、斉藤さん。訴状の起案の前にやるべきことがあるだろう」

「やるべきこと……ですか」

「わからないかね。ホスピタル病院にある裕君の医療記録の証拠保全だよ」

「あっ」斉藤は、心のなかで叫んだ。確かに現時点では川嶋から藤林夫婦の話を聞いただけで、裕君の医療過誤を裏付けるような証拠は全くない。また、このまま訴えを提起して、万一カルテなどの裕君に関する医療記録が改ざん・廃棄されてしまっては、本案訴訟において、裕君に対する診療行為に過誤があったことを立証するのは非常に困難じゃないか。そのため、医療訴訟においては、事前に証拠保全手続を行うことが多いということを民事裁判修習の際に配属部の部長がおっしゃっていた……。

「そうですね。まず、証拠保全を行いましょう」

「そこでだが、証拠保全の申立てをやったことが

あったかな」
　「いえ、やったことはありません」
　「では、いい機会だから、証拠保全手続は、斉藤さんが中心となってやってもらおうか。もちろん、困ったら手助けはするから」
　斉藤は、内心、証拠保全手続をやったことがないのに大丈夫かなと思ったが、せっかく川嶋が提案してくれているし、困ったら手助けをしてくれるとのことから、その提案を了承した。
　「藤林夫婦は、今日の午後3時に事務所を再訪することになっている。今回は、斉藤さんにも立ち会ってもらうよ。そこで、事情を聞いて、証拠保全の申立てに必要な陳述書作成の準備をしてほしい」
　方針は決まった。斉藤が少し緊張した面持ちで仕事をしていると、午後3時少し前に藤林夫婦が事務所に来訪した。斉藤は、川嶋とともに面談に臨んだ。
　川嶋の説明どおり、面談に来たのはまだ若いが憔悴しきった藤林夫婦であった。藤林夫婦は、3歳の裕君がホスピタル病院での手術後高熱を発し、呼吸困難となって亡くなってしまったこと、裕君が亡くなった後、病院側に裕君が死亡した原因等について説明を求めたが、満足のいく説明がされず、その後も説明を求めに病院へ行っても追い返されるような状況であること、真相を知るためにカルテを開示するよう求めたが応じてくれなかったことなどを涙ながらに語った。藤林夫婦の話は、思わずもらい泣きをしてしまいそうになるほどの内容であり、話を聞いていた斉藤は、無念さ、悲しみの大きさを肌でひしひしと感じた。川嶋と斉藤は、1時間ほど説明を

聞いたり、持参した資料等をみせてもらったりした。

　川嶋は、藤林夫婦に対し、本件について訴訟を提起する際には、東京ディストリクトコート法律事務所として受任すること、ただ、本件について訴訟を提起する前に、まず、証拠保全を行い、裕君のカルテ等の医療記録を改ざん・廃棄されないよう保全する必要があることに加え、場合によっては、専門医に保全した医療記録をみせて意見を聴取するなどの検討を行い、病院に対する訴訟の提起を含めた今後の方針を考える必要があることなどを説明した。説明を聞いて、藤林夫婦は、まず、川嶋および斉藤を証拠保全手続に関する代理人に選任することを決めた。そして、川嶋および斉藤との間で、代理人選任にあたって必要な手続を行った後、事務所を後にした。

　その後、斉藤は、医療文献等を収集・検討したり、藤林夫婦から聞いた話の内容を陳述書という形でまとめる作業を行うなど、証拠保全の申立てに必要な情報・資料を収集した。そして、事務所にあった過去の申立書の例などを参考にして証拠保全の申立書の起案を行った。

　斉藤は、起案した申立書、収集した疎明資料等を持って、川嶋の部屋に行った。川嶋は、申立書等をみて、内心「少し問題はあるが……」と感じたが、必要最低限の記載がされていることを確認できたので、申立てを行うよう指示をした。

　斉藤は、申立手数料として必要な印紙500円分、申立書2通および疎明資料2組を持参して、東京地方裁判所に証拠保全の申立てを行ったところ、申立

◀証拠保全の機能については、Q1参照

◀申立書に記載すべき事項、添付すべき書類については、Q3参照。申立書の起案にあたっては、当該事案に特有の問題点がないか、十分検討したうえ、起案を行うことが望ましいでしょう。

書は「令和6年㈲第21125号　証拠保全の申立事件」として裁判所に受理された。

第2章
事件の配てんと申立書の審査

令和6年4月10日（水）

　吉岡邦和は、令和4年の12月に司法修習を終了し、東京地方裁判所民事第60部に配属された新任判事補である。合議事件の主任裁判官として前任者から通常事件を引き継ぎ、訴訟記録を読んだり、部長とともに受命裁判官として弁論準備手続を行ったりして、忙しい日々を送っていた。その間、起案した判決の数も、成立させた和解の数も、増えてきたところであった。

　そんな令和6年4月10日の午前9時頃、吉岡が、いつものように登庁し、自分の席に着こうとしたところ、書記官が薄い事件記録を持ってやってきた。書記官の名前は、林文孝といい、書記官歴十数年のベテランである。

「吉岡さん、証拠保全の申立てが来ました」

　吉岡が記録の表紙をみると、表紙には「令和6年㈲第21125号　証拠保全の申立事件」と書いてある。

　証拠保全か、裁判官になって4回目の証拠保全だな。いやいや、仕事に慣れてきた頃が一番ミスを犯しやすいと部長もおっしゃっていたぞ！

　民事第60部の部長藤野敏晴は、温和な人で、「吉岡君、この仕事は先が長い。焦ってガツガツやるよりも自分の仕事のスタイルを確立するようにしなさい」などという。

　裁判官として最初に一人でやる仕事が証拠保全だったし、そのときは不安だったな。初心忘るべからずというし、任官したばかりの頃の気持ちを思い出して、丁寧にやろう。

　吉岡は事件記録に目を通し始めた。

ホスピタル病院という病院に入院していた3歳の子供が、手術後に容態が急変して死んでしまったので、ホスピタル病院にある医療記録に関する検証を実施してほしいという申立てである。

記録に編てつされた証拠保全の申立書は次のようなものであった。

証拠保全申立書

証拠保全申立書

収入
印紙

令和6年4月9日

東京地方裁判所　御中

　　　　　　　　　申立人ら代理人弁護士　川　嶋　敦　士　印
　　　　　　　　　同　　　　（担当）　　斉　藤　千　絵　印

　　当事者の表示　　別紙当事者目録記載のとおり

申立ての趣旨

　東京都目黒区□□町△丁目○○番○○号所在の相手方の開設する病院に臨み、相手方保管に係る別紙検証物目録記載の物件の提示命令及び検証を求める。

申立ての理由

1　証明すべき事実
　　相手方が、令和5年12月1日、藤林裕（令和2年2月1日生、令和5年12月12日死亡、以下「裕」という。）に対して心室中隔欠損症の欠損孔閉鎖手術を行った後、裕の容態が急変した際、血液培養等の必要な検査をすることを怠り、これによって裕が同月12日に死亡するに至った事実。
2　証拠保全の事由
　(1)　本件の診療経過等
　　ア　申立人らは、裕の両親である（疎甲1）。
　　イ　裕は、心室中隔欠損症の治療を受けるため、令和5年6月16日、相

手方の開設する病院に入院した（疎甲2）。
　　心室中隔欠損症とは、心室中隔に欠損孔が存在する疾患であり、先天性の心奇形のうち最も発生頻度が高い。欠損孔の大きさ等によっては閉鎖手術の適応となり、術後の予後はおおむね良好とされている（疎甲3）。
　　裕は、同年12月1日、相手方による欠損孔閉鎖手術を受けた。手術は無事終了し、術後1週間頃までは経過も順調であったが、同月9日午前2時頃から、裕に発熱、頻脈等の症状が見られ、同月10日午後3時頃には呼吸困難、血圧低下となり、同月12日午前10時頃に死亡した（以下「本件事故」という。）。なお、死亡診断書では、直接の死因は多臓器不全とされているが、多臓器不全の原因は不明とされている。（以上、疎甲2、4）
　ウ　このように、裕の容態が急変して死亡するに至ったのは、術後の感染により敗血症性ショックを起こしたことが原因であると考えられる。相手方は、令和5年12月9日午前2時頃には、裕に発熱、頻脈等、感染を疑わせる所見が現れたのであるから、その時点で、感染を疑って血液培養等の必要な検査を行うべきだったのであり、これが行われていれば、原因菌が判明し、その後に抗菌剤の投与等の治療が行われて裕を救命することができたといえる。しかしながら、相手方は、上記の検査を一切行わなかったのであるから、相手方に注意義務違反ないし過失が認められることは明らかである。
　エ　よって、申立人らは、相手方に対し、診療契約の債務不履行又は不法行為に基づいて損害賠償請求訴訟を提起する予定である。
(2)　保全の必要性
　　申立人らは、本件事故後、相手方に対し、本件事故の原因について説明を求めたが、相手方は、自分には責任がないと言うだけで、きちんとした説明を一切せず、申立人らに会うことすら避けた（疎甲2）。このような相手方の態度に照らすと、申立人らが損害賠償請求訴訟を提起した場合、相手方は、自己の手中にある本件事故に関する診療録等の改ざんに及ぶ危険性が存在し、これらが改ざんされれば、本案訴訟における申立人らの立証活動に大きな障害をもたらすことになる。
3　よって、申立人らは、そのような事態を未然に防止するため、本件申立てに及んだ次第である。

疎　明　方　法

疎甲第1号証　　戸籍謄本
疎甲第2号証　　陳述書
疎甲第3号証　　医学書抜粋
疎甲第4号証　　死亡診断書

　　　　　　　　添　付　書　類
　１　疎明資料写し　　　　　　　　　各2通
　２　訴訟委任状　　　　　　　　　　2通

(別紙)

　　　　　　　　当 事 者 目 録

〒○○○－○○○○　東京都新宿区高田馬場□丁目○番○○号
　　　　　　　　　　　　　　　申　立　人　　藤　林　道　英
同所
　　　　　　　　　　　　　　　申　立　人　　藤　林　千　華
〒○○○－○○○○　東京都千代田区霞が関△丁目○○番○号
　　　　　　　　　東京ディストリクトコート法律事務所（送達場所）
　　　　（電話　××××－○○○○　ＦＡＸ　××××－○○○○）
　　　　　　　　　　　　　申立人ら代理人弁護士　　川　嶋　敦　士
　　　　　　　　　　　　　同　　　　　　　　　　　斉　藤　千　絵
〒○○○－○○○○　東京都目黒区□□町△丁目○○番○○号
　　　　　　　　　　　　　　　相　手　方　　浜　田　洋　介

(別紙)

　　　　　　　　検 証 物 目 録

　藤林裕（令和2年2月1日生、令和5年12月12日死亡）の診療（令和5年6月16日から死亡するまで）に関して作成された下記の資料
　　　　　　　　　　　　　　　記
１　診療録
２　医師指示票
３　レントゲン写真
４　諸検査結果票
５　その他同人の診療に関し作成された一切の資料及び電磁的記録
　　　　　　　　　　　　　　　　　　　　　　　　　　　　以　上

　記録に目を通した後、吉岡は、本件の証拠保全の申立事件の担当書記官である林のところに相談に

第２章　事件の配てんと申立書の審査　15

行った。

「林さん、まず、申立人ら代理人と面接する日を決めたいと思いますが、その前に、申立書に足りないところはないか、疎明資料はこれで足りているか検討しますね」

「はい。証拠保全を実施する場合には、日時等も決める必要がありますので、記録の検討の後で、また打合せをしましょう」

◀証拠保全決定までの審理については、Q37参照

同日午後4時頃

この日は合議事件の開廷日であった。吉岡が着任してから1年余り。法廷の雰囲気にも慣れてきた。証拠調べを終えて裁判官室に戻り、沈みゆく夕日を眺めていると、気分もようやく落ち着いてきた。吉岡は、証拠保全の記録を検討しなければならないことを思い出し、証拠保全の記録を引っ張り出して慎重に読み出した。

民訴規則153条2項は、申立書の必要的記載事項として①相手方の表示、②証明すべき事実、③証拠および④証拠保全の事由を記載することを定めているが、まず、形式的なことのチェックから始めよう。

印紙は貼ってあるし、委任状もあるぞ。

相手方の表示について、本件の相手方は個人となっているが、これでよいのだろうか？　医者が一人しかいない病院とはいっても医療法人を設立している場合もあるし、しかもそれが全然違う名前である場合も多いと聞いたことがあるけど、大丈夫かな。

◀証拠保全手続については、特別な規定が存在しない以上、民訴法の規定が準用されると考えられるところ、吉岡による申立書の審査は、民訴法137条を根拠とするものと解されます（ただし、同条の定める民訴法134条2項は、民訴規則153条2項と読み替えられます）。

◀相手方の表示については、Q7参照。相手方が法人の場合、代表者の資格証明が必要です。

申立ての趣旨はこれでいいかな。相手方が違うとこれも違ってくるだろうな。提示命令まで出せというのか。これは、面接で決めよう。

　検証物の所在地が東京だから、管轄は大丈夫なようだ。

　さあ、次は申立ての理由だ。証明すべき事実の記載はやや漠然としているけれど、訴え提起前の証拠保全では、厳格な記載を求めても無理な場合が多く、ある程度、概括的な記載を認めざるをえないが、この程度の記載で十分といえるだろうか。証明すべき事実と証拠方法の関係は、問題なさそうだ。

　検証目的物の特定に関しては「その他……一切」なんていう包括的な記載になっているが、これでよいのだろうか。ここにあげられているもの以外に特定できるものがあるのなら、具体的に列挙したほうがよいと思うが……。面接で聞いてみよう。電子カルテが導入されているかどうかも気になるところだ。

　証拠保全の事由は、結局「改ざんのおそれ」らしい。医者がちゃんと説明しないのは、確かに変だ。ただ、手術後、申立人らと相手方はいろいろ交渉しているようだが、その詳細について記載されていない。最近は、患者の求めに応じて任意にカルテを開示する病院も多いそうだが、本件はどうなんだろう。本件においては、証拠保全の事由が改ざんのおそれにあると考えられるが、確か、証拠保全の事由としての改ざんのおそれは、具体的に疎明される必要があるということだったから、その前提として、申立書の記載も補充してもらおうか……。

◀検証物提示命令については、Q30〜Q32参照

◀管轄については、Q14以下参照

◀証明すべき事実については、Q20参照

◀検証目的物の特定に関する問題として、Q64参照

◀証拠保全の事由については、Q21〜Q26参照

第2章　事件の配てんと申立書の審査

証拠保全の事由の疎明資料は、これで足りるか……。陳述書はあるものの、子供が可愛かったとか悲しいとか、医者が許せないというだけで、死亡後の事情が全く書かれていない。申立書の補充に対応するような陳述書を追加してもらおうか。

　こうして、吉岡は、本件の申立書に何か問題がないか、一つ一つの項目を丁寧に検討した。その結果、申立書の訂正・補充、資料の追加が若干必要ではあるものの、決定が出せそうだという感触を得た。

　そして、再び林のもとを訪れた。

　「林さん、証拠保全の記録、検討しました。その結果、①相手方が、法人なのか個人なのかが判然としないこと、②申立書に記載されている保全の必要性に関する記載、特に相手方との交渉の経緯等に関する記載が不十分であること、③それに伴って、保全の必要性に関する補充の陳述書を提出する必要があることの３点に問題があると考えます。相手方が法人なのか個人なのかは、申立人ら代理人に確認しておいてもらう必要があります。また、保全の必要性を補充するにあたっては、相手方に対してカルテの開示を求めたことがあるのであれば、その際のやりとりも記載してもらったほうがいいと思います。明日でいいので、申立人ら代理人と連絡をとって、その点を指摘し、申立書の補充書と追加の陳述書を、早急に提出するよう伝えてください。それからその後、面接の日程についても調整をよろしくお願いします」

　吉岡が、そう指示をすると、林は、指示の内容をメモに記載しながら「わかりました」と答えた。

◀医療事件の疎明資料として、実務上よく提出されるものとしては、医学文献、陳述書があげられます。

◀特に申立人ら代理人に事前準備を求める必要がない場合には、その時点で面接日の調整をするのが通常です。

令和6年4月11日（木）

　林は、翌日、朝一番で申立人ら代理人の斉藤の事務所に申立書の補充、疎明資料の追加の件で電話した。
　すると、事務所の事務員が電話に出たので、林は、自分の身分、氏名および事件番号を述べ、証拠保全の申立ての件で斉藤と話をしたい旨伝えた。
　「もしもし、お電話替わりました。弁護士の斉藤ですが……」
　「申立人ら代理人の斉藤弁護士ですか。私、東京地方裁判所民事第60部の書記官をしております林と申します。令和6年(モ)第21125号の証拠保全の件でお電話をしたのですが……」
　裁判所から証拠保全に関して電話があるなんて、何か申立書に不備があったのかしら……。斉藤は、少し不安な気持ちを抱きながら、林の次の言葉を待った。
　「本件の担当裁判官からの指示をお伝えします。まず、個人を相手方としていますが、この病院が個人の経営する病院なのか、法人の経営する病院なのか、確認しておいてください。次に、申立書の『2(2)　保全の必要性』に関する記載部分を補充してもらえないでしょうか。そして、それに伴って、提出されている陳述書では証拠保全の必要性の疎明が不十分だと思われますので、陳述書も追完していただきたいのですが」
　「どこをどんなふうに追完すればよいのですか」
　「まず、申立書の補充についてですが、申立人らと相手方とが裕君の死亡後、いろいろと接触してい

◀林の申立人ら代理人に対する電話連絡は、民訴規則56条の準用を根拠にするものであると解されます。

第2章　事件の配てんと申立書の審査

ますね。そこで、その際に行われた具体的なやりとりを『2⑵　保全の必要性』部分に記載して補充してほしいのです。相手方に対してカルテの任意開示を求めたことがあるのであれば、その際のやりとりについても記載してください。そして、それに伴って、申立書の記載を補充した部分に関する陳述書を提出してください。現在の申立書および疎明資料では、証拠保全の要件のうち、証拠保全の事由に関する部分、具体的には、改ざんのおそれの疎明が十分でないと思われます。申立書には、医師がちゃんと説明してくれないとか、責任回避的な態度に終始しているとかの記載がありますが、記載自体抽象的ですし、また、陳述書にはそれに関する記述がないですから……」

「わかりました。すぐ追完します。ただ、申立書の追完は、来週の月曜日には行いたいと思いますが、陳述書については、申立人らと会って事実関係を確認するなどの準備が必要なので、裁判所に陳述書を提出できるのは早くても４月18日になると思います。それでよろしいですか」

「結構です。それでは、申立書の補充書は来週月曜日の４月15日までに、陳述書は、４月18日までに提出してください。それから、面接の日ですが、陳述書の提出日である４月18日にするというのはいかがでしょうか。裁判所のほうは午後であれば大丈夫ですが」

　林は、４月18日の午後に吉岡の予定が入っていないことを確かめた。

「午後１時から法律相談が入っていますので、午後３時頃であれば結構ですが」

「では、4月18日木曜日午後3時に民事第60部の書記官室までお越しください」

　林は、電話を置くと、吉岡に対し、申立人ら代理人に申立書を補充し、陳述書を追完してもらうことになったこと、面接の日を4月18日の午後3時と決めたことを伝えた。吉岡は、上記事項を了解し、礼をいった。

　一方、斉藤は、林からの電話の後、藤林夫婦に裁判所から指摘された事項を電話で伝え、さらに、川嶋と相談のうえ、以下のような申立補充書を作成し、裁判所に送付するとともに、後日、藤林夫婦と面接して追加の陳述書の作成を行った。

申立補充書

令和6年㈣第21125号

申　立　補　充　書

令和6年4月15日

東京地方裁判所民事第60部　御中

　　　　　　　　申立人ら代理人弁護士　川　嶋　敦　士　㊞
　　　　　　　　同　　　　（担当）　　斉　藤　千　絵　㊞

　頭書事件の申立書のうち、「申立ての理由」記載「2⑵　保全の必要性」の記載事項を、以下のとおり補充する。

1　保全の必要性
　　本件においては、裕の死亡という結果が生じているから、結果は甚大であるといわざるを得ず、これを償うための損害額が高額になることが容易に予想される。
　　また、申立人らは、裕の手術の前、相手方に対し、手術の内容等を説明するよう求めたにもかかわらず、相手方は、申立人らに対し、医師に任せておけば大丈夫などと告げるのみで、手術の内容及びその危険性等を一切説明しなかった。

さらに、申立人らは、令和5年12月から令和6年2月にかけて、相手方に対し、再三説明を求めたが、相手方は、裕の死亡は、原因不明であるといわざるを得ず、私の処置に誤りはなかった、私には、法律的な責任がない、不満があるのであれば、医師会の担当者と話し合ってくれなどと言い、更には、令和6年2月20日以降、申立人らとの面会を避ける態度を示している。申立人らは、相手方が原因を明らかにしないのであれば自ら真相を究明しようと、同年3月9日、相手方に対し、裕の診療録等を開示するよう求めたが、相手方は、やはり医師会の担当者に話をしてくれと述べるのみで、診療録等の任意開示に応じなかった。(以上、疎甲5)
　　以上のような事情を総合的に考慮すると、本件における証拠保全の必要性は、極めて高い。
2　結　論
　　以上から、本件の証拠保全の必要性は、極めて高く、申立人らが申立書添付の別紙物件目録記載の各種資料を訴訟上利用できなくなった場合の不利益は甚大である一方、相手方が証拠保全によって被る不利益は小さいものであるから、早急に申立書記載の「申立ての趣旨」のとおりの決定を求める。

疎　明　方　法（追加分）疎甲第5号証　陳述書　(2)

第3章
面　接

令和6年4月18日（木）　午後2時頃

　東京ディストリクトコート法律事務所にて
　「斉藤さん、御苦労さん。ところで、証拠保全のほうはどうかね」
　斉藤が顧問先との法律相談を終えて、ほっと一息ついているところに川嶋がやってきて、声をかけた。
　「実は、今日の午後3時に、裁判官との面接があるのです。ただ、初めてなので上手くできるか不安で……。少し緊張しています」
　「そんなに心配することはないよ。堂々と自信を持って面接に臨んできたまえ。もし万が一、何か問題が起こったら、面接期日を続行してもらえば次は私も行くから。それから、面接の際の注意事項を伝えておくと、面接の際、裁判所から決定書等の送達の方法について聞かれると思うが、そのときは、執行官送達を選択するようにしてほしい。執行官送達の場合、特定の時間に送達が可能だが、郵便だと送達から検証までの時間が開き過ぎてしまう可能性がある。その間に相手方がカルテを改ざんしたり破棄したりするなどよからぬことを考えるかもしれない。執行官送達のほうが郵便送達よりも相手方の改ざんを防げるからね。また、検証結果の記録化の方法についても質問されると思うが、カメラマンを同行させる旨回答してほしい。訴えを提起する前に証拠保全で検証を行ったカルテ等について十分検討する必要があるが、プロのカメラマンに撮影を行ってもらったほうが、撮影の失敗も少ないし、鮮明な形でカルテ等を撮影してくれるから、検討する際に有

◀面接は、申立書記載事項の補足説明や訂正を受けたり、疎明資料の追完を要求したりするなどの打合せのために行うものですが、その法的性質は、審尋であると考えられます。面接は、全件実施することが望ましく、東京地方裁判所ではおおむねそのような運用がされています。面接全般についてはQ37、Q38参照

◀送達に関する諸問題については、Q44以下参照
◀検証結果の記録化の方法については、Q66以下参照

益なんだ。ちなみに、カメラマンは、私の知り合いの中川カメラマンに頼むから、証拠調べの日程が決まったら、教えてほしい。カメラマンの手配は、私のほうでするよ。それから、面接の際に申立書の訂正等を求められることもあるから、職印は忘れずにね」

川嶋の言葉を聞いて、斉藤は、気が楽になった。
「私だって今回の申立てのためにいろいろと本を読んだり、裁判例を調べたりと証拠保全について勉強してきた。私は、藤林夫婦の代理人なんだ。怖じ気付いている暇はない。藤林夫婦、それに裕君のためにも頑張らなくては……」

心でそう思って、裁判所に行く準備を始めた。

同日午後3時頃　東京地方裁判所にて

「面接は、何度やっても緊張するなあ。申立人ら代理人のうち、この事件を担当しているのは、斉藤弁護士のようだが、どんな感じの弁護士なのかな……」

吉岡もまた、落ち着かない午後の時間を過ごしていた。

「本件の申立ては、直ちに決定が出せそうな事案だから、具体的な実施方法についても打合せしないとな。あれっ、そういえば、林さんに執行官の予定を確認するよう頼んでいなかった」

吉岡が、慌てて林に確認したところ、林は笑いながら、執行官の5月の予定は確認してありますよと吉岡に告げた。吉岡はほっとすると同時に、こういうことは早めに確認しておくべきであったと反省し

◀面接の際に確認する事項については、Q38参照

た。

　面接時間の午後3時少し前、申立人ら代理人の斉藤弁護士が来たという連絡を受け、吉岡は、林とともに弁論準備手続室に入った。いよいよ面接の開始である。

　弁論準備手続室のドアを開けると、斉藤が緊張した面持ちで待っていた。

　「お待たせしました」吉岡は、軽く会釈した。

　斉藤も「どうも、よろしくお願いします」と会釈して、席に着いた。

　「今回この証拠保全を担当することになりました、裁判官の吉岡です。こちらは、担当書記官の林です」

　「申立人ら代理人の斉藤です」

　双方で自己紹介を済ませた後、吉岡は、

　「まず最初に、追完をお願いした申立書の補充書と陳述書の提出、どうもありがとうございました」と書面提出に協力してもらった点について謝意を述べた。

　「いえ……」斉藤も答礼した。

　「早速ですが、まず、疎明資料の原本を確認したいと思います」

　吉岡の発言を受けて、斉藤は疎明資料のうち、原本のあるものを取り出して提示し、吉岡は裁判所に提出されている疎明資料と原本が相違ないことを確認して、原本を返却した。

　（相手方の表示について）

　「それでは、申立書および補充書に関することについていろいろと伺いたいと思います。まず、相手方のことについてなのですが、相手方は、個人病院

◀疎明資料のうち、原本があるものについては、面接時に原本を確認しますので、原本を忘れないように注意してください。

◀相手方の表示については、Q7参照

ということでよろしいのでしょうか」

「はい。ホスピタル病院は、手術施設、入院施設を備えた比較的大きな病院なので、私も法人登記がされているのではないかと考え、調査を行ったのですが、法人登記はされていませんでした。浜田洋介医師は、ホスピタル病院の院長で、裕君の担当医だった方です」斉藤は、簡潔に答えた。

「そうですか、わかりました。では、個人病院ということで、相手方の表記は、院長の浜田洋介医師のお名前だけでもよいのですが、送達の際にわかりにくいといけませんので、病院名であるホスピタル病院を付して、『ホスピタル病院こと浜田洋介』との表示にしていただきたいと思います」

斉藤は、特に異論がなかったので、その場で書き入れて訂正し、吉岡は、その訂正を確認して、次の質問に移った。

（提示命令の申立てについて）

「次に、申立ての趣旨にある提示命令の点なんですが、提示命令の申立ては必要でしょうか」

「ええ、そうですね。相手方は個人病院ですし、こういう証拠保全には慣れていないでしょうから、場合によっては証拠保全の趣旨を取り違えて、なかなかカルテ等を出してくれない場合がありうると思うんですが……」

「しかし、証拠保全においては、実務上多くの場合、提示命令を発しなくても、相手方に任意の提示を期待することができますし、提示命令を発しても強制力はないので、実効性の点で疑問があります。また、提示命令を発令することでかえって相手方の感情的反発を引き起こし、証拠保全に対する協力が

◀訂正は、挿入削除部分に印を押してもらう方法で行います。申立書の正本および副本の双方にしてもらうことに注意してください。

◀検証物提示命令については、Q30〜Q32参照。なお、この物語の場合のように、現場での最後の説得材料に使うなどの理由で、提示命令の発令を証拠保全決定の段階で留保することがよくあります。Q55〜Q57も参照

得られなくなるおそれもあります。ただ、提示命令を検証物を提出しない相手方への最後の説得手段として利用することもできますし、申立人ら代理人の指摘する点ももっともだと思います。裁判所としては、提示命令の発令は、証拠保全決定段階では留保し、現場において、相手方が、検証物を提示しない場合等の状況に応じて、発令しようと考えているのですが、いかがでしょうか」

　それを聞いた斉藤は、吉岡の説明には一応理由があると思ったし、説明された方法が、特段、申立人らにとって、不利益になるとは思われなかったので、「裁判所の判断にお任せします」と答えた。

　（検証目的物について）

　「次に検証目的物ですが、約６カ月の入院期間でカルテや看護記録等の量が膨大になることが予想されるので、あるいは、事故発生に近い時期に絞ることが可能かとも思ったのですが、いかがでしょうか」

　「その点は、事故の態様が突然の死亡ということで、日常の様子などが重要になってくると思われますので、入院当初からお願いしたいのですが」

　吉岡は、斉藤のいうことには理由があると思ったし、そもそも証拠保全手続では、本案訴訟における証拠の要否を考えるべきではないので、申立てどおりにすることにした。

　「それから、診療録などについては、電子カルテを導入している病院が増えているようですが、ホスピタル病院は電子カルテを導入しているかわかりますか」

　「その点は、こちらでは把握しておりませんので、

◂検証目的物の量が膨大になることが予想されるような場合、検証目的物を事前に絞ることが可能であれば面接の段階で検証目的物を絞ることが望ましいでしょう。

◂証拠保全において、証拠の必要性および重要性の有無は、原則として判断すべきではないとされていることに注意しましょう。もっとも、本案訴訟においておよそ証拠調べを行うことが予想されないものについての証拠保全の申立ては証拠保全の

現段階では確実なことはいえないのですが……。ホスピタル病院が比較的大きな病院であることからすると、電子カルテを導入している可能性はあると思います」
「なるほど。電子カルテの場合には、更新履歴も検証の対象とされるのでしょうか」
「はい」
「そうしましたら、別紙検証物目録「5　その他…電磁的記録」の最後に『（更新履歴を含む。）』を付け加えてください。あらかじめ更新履歴が検証の対象に含まれることを相手方に明示しておくことで、相手方の準備を促すことができますので」
「わかりました」
「同じく検証目的物の点ですが、看護記録などは、対象とされるのでしょうか」
「はい、検証物目録の最後にあるその他一切の書類等のなかに含まれていると考えましたが」
　吉岡は、一瞬そうかなとも思ったが、検証物目録はできるだけ詳しくしたほうが相手方にもわかりやすいし、解釈の疑義が生じないことから、別紙検証物目録に「5　看護記録」を付け加えてもらい、5項に記載されていた事項を6項と訂正してもらった。
　（検証場所、送達、検証結果の記録化の方法について）
　吉岡は、検証場所と送達の問題、検証結果の記録化の方法に関する問題に移ることにした。
「それから送達場所なのですが、浜田医師の住所はわかりますか」
「その点についてですが、ホスピタル病院は、浜

◀必要性を欠くということになるでしょう。

◀電子カルテの検証については、Q76参照

◀検証物目録はできるだけ具体的に記載して、実施段階で疑義が生じないようにすることが望ましいでしょう。

◀相手方の住所がわからない場合の問題については、Q11参照

第3章　面　接　29

田医師が経営している病院であり、また、浜田医師は、ホスピタル病院の院長なので、毎日病院のほうにいらっしゃるようです。ですから、ホスピタル病院を浜田医師の事務所として送達するのが一番確実だと思います」

　林と顔を見合わせた吉岡は、林がうなずいたのを確認して、

「わかりました。では、決定書謄本等の送達書類はホスピタル病院で送達することにしましょう」と答えた後、さらに質問を続けた。

「送達方法についてですが、執行官送達でよろしいですね」

「ええ、執行官送達でお願いします」斉藤は、そう答えながら「川嶋先生のアドバイスどおりだわ」と内心感心した。

「次に、検証結果の記録化の方法についてですが……」吉岡がそう切り出すと、斉藤は、「川嶋先生のアドバイスはもう一つあったわ」と思い出し、次のように話した。

「その点ですが、検証の際には、こちらのほうでカメラマンを用意し、同行させたいと考えています」

「同行されるカメラマンというのは、どなたですか？」

「霞ヶ関にフォトスタジオEIJI・NAKAGAWAを構えている中川カメラマンですが」

　吉岡は、証拠保全における検証の際、検証結果の記録化のため、申立人がカメラマンを準備して検証が実施されることがあり、申立人がそれを希望する理由は、カメラマンを同行すると費用がかかる反

◀事務所への送達については、裁判所書記官研修所監修『民事訴訟関係書類の送達実務の研究〔新訂〕』74頁参照

◀決定書は、謄本を送達すれば足ります。Q44参照

面、プロのカメラマンによる撮影のほうがカルテ等を鮮明に保全することができ、また、カメラマンが実施する以上、撮影ミス等もあまりないというメリットが大きいからだということを聞いていたので、カメラマンを同行することには異議はなかったが、注意事項として次のことを伝えた。

「カメラマンを同行されるのはかまいませんが、証拠保全手続は、あくまで裁判所の証拠調べ手続ですから、申立人側で同行したカメラマンであっても裁判所の訴訟指揮には従ってもらいます。また、近時、カメラマンがデジタルカメラでカルテ等を撮影し、検証手続が終了した後、機器の操作を誤るなどしてカルテ等の撮影データを消去、喪失してしまった事例が散見されます。加えて、個人情報保護の観点もありますので、カメラマンが撮影した写真、データなどを消去、喪失してしまったり、他に流出させてしまうことがないよう、写真やデータを厳重に管理するよう周知徹底してください。裁判所のほうでも一応デジタルカメラを準備して期日に臨みたいと思います」

◀カメラマンの同行方式を選択する場合の留意点については、Q38参照

「わかりました。御指摘の点は、カメラマンに伝えておきます」斉藤はそう答えた。

（その他、実施にあたっての諸事項について）

吉岡は、さらに証拠保全が実施される場合に問題になる点を斉藤に確認することにした。

「本件申立てについては、今日提出された申立書の補充書および陳述書を踏まえて検討したうえで、最終的に判断したいと思いますので、まだ証拠保全の決定をしたわけではありません。仮に実施することになった場合、裁判所からは、私と林書記官が病

◀裁判所は、証拠保全手続の主宰者ですから、事前に証拠調べ期日の予想される状況を把握しておく必要があり、実務上、このように同行者の確認を行ってい

第3章　面　接

院に伺うことになりますが、申立人ら代理人の方で同行される人数は、斉藤弁護士とカメラマンの方の2名ということでよろしいですか」

「はい、その予定です」斉藤は答えた。

「次に、ホスピタル病院の休診日と診療時間はどのようになっていますか」

吉岡がそう尋ねると、斉藤は、

「ホスピタル病院は、毎週木曜日と日曜、祝祭日が休診日です。また、診療時間は、午前が9時から正午まで、午後は、2時から5時までとなっています」と回答した。

「それから、裕君のカルテ等は、どのくらいの量があるとお考えですか」

「本件では、入院、手術が行われている事案ですので、ある程度の分量があると思いますが、大量というほどではないと思います。もちろん、あくまでも推測にすぎませんが……」

「そうであれば、一応午後1時頃から開始すれば1日で検証が終わると思われますから、ホスピタル病院が昼休みに入る前の正午に送達し、午後1時に開始ということにしましょう」と吉岡は答えた。

「それでは、一応予定ということで、検証の日時も決めましょう」

吉岡は、林の都合と執行官の予定を確認したうえで、「5月7日はいかがでしょうか。カメラマンの都合は、大丈夫でしょうか」といった。

斉藤は、当日の午後は何も予定が入っていないことを確かめてから、

「はい、私は結構ですが、カメラマンの都合は、確認していません。カメラマンの都合が悪い場合

ます。事案によっては、司法修習生等の同行希望があります。

◀本件のように、複数の弁護士が証拠保全の申立てを受任している場合、事案の内容にもよりますが、予測できない事態が生じることもないとはいえないので、実務上、証拠調べ期日には弁護士が複数出頭する例が多いようです。

◀医師を相手方として証拠保全を行うとき、病院の診療時間中に送達を行うようにしなければ、相手方が不在で送達できない場合がありますし、そもそも検証の日時を病院の休診日に指定すると、送達および検証が行えません。したがって、申立人は、事前に病院の休診日、診療時間等を調べたうえで、面接に臨むようにしましょう。

は、こちらのほうから連絡させていただきたいと思います」と答えた。
　「それでは、5月7日の正午に送達し、午後1時から検証という予定にしましょう。なお、証拠保全のため、裁判所が、ホスピタル病院に行かなければなりませんから、ホスピタル病院の周辺地図を提出していただけませんか」
　「わかりました。早急にファックスでお送りします」
　こうして、面接は終わった。斉藤は、面接後、すぐに川嶋に連絡を入れ、カメラマンの都合を確認してもらったところ、5月7日で問題ないとの回答を得た。そこで、その旨裁判所に連絡を入れた。
　このようにして、証拠保全の予定期日は、面接の際のやりとりのとおり、令和6年5月7日午後1時と決まった。

◂証拠保全の性質上、1回の期日で手続が完了することが望ましいので、事前に検証物の量を確認し、期日指定や裁判所の準備の参考にします。

◂カメラマン同行方式を用いる場合、カメラマンの参加できる期日を指定しなければならないので、なかなか証拠調べ期日が決まらないことがあります。この点もカメラマン同行方式のデメリットといえます。カメラマン同行方式を希望する場合、申立人側で事前にカメラマンの都合を確認し、面接に臨むと手続が円滑に進みます。

第4章
決　定

斉藤が帰った後、吉岡は、裁判官室の自席でもう一度記録を検討しながら考えた。

「記録の記載事項および面接の結果を踏まえると、本件は、証拠保全の要件を満たしているといえる。証拠保全決定を出してもよい事案だろう……」

吉岡は、本件について、そう結論を出すと、書記官室の林の席のところへ赴いた。

「いろいろと検討してみた結果、本件の申立ては、十分理由があると考えるので、証拠保全決定を行おうと思います。そこで、決定書を起案しますので、できましたらチェックをお願いします」吉岡がそういうと、林は、

「わかりました。吉岡さん」といった。

裁判官室に戻ると、吉岡は、早速次のような決定書を起案した。

◀証拠保全決定に関連する問題については、Q40以下参照

決定書

決　　定

東京都新宿区高田馬場□丁目○番○○号
　　　　　　　申　立　人　　　藤　林　道　英
東京都新宿区高田馬場□丁目○番○○号
　　　　　　　申　立　人　　　藤　林　千　華
　　　　申立人ら代理人弁護士　川　嶋　敦　士
　　　　　　　同　　　　　　　斉　藤　千　絵
東京都目黒区□□町△丁目○○番○○号
　　　　　　　　　　　　　　　ホスピタル病院こと
　　　　　　　相　手　方　　　浜　田　洋　介

上記当事者間の令和6年(モ)第21125号証拠保全の申立事件について、当裁判所は、申立てを理由あるものと認め、次のとおり決定する。

主　　文

1　東京都目黒区□□町△丁目○○番○○号所在の相手方病院に臨み、相手

方保管に係る別紙目録記載の物件について検証する。
２　上記証拠調べ期日を令和6年5月7日午後1時と指定する。
　　　　　　　　令和6年4月18日
　　　　　　　　　　　　　　　　　東京地方裁判所民事第60部
　　　　　　　　　　　　　　　　裁　判　官　吉　岡　邦　和　印

（別紙）

　　　　　　　　　　　　目　　　　録

　藤林裕（令和2年2月1日生、令和5年12月12日死亡）の診療（令和5年6月16日から死亡するまで）に関して作成された下記の資料

　　　　　　　　　　　　　記
１　診療録
２　医師指示票
３　レントゲン写真
４　諸検査結果票
５　看護記録
６　その他同人の診療に関し作成された一切の資料及び電磁的記録（更新履歴を含む。）

　決定書の起案をした後、吉岡は起案した決定書を林にみせた。林は形式的なミスがないかどうかを入念にチェックしたうえ、問題がないと思ったので、吉岡に決定書を渡し、吉岡は、記載内容をもう一度自ら確認し、押印した。

　そして、林は、翌日、斉藤に決定が出たことを電話で連絡した。

　斉藤は、裁判所に立ち寄り、林から決定書謄本を受け取り、証拠調べ期日の期日請書を提出した。

　林は、速やかに、芝田執行官に執行官送達依頼書と、相手方へ送達する決定書謄本、申立書副本、申立書補充書副本、疎明資料、証拠調べ期日の呼出状

◂これで、決定書謄本は、申立人に送達されたことになります（民訴法100条）。

◂送達書類については、Q44参照

第4章　決　　定　　37

および証拠保全手続についての説明書を交付した。
　また、斉藤は、執行官室を訪れ、執行官の芝田に会って執行費用を予納し、「では当日よろしくお願いします」と一礼して事務所に戻った。

◀証拠保全の場合には、申立人代理人を通じて執行官への送達依頼をすることがあります。

第 5 章
証拠調べの実施

令和6年5月7日（火）　午前11時頃

　東京ディストリクトコート法律事務所にて
「いよいよ今日は、証拠保全の証拠調べ期日だったね」
　川嶋は、緊張気味の斉藤に声をかけた。
「川嶋先生、証拠調べ期日の注意点は何ですか」
「そうだね。証拠保全手続だけは、実際に病院に行ってみないとわからないことが多いから、なかなかアドバイスが難しいのだけれども、手続自体は、裁判所が主宰するので特に心配はないと思う。ただ、我々は、現時点において、手術後における裕君の容態の監視・監督に関する点に問題があったのではないかと考えているのだから、その点に関するカルテ等の資料が十分提出されているか、また、その記載内容に修正等不自然な点がないか、という点に注意をし、もし不自然な点があった場合には、それが検証結果として正確に反映されるようにすることを最低限心掛けるとよいだろうね。私は、用事があるので、期日自体には立ち会えないが、事務所にいるようにしておくよ。もし万が一不測の事態が生じたらすぐに電話をしてくれれば、タクシーに乗って駆けつけるから」
　川嶋からアドバイスをもらった斉藤は、少し気持ちが楽になった。そして、必要な準備をし、カメラマンとの待合せ場所であるホスピタル病院の正門前に向かった。

◀事前準備については、Q51参照

同日正午頃

　検証場所のホスピタル病院は、目黒区の住宅街にある。交通手段は、林書記官と電車で行くことになっており、検証開始時刻のおよそ1時間前に地裁を出ればよいことになっていた。

　当日、執行官の芝田は、正午少し前頃、決定書謄本等必要な書類を持ってホスピタル病院に赴いた。ホスピタル病院の職員は、芝田が執行官であると名乗ると、少し驚いた様子ではあったが、院長室に連絡を入れ、芝田を院長室へ案内した。芝田は院長室にいる人物が浜田洋介医師であることを確認し、決定書謄本等を渡した。浜田は、明らかに困惑したような様子であったが、芝田に対し、特に説明を求めるようなこともなかったので、芝田は、送達報告書を書き上げ、退室した。

　芝田は、送達が完了したことを担当部の書記官室に電話連絡し、書き上げた送達報告書については、帰庁後に担当部の書記官に交付することとした。

　裁判所で待機していた吉岡と林は、午後零時5分頃、執行官の芝田から送達が完了した旨の電話を受けてから、裁判所を出発し、ホスピタル病院に向かった。

◀相手方への送達が完了しなければ、証拠調べ期日を開くことはできません（Q44参照）から、送達が完了しているかどうかは重要な事項です。裁判所は、執行官からの電話連絡（執行官が担当部の書記官室へ電話連絡をし、担当部の書記官が同行書記官の携帯電話等に連絡するパターンが一般的です）により、送達の完了を確認してから、証拠調べに着手することになります。なお、以前は、執行官送達における送達場所と検証場所が同一の場合において、申立人代理人が事前に検証場所付近に赴き、送達後に執行官から送達報告書を受け取り、受け取った送達報告書を証拠調べ期日直前に裁判所へ渡す方法により、裁判官が証拠調べ実施場所で送達報告書を入手するという取扱いもみられましたが、現在はこのような取扱いは行われていません。

同日午後1時頃

　ホスピタル病院前に到着したのは午後1時の10分前であった。斉藤は既に病院の前でカメラマンらしき人物とともに立って待っていた。

　「こんにちは。今日はよろしくお願いします」と吉岡が声をかけると、「どうも、御苦労様です」と斉藤は答え、「こちらは、カメラマンの中川さんです。どうかよろしくお願いします」と告げた。

　吉岡らは型どおりの挨拶を済ませ、いよいよホスピタル病院内に入ることにした。吉岡にとっては緊張の一瞬である。

　林を先頭に、吉岡らはホスピタル病院の玄関のドアを開け、ホスピタル病院内に入った。林は、受付の職員に「すみません、私たちは裁判所の者ですが、院長の浜田医師はいらっしゃいますでしょうか」と小声で聞いた。

　「少々お待ちください」

　受付の職員は、裁判所と聞いて一瞬驚いた様子であったが、慌ててどこかに電話をかけた。きっと、院長室の浜田医師のところに電話しているのだろうと吉岡は推測した。

　「はい、承っているそうです。ただ、浜田は午後の回診中でして、あと10分ほどしたら戻って参りますので、応接室のほうでお待ちください」

　吉岡らはホスピタル病院の応接室に通された。

　間もなく白衣に身を包んだ浜田医師が現れた。50代前半の男性である。吉岡は、立ち上がっていった。

　「浜田洋介医師ですね」

◀迷惑を考え、なるべく目立たないように取次を依頼するなど、配慮すべきでしょう。

「はい、そうですが」といいながら、その男は名刺を差し出した。

「大変恐縮ですが、手続上必要なので、運転免許証等、本人であることを確認できるものをみせていただけませんか」

吉岡がそういうと、浜田医師は、財布から運転免許証を取り出し、吉岡に渡した。吉岡は、運転免許証をみて、浜田医師本人であることを確認し、運転免許証を返した。そして、吉岡は、再び浜田医師に対し話しかけた。

「初めまして。既に証拠保全の決定書の謄本が届いているかと思いますが、私たちは裁判所の者です。私は、裁判官の吉岡、こちらは書記官の林です。それから、こちらが本件証拠保全の申立人ら代理人である斉藤弁護士、それとカメラマンの中川さんです」

浜田医師は、吉岡の紹介にうなずきながら、

「どうぞ、よろしく」と小声で会釈していたが、中川が紹介されたときに顔色を曇らせた。

「カメラマン……といいますと、週刊誌か何かのマスコミ関係の方ですか」

「いえ、そうではありません。これから行う検証のときに、カルテなどの写真を撮影する方です。撮影した写真を裁判所のほうで記録としてとじ、保管するのです」

「ああ、そうでしたか」浜田は、ほっとしたようだった。

「事前に送付した証拠保全についての説明書は御覧になりましたか」

「一応拝見しましたが、今まで裁判所のお世話に

◀相手方もどのような人たちが来訪したのかを確認する必要がありますから、物語のように最初に個々の人を紹介することが一般的です。

◀証拠保全についての説明書に関しては、Q52参照

第5章　証拠調べの実施　43

なったことはありませんから、何がどうなっているのか見当もつかず困惑しているのですがねえ……」
「そうですか。それでは、検証に入る前に証拠保全の趣旨を説明させていただきます」

◀趣旨説明については、Q52参照

「ええ、正直いってなぜ裁判官が私の病院に来ることになったのか納得できませんので、ぜひ説明していただきたいですね」
　いくらか緊張が解けてきたこと、目の前にいるのが自分よりも若い吉岡であることもあって、浜田医師は、憤慨した様子で説明を求めてきた。
「事前に送付した証拠保全についての説明書を御覧になっているということですから、ごく簡単に説明しますが、わかりやすくいうと、今回行う証拠保全というのは、民事訴訟法という法律によって認められた手続であり、将来訴訟が提起される可能性のある事案において、重要な意味を持つ証拠となる可能性がある書類等につき、裁判所があらかじめ証拠調べを行う手続です。具体的には、浜田さんに関係書類を提出してもらい、裁判官である私が書類等の形状、体裁、記載内容等を確認したうえ、その後書類等の写真撮影を行い、撮影した写真等の資料を裁判所で保管しておくという手続です」吉岡は、医師の浜田にわかるよう、噛み砕いて証拠保全手続の目的、概要等について説明した。
　吉岡の説明を聞いていた浜田医師はずっと黙っていたが、
「しかし、そういうことならもっと前もって知らせてもらわないと困りますね。こんな突然来られても、こちらとしては協力しようにもできないじゃないですか」

◀相手方から、送達と検証との間に、時間がないことについて不満を述べられることが多い

「おっしゃることはもっともなのですが、証拠保全手続を適切にかつ迅速に行うためには、どうしてもこのような形にならざるをえないのです。もちろん、病院側で準備に必要な時間は考慮したいと考えています。その点どうかご理解いただいて協力していただきたいのですが」

「それでカルテ類をどうしようというのですか。まさか全部藤林さんのところに持って行ってしまうわけではないでしょうね」

どうやら、浜田医師は、カルテ類を吉岡らが持ち去り、その内容に手を加えたりすることを恐れているようであった。

「先ほどもいったように、今日は、この場でカルテ等をみせていただき、写真を撮らせていただいたり、コピーをいただいたりします。ついては、その写真撮影に協力していただきたいのです」

「わかりました。そういうことなら協力しましょう」

胸のなかのもやもやが吹っ切れたように浜田医師はいった。

「それでは、手続を始めさせていただきますが、こちらでは、カルテは電子カルテでしょうか、それとも紙のカルテもあるのでしょうか」と、吉岡はまず、電子カルテが導入されているか否かを確認した。

「当院では、令和4年4月から電子カルテを採用していますが、看護記録については、電子カルテではなく紙に書き込む形をとっています」と浜田医師が答えた。

「若干確認をしたいのですが、電子カルテは、だ

ので、この点を十分に説明し、相手方の理解が得られるよう努めることが重要です。

◀Q66参照

◀電子カルテについては、Q76参照

れでも利用することができますか。それともパスワードなどが必要ですか。また、記載内容が変更された場合、更新履歴が残るものですか」と吉岡は電子カルテシステムの利用方法、更新履歴の有無について尋ねた。

「ええ、当院の電子カルテは、利用者が割り当てられたＩＤと自分が設定したパスワードを入力することによって、利用者の識別・認証がされ利用が可能になります。利用者が既に入力済みのデータを修正した場合、修正経緯が履歴として全て保存されます。更新履歴は、普段はみる必要がありませんのでディスプレイには表示されませんが、ディスプレイ上の「履歴」を選択すると表示され、更新履歴も含めて印刷することができます」と浜田医師が答えた。

「わかりました。一括印刷はできるのでしょうか」と吉岡は尋ねた。

「えっと、メイン画面の「記録」メニューから「一括出力」を選べばその患者さんのカルテを一括して印刷できると思います」と浜田医師が答えた。

「そうですか。昨年の６月16日から12月12日までの電子カルテをみたいのですが、期間を特定して印刷することはできますか」と吉岡が尋ねた。

「確か期間と診療科目については指定することができたと思いますが」と浜田医師が答えた。

「それでは、その期間の分の電子カルテを更新履歴入りで一括印刷していただけますか。紙の看護記録等も写真を撮りますのでこちらにお持ちいただけますか」と吉岡が答えた。

「わかりました。それでは看護師にカルテや看護

◀電子カルテは、一括印刷機能により印刷することができるので便利ですが、一括印刷機能を使用しても診療記録が全て印刷されるとは限らないので注意が必要です。Q76参照

記録を持って来るよう指示しますが、どこで写真を撮りましょうか」と浜田医師が尋ねた。

　吉岡がカメラマンの中川のほうをみて、目で尋ねると、中川が口を開いた。

　「この部屋で結構です。ただ、量が多いようですから、若干時間はかかると思います。それから、レントゲン写真は、シャウカステンが必要なのですが……」

　「わかりました。この部屋に用意しましょう」

　そのとき、看護師がお茶を持って来た。浜田医師は自分の湯飲みをとり、さらに、吉岡らに対し、「どうぞ」と促した。しかし、吉岡は、「これから手続を行わなければなりませんから、どうぞお気遣いなく」と告げ、お茶は遠慮することにした。

　しばらく待っていると、看護師がたくさんの書類を持って来た。

　「一応、カルテ、諸検査結果票、医師指示票、これらは電子カルテを印刷したものです。あと、紙のものとして看護日誌、病棟日誌、レントゲン写真があります」

　浜田医師は看護師から書類を受け取り、吉岡に手渡した。

　「藤林裕君の治療に関係する書類等は、これで全てですか」吉岡は、浜田医師に尋ねた。

　「これで全てだね」と浜田医師は、記録を持って来た看護師に尋ねると、看護師は、「これらが書類の全てですが……」と答えた。

　「それでは、拝見させていただきます」

　吉岡は、浜田医師から受け取った記録が、決定書添付の別紙目録と一致していることを確認した。

◀病棟日誌は、決定主文に明示されていないが、「その他診療に関し作成された一切の書類」に当たると考えられます。Q64参照

第5章　証拠調べの実施　47

いよいよ検証の開始である。吉岡は、看護師が持って来た書類を1枚ずつみていくことにした。

「これは電子カルテを印刷したものですね。診療録分が全部で76枚ありますね。うち4枚が外来分ですね。二重線があるのは、削除の履歴という意味ですね」と吉岡が尋ねると、浜田医師がうなずいた。

「残りの72枚が入院分ですね。念のため、これらの印刷していただいたものとデータを照合させていただいてもよろしいでしょうか」といい、吉岡は、電子カルテのディスプレイと印刷物の整合性を確認し、斉藤にも確認してもらった。

「ありがとうございました。次に看護記録ですが、1枚目の下から3行目に一部朱書きのところがあります」

吉岡が書面を1枚ずつ検証していくと、隣で林が手控えをとっていく。

斉藤も原本をみようと身を乗り出している。医療訴訟を提起したときには重要な証拠となるものであるから、弁護士としても興味津々なのであろう。

「裁判官！」急に斉藤が吉岡に声をかけた。

「看護記録の1枚目の裏の下から3行目ですが、鉛筆書きで『××』との記載がありますから、この点を調書に残しておいてください」

吉岡が、1枚目の裏の下から3行目の部分をよくみると、鉛筆書きで『××』との記載が存在する。

「確かに鉛筆書きで『××』との記載があるので、これは調書に記載しておいてください」と吉岡が林に指示すると、林はうなずきながら手控えにその旨を記載した。

それ以外に、カルテのうち、医師指示票および諸

◀Q66参照。なお、提出された書類について、医師等からどのような書類があるか概略の説明を受けてから検証を開始するのもよいでしょう。

◀修正箇所や消し跡があるなどの場合については、Q67参照

◀体温検査記録等、色が

検査結果票には特に問題はなかった。吉岡は、検証を終えたものを斉藤に渡し、写真撮影を始めてもらうことにした。中川は、朱書きの記載があるものはカラー写真用のフィルムで撮るといい、白黒のものから撮影を始めた。

　吉岡は、続いて病棟日誌の検証にとりかかったが、病棟日誌には他の患者の名前も書き込まれていた。

　「これはまずいですね。プライバシーの問題がありますから他の患者の名前は撮らないようにしなければなりませんね」

　「しかし、1枚の紙に4、5人の名前が書いてありますからこのままだと写真に写ってしまいます」と中川。

　「では、付箋か何かを貼ってみえないようにしましょう」

　吉岡と林は、他の患者の名前が写真に写らないように付箋を貼っていった。

　「林書記官、付箋を貼った部分には藤林裕以外の入院患者の名前が記載されていたというふうに調書にとっておいてください」

　こうして調書で明らかにしておけば、付箋で隠した部分に記載されていたことも必要な範囲でわかると思われた。

　裕の入院期間が約6カ月と長かったこともあって、検証対象の書類も膨大なものになった。写真撮影は午後2時頃から始まったが、午後4時頃になってようやく書類の撮影が終わった。結構時間がかかるものである。

　吉岡は、続いてレントゲンフィルムの検証のた

ついているものについてはカラー写真を撮る場合が多く、そのときは、特に問題がありませんが、そうではない場合、必要に応じて色の確認、調書への記載等が必要です。

◀病棟日誌等には他の患者の名前が記載されていることがよくあります。他の患者の記載部分は、検証の対象外であること、他の患者のプライバシー保護の必要性があることを考えると、このような場合に備えて付箋等を準備していく必要があります。Q68参照

◀病院にあるシャウカス

第5章　証拠調べの実施

め、シャウカステンを応接室に持って来てもらった。ここでも吉岡がフィルムの撮影年月日などを林に口授しながらレントゲンフィルムを1枚ずつ確認し、それを中川が順次写真撮影していった。数十枚の写真を撮り終えるのにさらに30分ほどかかったが、一応目的としていたものの写真は全て撮り終わった。これで検証手続は終了である。

「協力していただいたお陰で速やかに検証を行うことができました。どうもお忙しいなか、御協力ありがとうございました」吉岡は、浜田医師に対し、お礼を述べた。

「いえ、こちらこそ」浜田医師は答えた。証拠保全の手続が無事に終わり、浜田医師もほっとしているようだった。

その後、吉岡は、斉藤に対し、次のように述べた。

「申立人ら代理人、検証手続は無事に終わりましたので、申立てのあった検証物提示命令は、取り下げるということでよろしいですか」

吉岡からそう尋ねられた斉藤は、本件の証拠保全において必要と思われる書類等が全て検証できたことから、「はい。結構です」と答えた。

「それでは、『提示命令の申立てについては取り下げる』と調書に記載しておいてください」吉岡が、林にそう告げると、林は、うなずきながら、メモにその旨を記載した。

「それでは、本日予定していた手続は以上になりますが、今の時点で双方何か聞いておきたいことはありますか」吉岡が最後に確認をした。

「あのう、裁判官ちょっとよろしいですか。こう

テン（レントゲンフィルムの背後から光を当て、像を浮かび上がらせる装置）等を利用する場合、病院の業務に支障がないよう、十分な配慮をする必要があります。

◀なお、レントゲンフィルムのコピーについては、Q69参照
その他の特殊なものについての検証事例については、Q71以下参照
検証物が大量にあって、検証が期日中に終了しない場合の対処方法については、Q80参照

◀留保していた検証物提示命令の申立ての処理については、Q55〜Q57参照

いうの初めてなのでよくわからないのですが、この後はどうなるのでしょうか」と浜田医師が質問した。

「今日の手続の結果を記載した調書という書面を作りますので、その調書を裁判所に保管しておきます。その後、申立人らが訴訟を起こした場合、その調書が裁判所に提出されることになります。訴訟が起こされたら、裁判所からそちらに訴状を送付しますので、それで訴訟を起こされたことがわかります」吉岡は答えた。

「その調書というものは、私もみることができるのでしょうか」と浜田医師が尋ねた。

「はい、裁判所で閲覧または謄写することができます。代理人、現像した写真はどのくらいで提出できますか」と吉岡が中川と斉藤をみながら尋ねた。

「そうですね。大体１カ月弱程度でお出しできると思います」斉藤は中川と目を合わせながら答えた。

「本件の調書は、それほど長くならないと思いますので、写真が提出されてから２週間程度でできると思います」林書記官が吉岡にいった。

「そうすると、１カ月くらいあれば調書ができると思いますので、それ以降でしたら調書をご覧いただけます」吉岡は浜田医師にいった。

「そうですか。それから、私は医療ミスをしたつもりはないですし、今日送られてきたこの証拠保全申立書もざっとしか読んでいませんが納得できない記載があります。これに対して反論等はできないのですか」と浜田医師は証拠保全申立書に記載された点についても異論がある様子だ。

◀証拠保全結果の本案裁判所への上程手続については、Q83参照

◀撮影した写真は、通常、現像したものを申立人ら代理人が裁判所に提出します。現像した写真を撮影順序どおりに並べて提出される場合もありますが、必ずしもそうではなく、裁判所のほうで並べ替えなければならず、苦労する場合があります。調書が迅速に作成される利益は当事者双方に認められますから、調書の迅速な作成のため、書記官が申立人ら代理人やカメラマンと手順について打合せができるように配慮するとよいでしょう。

第５章　証拠調べの実施

「あなたの言い分は訴訟になってから出していただくことになります」と吉岡は答えた。

「そうですか。わかりました」浜田医師は答えた。

「よろしいですか。それでは、今日の検証はこれで無事終了いたしました。我々はこれで失礼します」

吉岡、林、斉藤および中川は、浜田医師に会釈をして、ホスピタル病院を出た。

病院を出ると、斉藤は、「写真ができ次第、裁判所に届けます。今日はどうもお疲れ様でした」と吉岡らに挨拶をして、中川と一緒に近くの喫茶店に入っていった。

時計をみたら午後5時を少し回っていた。吉岡は林とともに裁判所に早く戻ることにした。

同日午後7時

東京ディストリクトコート法律事務所にて

斉藤は、中川と別れた後、川嶋に報告するため、事務所に戻った。

「先生、検証の立会いに行ってきました」

「御苦労さん。現場ではどうだったかね」

「浜田先生は、最初、証拠保全に不満そうでしたが、最終的には納得され、結局、特に問題なく、検証手続は終了しました」

「そうか、それはよかった。ところで、斉藤さん。結局証拠保全手続を一人でやり遂げたね。本当に御苦労さん。やってみると結構勉強になっただろう。これで証拠保全手続のほうは、一段落だな。ただ、私たちの仕事はこれからが本番だよ。カルテ、レン

トゲン写真等を協力医にみせて専門家とともに治療方法等に問題がなかったかどうか検討して、今後の方針を考えよう。斉藤さん、これからも頑張ってもらうよ」川嶋は斉藤に激励の言葉をかけた。
　「初めての証拠保全。いろいろと戸惑うこともあったが、実際に行ってみるとそれほど難しいわけでもない。また機会があったら、証拠保全手続を利用してみよう」
　斉藤は、そのようなことを考えながら、川嶋とともに事務所を後にした。

第 6 章

証拠調べ調書の作成
（手続の終了）

令和6年6月3日(月)

　検証期日に撮影した写真は、先週末に裁判所に届いた。林は手控えをもとに写真を整理して次のような検証調書(ただし、証拠保全書類綴り一冊(127丁)は省略)を作成した。

検　証　調　書

裁判官
認印

事件の表示　　　　令和6年(モ)第21125号
期日　　　　　　　令和6年5月7日午後1時00分
場所　　　　　　　東京都目黒区□□町△丁目○○番○○号
　　　　　　　　　　　　　ホスピタル病院
裁判官　　　　　　東京地方裁判所民事第60部
　　　　　　　　　　　　　吉岡　邦和
裁判所書記官　　　　　　　林　　文孝
出頭した当事者等　申立人ら代理人　斉藤　千絵
　　　　　　　　　相手方　　　　　浜田　洋介

手続の要領等

(複写紙127枚添付)
第1　検証の目的物
　　　藤林裕(令和2年2月1日生、令和5年12月12日死亡)の診療(令和5年6月16日から死亡するまで)に関して作成された下記の資料
記
　1　診療録
　2　医師指示票
　3　レントゲン写真
　4　諸検査結果票
　5　看護記録
　6　その他同人の診療に関し作成された一切の資料及び電磁的記録(更新履歴を含む。)

第2　検証によって明らかにする事項
　　上記物件の形状及び記載内容
第3　当事者の指示説明等
　　相手方
　1　本件検証の目的物となっている物件で、当病院が所持するものは、次のとおりであるから提示する。ここに提示するものの他に上記第1に記載されている物件は一切ない。
　　(1)　電子カルテ（外来診療録分）をプリントアウトしたもの4枚（1丁～4丁）
　　(2)　電子カルテ（入院分）をプリントアウトしたもの72枚（画像情報5枚、参照画像情報2枚、検査結果一覧表1枚、病理組織検査報告書、病理検査報告書、医師指示票6枚を含む。）（5丁～76丁）
　　(3)　レントゲン写真18枚（77丁～94丁）
　　(4)　看護記録15枚（95丁～109丁）
　　(5)　病棟日誌18枚（110丁～127丁）
　2　電子カルテシステムについて
　　(1)　当病院は、外来診療録及び入院診療録に関して、令和4年4月以降、電子カルテに移行している。
　　(2)　電子カルテシステムの利用者は、自分に割り当てられたＩＤ及び設定したパスワードを入力することにより、識別・認証を経て、設定された権限内でのシステムの利用が可能となる。データ書き込み権限を有する者が既に入力済みのデータを修正した場合、修正の経緯は全てデータとして保存される。更新履歴は、通常、ディスプレイ上に表示されないが、ディスプレイ上の「履歴」を選択すると、ディスプレイ上に表示され、プリントアウトした場合も、更新履歴を含めて印刷される。
　　(3)　電子カルテシステムに保存されているデータについては、メイン画面の「記録」メニューから「一括出力」を選ぶと、当該患者の診療録等の電磁的記録を一括して印刷することができる。印刷範囲については、診療期間、特定の診療科目を設定することも可能である。
　　(4)　前記1(1)及び(2)の電子カルテシステムに保存されているデータについては、メイン画面の「記録」メニューから、令和5年6月16日から同年12月12日までの期間を指定して、一括出力によりプリントアウトしたものを提示する。
　　申立人
　　各ディスプレイ上の表示とプリントアウトされた文書について、その内容に相違がないことを確認した。
第4　提示命令について

　　　　申立人
　　　　本件証拠保全に関する提示命令申立てを取り下げる。
　第5　検証の結果
　1　相手方提示に係る各資料の形状及び記載内容は、以下に記載するほか、添付の複写紙及び写真のとおりである。
　　なお、電子カルテについては、電磁的記録を紙面にプリントアウトする形で検証を行い、同文書をもって検証の結果に代えた。
　(1)　外来診療録（1丁〜4丁）
　　　電子カルテシステムによって保管されているもの。診療録の記載中、二重線が書き込まれている箇所があるが、これらは、電子カルテのデータを変更・修正した場合に、二重線が付けられる形で修正履歴が残るものであり、各二重線はその修正履歴を示すものであることを確認した。
　(2)　入院診療録（5丁〜76丁）
　　　上記(1)と同様、電子カルテシステムによって保管されているものである。
　(3)　レントゲン写真（77丁〜94丁）
　(4)　看護記録（95丁〜109丁）
　　　95丁目の下から3行目に、一部朱書きによる箇所が存する。96丁目の下から3行目の部分に鉛筆書きで「××」との記載がある。
　(5)　病棟日誌（110丁〜127丁）
　　　病棟日誌116丁目、120丁目及び125丁目には、藤林裕以外の患者の氏名が記載されている部分が存在するため、付箋を貼付した。
　2　相手方の指示説明に係る出力条件設定画面、印刷条件設定の内容は、添付の複写紙及び写真のとおりである。

　　　　　　　　　　　　　　　　　　　裁判所書記官　　林　　　文孝

　林は、検証調書に誤字・脱字等がないかを確認して、認印をもらうため、検証調書を吉岡のもとに持参した。吉岡は、提示命令申立ての取下げが記載されていること、写真の枚数、朱書部分や鉛筆書きの部分の説明などに整合していないところがないかチェックし、付箋を貼った部分の説明もきちんと調書に記載してあることを確認して、裁判官認印の欄

に自分の判を押した。これで証拠保全事件の終了である。
「一人でやる事件は大変なことも多く、緊張もするけど、また1件終わったなぁ」
　吉岡は、認印を押した調書をみながら、感慨にふけった後、別の事件の記録を読み始めた。

第2編

検証の方法による証拠保全
（医療事件を中心にして）

第 1 章
証拠保全の機能

Q1 訴えの提起前における証拠保全の機能

訴えの提起前における証拠保全にはどのような機能がありますか。

A 　将来の訴訟に備え、証拠を保全する機能（証拠保全機能）があります。これに対して、相手方が所持する証拠が事前に開示されるという機能（証拠開示機能）もあるといわれていますが、これは、事実上の付随的な機能と考えるべきです。

解説

　証拠保全は、本来の証拠調べを待っていたのでは取調べが不能または困難となる事情がある場合にその証拠方法について証拠調べを行う手続ですから、その機能として、将来の訴訟に備え、証拠を保全する機能（証拠保全機能）があることは当然です。

　そして、証拠保全手続においては、相手方が所持している証拠を取り調べることになることから、事実上、相手方が所持する証拠が事前に開示されるという機能（証拠開示機能）も併せ有します。

　さらに、証拠保全の証拠開示機能によって、申立人が事実関係を把握でき、勝訴の見込みのない訴えの提起を控えることになるほか、訴えの提起前に和解・示談が促進され、紛争が早期に解決されるという事実上の効果も期待できます。

　なお、上記効果や本案での審理充実に役立つ効果が期待されることから、証拠開示機能を強調して、証拠保全の要件を緩和し、積極的に証拠開示を図ろうとする立場（英米法のディスカバリー制度を念頭に置いています）もあります。

　しかし、民訴法の沿革、条文の文言、制度趣旨からは、解釈論として、証

拠開示機能を正面から認めることは困難です。また、相手方には不服申立権がなく、その被る不利益に対する対策が十分でないにもかかわらず、一方当事者の申立てと疎明に基づいて実施する証拠保全について、証拠開示機能を強調して証拠保全の要件を緩和した運用を行うと、証拠漁りの危険や裁判所の公平性・中立性を損なうことになりかねません。

　したがって、証拠保全の証拠開示機能の重要性は認めるにしても、それは証拠保全制度が有する事実上の付随的な機能というべきであって、この立場が通説的な見解であると考えられます。なお、基本的にはこの立場によりつつ、柔軟な運用によって、一定限度で証拠開示機能を積極的に認める立場もありますが、上記問題点には十分配慮する必要があるでしょう。

Q2 訴えの提起前における証拠保全と証拠収集処分

訴えの提起前における証拠保全と証拠収集のための処分とはどのような違いがありますか。

A 証拠保全は裁判所の証拠調べ手続ですが、訴えの提起前における証拠収集のための処分（以下「提訴前証拠収集処分」という）はあくまで当事者の証拠収集のための手続で、要件および効果にもその違いが反映されています。

解説

1 平成15年の民訴法の改正により、訴えの提起前における証拠収集手続の拡充を目指し、訴えの提起前における当事者照会（民訴法132条の2、同条の3）のほか、提訴前証拠収集処分として、提訴予告通知をした者（予告通知者）および提訴予告通知に返答をした被予告通知者の申立てにより、通知から4カ月以内の期間に、文書送付の嘱託、調査の嘱託、専門的な知識経験に基づく意見陳述の嘱託および執行官に対する現況調査の命令ができるようになりました（民訴法132条の4以下）。

提訴前証拠収集処分は、証拠保全と同じく、訴えの提起前に利用できる証拠収集手段ですが、証拠保全のように裁判所の証拠調べ手続とは位置付けられておらず、あくまで当事者が証拠を収集するための手続であって、証拠を収集した当事者が、送付文書、調査等の結果文書等を後に提起した本案訴訟において書証として提出することが必要です。また、証拠保全は、本来の証拠調べを待っていたのでは取調べが不能または困難となる事情がある場合に証拠の保全を目的として認められますが、提訴前証拠収集処分は、提訴予告通知により生じた訴訟係属に準ずる法律関係を前提に、

必要な証拠や情報を収集することによって訴えの提起後の審理の促進・円滑・充実を目的とした手続であり（予告通知者、被予告通知者双方から利用できます）、証拠保全のように将来証拠の収集等が困難になる事情があること（証拠保全の事由）は必要とされていません。

　もっとも、提訴前証拠収集処分においては、相手方（被予告通知者）の不利益や被嘱託者の負担に配慮し、その要件として、有効な提訴予告通知と認められるための規整（民訴法132条の2、民訴規則52条の2）、必要性（立証に必要なことが明白であること、自ら収集することが困難であること）、相当性、相手方・嘱託先等への意見照会（民訴法132条の4第1項、民訴規則52条の7第1項）などが定められています。また、提訴前証拠収集処分の申立てについての裁判には、一切不服申立てができません（民訴法132条の8）。

2　以上のように、証拠保全と提訴前証拠収集処分には制度趣旨（目的）、要件、効果などに違いがあります。訴えの提起前から事案の内容について十分な検討を行い、本案の審理を充実させるために、当事者照会、弁護士会照会も含め、これらの制度を有効に使い分けながら適切に利用していくことが期待されるところです。

第2章
申立て

第1節　申立書の記載

Q3 申立書に記載すべき事項、添付すべき書類

申立書に記載すべき事項、添付すべき書類は何ですか。

A　申立書に記載すべき事項、添付すべき書類は、次に説明するとおりです。具体的には、第5編第1章の申立書例も参照してください。

・解・説・

1　申立書に記載すべき事項

証拠保全の申立ては書面でしなければならず（民訴規則153条1項）、以下の事項などを記載します（民訴規則2条1項、153条2項等参照）。

(1)　標題

何の申立てなのかを明らかにするため、実務上、申立書の冒頭に「証拠保全申立書」と標題を記載します。

(2)　申立てをする裁判所

申立書の提出先の裁判所名を記載します。支部に提出する場合は支部名も記載します（証拠保全の管轄については、**Q14**を参照してください）。

(3)　年月日

実務上、申立書の提出日を記載するのが通例となっています。

(4)　申立人またはその代理人の記名押印

当事者の表示（後記(5)）とは別に、申立書の作成者が記名押印します。

(5)　申立人、代理人、相手方の氏名・住所等（郵便番号を含む）、送達場

所

　　当事者の表示であり、申立てを特定するのに必要な事項です（証拠保全の当事者については、**Q6**を参照してください）。

　　証拠保全の「相手方」は、訴えの提起前の場合には将来被告となるべき者、訴えの提起後の場合には申立人の反対当事者であり、検証物等の所持者ではないことに注意が必要です。

　　当事者が法人の場合は、その名称（商号等）、代表者名、主たる事務所（本店等）の所在地を記載します。

　　郵便番号は、郵送が必要な場合のために記載します。

　　送達場所は、送達場所届出制度を定めた民訴法104条1項による記載であり、送達場所とする住所の後などに「（送達場所）」と記載します。

(6) 申立人またはその代理人の電話番号・ファクシミリの番号

　　裁判所との連絡のために記載します。

(7) 申立ての趣旨

　　いかなる内容の証拠保全を求めるかの結論の記載です。訴状における請求の趣旨に対応するものです。

　　申立ての多い検証による証拠保全を例にすると、検証場所および検証物を明らかにしつつ、検証を求めるとの結論を記載します。検証物の記載は検証物目録を別紙として作成するのが通常です。

(8) 申立ての理由

　ア　証明すべき事実（詳しくは、**Q20**を参照してください）

　　　証明すべき事実（民訴法180条1項、民訴規則99条1項）とは、いわゆる立証事項を意味し、証拠保全の申出に係る証拠によっていかなる事実を証明するのかについて具体的に記載します。また、証明すべき事実と当該証拠との関係も具体的に記載する必要があります（民訴規則99条1項）。

　　　なお、証明すべき事実そのものではありませんが、実務上、本案訴訟の訴訟物を特定するのに必要な事実も記載します。

　イ　証拠保全の事由（詳しくは、**Q21**を参照してください）

　　　証拠保全の事由とは、「あらかじめ証拠調べをしておかなければそ

第2章　申立て　71

の証拠を使用することが困難となる事情」（民訴法234条）であり、これを基礎付ける事実を具体的に記載します。また、訴えの提起前の場合は本案訴訟提起の予定があることも記載します。

(9) 疎明方法

証拠保全においては、証拠保全の事由を疎明しなければならないので（民訴規則153条3項）、証拠保全の事由を基礎付ける具体的事実の主張に対応する疎明資料を、申立書の主張事実ごとに「（疎甲1）」などと付記して記載します。

また、申立ての理由の記載の後に、「疎明方法」との標題のもと、疎明資料の号証番号およびその標目を、号証番号順に「疎甲第1号証　全部事項証明」「疎甲第2号証　死亡診断書」などとまとめて記載します。

(10) 附属書類

申立書に添付する書類の標目、通数を、「1　疎明資料写し　各2通」「2　訴訟委任状　1通」などと記載します。

2　申立書に添付すべき書類

申立書には、次の書類等を添付します。

(1) 疎明資料の写し

証拠保全の事由の疎明のため（民訴規則153条3項）、裁判所に1通、相手方1人につき各1通を添付します（民訴規則137条1項参照。同条2項の直送をする必要はありません）。

(2) 訴訟委任状

代理人が申し立てる場合に必要となります（民訴規則23条1項）。ただし、訴えの提起後の場合は、本案訴訟の代理人が申し立てる限り、必要ありません。

また、申立人が未成年者の場合は法定代理人の権限を証明するための全部事項証明が必要であり（民訴規則15条）、代理人への委任状も法定代理人名義の委任状が必要になります。

(3) 資格証明書

申立人、相手方、第三者が法人の場合は、その登記事項証明書等が必要です（民訴規則18条、15条）。ただし、訴えの提起後の場合は、申立

人・相手方は、訴えの提起時に提出するので、第三者のみで足ります。
(4)　その他証拠調べの申出の際に必要とされる書面
　　　例えば、証人尋問・当事者尋問を申し出る場合は、尋問事項書の提出が必要です（民訴規則107条、127条）。

Q4 1通の申立書による複数の証拠方法の証拠保全の申立ての許否

1通の申立書で複数の証拠方法の証拠保全を申し立てることができますか。

 申し立てることが直ちに違法であるとまではいえないと思われます。ただし、関連性がない場合は別々に申し立てるべきです。

●解・説●

1 本問で問題となるのは、二つの異なる場所における異なる検証物の検証の申立て（例えば、当初入院した病院または診療所と転院先の病院または診療所における検証を同時に申し立てることが考えられます）、検証と鑑定の申立てなどのいわば証拠保全の客観的併合申立ての許否です（いずれも相手方は同一の場合です）。

なお、客観的併合申立ての許否を論ずる前提として、証拠保全における申立ての個数をどのように考えるかということですが、証拠調べ手続が異なれば複数となるほか、同種の証拠調べ手続でも検証場所（検証の場合）や嘱託先（文書送付嘱託の場合）、証人（証人尋問の場合）などが異なれば複数となると考えるのが相当と思われます。

2 そこで、客観的併合申立ての許否ですが、これについて定めた規定はない一方で、特にこれを否定する理由も見当たらないので、直ちに違法とまではいえないと思われます（菊井＝村松Ⅱ719頁、コンメⅣ601頁参照）。

もっとも、証拠保全には緊急性の要請があることや、証拠保全が本案訴訟に付随する手続であり、本案訴訟において証拠調べの結果を援用することが予定されていることからすると、関連性のない客観的併合申立ては相当ではなく、裁判所としては、このような申立ては分離すべきです。ま

た、申立人としても、関連性のない客観的併合申立てをすると、全ての証拠保全の実施までに時間を要することが予想されるばかりでなく、相手方の対応次第では証拠の散逸や改ざん等を招くおそれもあるので、別々に申し立てるのが相当と思われます。

3 土地管轄を異にする複数の証拠保全の併合申立ての許否については、**Q15**を参照してください。

Q5 関連する複数の証拠保全の申立てをする場合

関連する複数の証拠保全の申立てについて、複数の場所で同時に証拠調べを行うことを希望する場合、どのような点に留意すればよいですか。

A 手続を円滑に進めるために、関係者の日程調整、複数の場所への送達に必要な執行官の手配、送達が一部不奏功となった場合など当日想定される事態への対応方針、現場での情報共有の方法等について、事前に各担当裁判官との間で詳細な打合せを行う必要があります。

解説

1 関連する証拠方法が複数の場所に存在するなどの場合には、改ざんや隠滅を防止するために、証拠方法が存在する場所ごとに別々に証拠保全を申し立てたうえ、申立書または上申書を通じて、裁判所に対し、同時刻にそれらの証拠調べを行うよう求めることが考えられます（証拠保全における申立ての個数についてQ4参照）。このように関連する複数の証拠保全事件が、部や庁をまたがって同時に係属した場合に、仮に証拠保全の証拠調べ期日が別々に指定されてしまうと、後に証拠保全をすることになる検証物について改ざんのおそれが大きくなるという懸念が生じます。したがって、このような懸念を解消するために、証拠調べを同時に行う必要性等を検討することが考えられます。

もっとも、いつ、どういうタイミングで証拠調べを行うかについての最終的な判断は、あくまでも個々の担当裁判官に委ねられますので、複数の場所で同時に証拠調べを行ってもらいたいとの希望が必ず実現できるとは限りません。また、それぞれの検証場所に相手方が検証物の管理権者を置

いていないような場合には、相手方の立会いの機会を奪うことにもなりかねないため（民訴法240条参照）、この点について留意する必要があります。
2　証拠調べを同時に行うためには、裁判官、書記官、申立人、執行官等の予定を合わせる必要がありますが、関係先が複数にわたり日程調整に難航することが想定されます。また、送達場所の個数や各送達場所間の距離などを踏まえて、必要な執行官の人数を考える必要があります。必要な人数の執行官を手配できない場合には、同時刻の執行官送達ができないため、送達時刻や証拠調べの開始時刻を調整することも検討する必要があります。

　さらに、証拠調べ期日の当日には、複数の場所に対する送達の一部が不奏功となる場合や、複数の場所につき管理者等が1名しかおらず、同時刻に証拠調べを実施することが困難になるといった場合（このような場合には、相手方の立会いの機会確保という観点から送達時刻や証拠調べの開始時刻を調整するなどの対応をとることが考えられます）も想定されます。

　担当裁判官との面接では、これらのことを念頭に置き、どのような事態が生じた場合にどのように対応するのかをあらかじめ検討したうえで、証拠調べの日時や送達方法、現場での対応方針（複数の現場間の情報共有の手段を含む）等に関して、十分に打合せをしておく必要があります。

第2節　申立ての相手方

Q6 証拠保全における相手方と第三者

証拠保全における「相手方」、「第三者」とは何ですか。文書や検証物の所持者はどちらに該当しますか。

A　証拠保全における「相手方」とは、訴えの提起前の場合には将来被告となるべき者、訴えの提起後の場合には申立人の反対当事者であり、「第三者」とは、申立人と相手方を除いた者です。

文書や検証物の所持者は、その者が将来被告となるべき者（訴えの提起前の場合）または申立人の反対当事者（訴えの提起後の場合）であれば、「相手方」になりますが、そうでなければ「第三者」になります。

解説

1　証拠保全における「相手方」（民訴規則153条2項1号）、「第三者」は、本案訴訟を基準に決定されます（最高裁判所事務総局民事局監修『条解民事訴訟規則』（司法協会、1997）318頁）。

　　実務上比較的よくみられる、将来原告となるべき者が訴えの提起前に証拠保全の申立てをする場合に限っていうと、「相手方」とは将来被告となるべき者です。文書や検証物の所持者であっても、その者が将来被告となるべき者でなければ、「相手方」には該当しないことに注意が必要です。

2　ところで、訴えの提起前の証拠保全において「相手方」として複数人が想定される場合に、一部の者のみを「相手方」として証拠保全の申立てをすることには問題はないでしょうか。この点、申立て時に将来被告とすることを予定している者全てを「相手方」とせずに、その一部の者のみを

「相手方」として証拠保全の申立てをすると、「相手方」とならなかった者の立会いの機会を奪うことになるため（民訴法240条参照）、相手方とならなかった者を被告として加えた訴訟事件において、せっかく実施した証拠保全の結果が十分な証拠価値を発揮できない場合があります。申立人としては、申立て時に将来被告とすることを予定している者全てを「相手方」として証拠保全を申し立てるのが相当です（詳しくは、**Q8**を参照してください）。

3　文書や検証物の所持者が、「相手方」であるか、「第三者」であるかによって生ずる違いについては**Q39**を、「相手方」の捉え方を間違った場合の措置については**Q9**、**Q40**をそれぞれ参照してください。また、「所持者」の概念や派生的な問題については、**Q13**を参照してください。

Q7 相手方の表示

相手方の表示について注意すべき点は何ですか。

A 相手方として、将来被告となるべき者（訴えの提起前の場合）、申立人の反対当事者（訴えの提起後の場合）を表示しなければならず、本案訴訟で当事者とならない者（証人、鑑定人、文書・検証物の所持者となるにすぎない者）を相手方として表示しないように注意が必要です。

相手方が個人か法人かについても注意が必要です。

医療機関を相手方として証拠保全を申し立てる場合には、後記3で述べる点に注意が必要です。

解説

1 　証拠保全における相手方とは、訴えの提起後の場合には申立人の反対当事者、訴えの提起前の場合には将来被告となるべき者です（民訴規則153条2項1号参照。最高裁判所事務総局民事局監修『条解民事訴訟規則』（司法協会、1997）318頁）。本案訴訟で当事者とならない者（証人、鑑定人、文書・検証物の所持者となるにすぎない者）を相手方として表示してはならないことに注意が必要です（詳しくは、**Q6**を参照してください）。

2 　訴訟上、個人と法人は別人格として扱われますから、相手方が個人か法人かについても注意が必要であり、登記等を調査しておく必要があります。相手方が法人である場合は、その登記事項証明書等を申立書に添付する必要があります（民訴規則18条、15条）。

3 　医療機関を相手方とする場合、以下のような問題がありますので注意が必要です。

(1) 一般的問題

　医療法により設立された医療法人（医療法39条）が医療機関の経営主体となっている場合、医療法人の名称（医療法44条2項2号）については、特別の制限はなく、名称中に医療法人の文字を用いるか否かは任意ですから（厚生省健康政策局総務課編『医療法・医師法（歯科医師法）解〔第16版〕』（医学通信社、1994）76頁）、名称だけからは、当然に法人であるか否かを判別することができません。また、医療法人自体の名称と医療法人の開設する医療機関の名称とを異にすることが可能であるため、医療機関の名称を個人名で表示しながら、医療機関の経営主体は医療法人であるという場合があります（畔柳達雄「医療事故訴訟提起時および応訴の際の準備活動」新実務民訴5・233頁）。

(2) 大学付属病院の場合の問題

　ア　私立大学付属病院の場合、私立学校法に基づき大学の施設として設置されているため、相手方は学校法人となります。

　イ　国立大学付属病院の場合、国立大学法人法に基づき大学の施設として設置されているため、相手方は国立大学法人となります。

　ウ　公立大学付属病院の場合、相手方は地方公共団体となります。もっとも、地方独立行政法人法に基づき当該公立大学が独立行政法人化した場合は、相手方は公立大学法人となります。

(3) 旧国立病院の場合の問題

　独立行政法人国立病院機構法に基づき平成16年4月1日から独立行政法人国立病院機構が発足したことに伴い、従来、国が開設し、厚生労働省が所掌していた国立病院、国立療養所および国立高度専門医療センター（以下「国立病院等」という）のうち、6つの国立高度専門医療センターおよび国立ハンセン病療養所を除く154の病院が独立行政法人国立病院機構に移管されました。さらに、平成22年4月1日に施行された高度専門医療に関する研究等を行う独立行政法人に関する法律（平成20年12月19日法律第93号）により、全ての国立高度専門医療センターがそれぞれ独立行政法人に移行しました（独立行政法人化後は、「国立高度専門医療研究センター」と総称されることとなりました）。

したがって、国立ハンセン病療養所の場合、相手方は国となりますが、国立高度専門医療研究センターの場合には、相手方は各独立行政法人に、それ以外の国立病院等の場合、相手方は独立行政法人国立病院機構になります（送達先は、**Q49**を参照してください）。

(4)　地方公共団体設置病院の場合の問題

　　地方公共団体が設置する病院の場合、相手方は地方公共団体となりますが、相手方代表者が地方公共団体の長でないときがあります。

　　地方公共団体の病院事業については、地方公営企業法の規定の一部が適用されるところ、地方公共団体は、条例により、病院事業の執行のために管理者を置くことができます（地方公営企業法2条2項・3項、7条）。このとき、管理者は、病院事業の執行に関し地方公共団体を代表することになり（地方公営企業法8条1項）、その結果、地方公共団体の長は病院事業の執行に関して代表権を失うため、管理者が代表者となります。

　　管理者が任命されているか否かは、各地方公共団体の条例の定めによりますので、申立人としては地方公共団体に管理者の任命の有無を問い合わせるなどして調査することが必要です。

Q8 相手方として複数人が想定される場合

目的物の所持人は一人で、相手方として複数人が想定される場合、申立書における相手方の表示はどうすべきですか。

A 申立て時に本案訴訟において将来被告とすることを予定している者全てを相手方として表示すべきです。

····(解)·(説)································

1 証拠保全においては、証拠調べ期日に相手方を呼び出さなければならず（民訴法240条）、相手方には証拠保全への立ち会う機会が保障されています。これは、証拠保全において実施された証拠調べは、本案訴訟手続内で実施された証拠調べと同等の効果を有するため、証拠保全手続における相手方の地位を本案訴訟で証拠調べをした際に被告に与えられる地位よりも不利にすることはできないからです。また、以下に述べるように、証拠保全において相手方としなかった者を被告として提起された訴訟事件においては、証拠保全の結果が十分な証拠価値を発揮できない場合があります。

したがって、申立人としては、申立て時に本案訴訟において将来被告とすることを予定している者全てを相手方として表示すべきです。

2 それでは、証拠保全において相手方としなかった者を被告として提起された訴訟事件において、証拠保全の結果は受訴裁判所にどのように扱われるのでしょうか。

訴訟事件の被告が証拠保全における相手方と異なる場合には、当該訴訟事件は証拠保全事件の本案訴訟には該当せず、証拠保全の結果につき当然に当該訴訟事件において証拠調べがされたのと同一の効力が生ずるというのは困難と思われます。ただし、複数の被告に対する訴訟事件が併合され

ており、そのうちの被告の一部が証拠保全の相手方である場合には、証拠共通により、証拠保全の結果が他の被告との関係でも証拠になると思われます。

　なお、これらの場合においても、証拠保全記録中の文書の写し（検証調書写し、証人尋問調書写し等）を当該訴訟事件において書証として提出することは可能と思われます。しかしながら、証拠保全の相手方とされなかった被告から当該書証の証明力を争われた場合などにおいては、特に尋問調書写しについては、その被告が証拠保全の相手方とされていた場合と比べて、証拠価値につき受訴裁判所から消極的評価を受ける可能性があります。

Q9 相手方の捉え方を間違った場合

相手方の捉え方を間違った場合、どうすればよいですか。

A 旧相手方と新相手方とに同一性が認められる場合は、相手方の表示の訂正をします。これに対し、旧相手方と新相手方とに同一性が認められない場合は、当事者の変更が可能かどうかを検討し、これが認められなければ、申立てを取り下げ、改めて申立てをすることになります。

解説

1 いかなる場合に旧相手方と新相手方とに同一性が認められるかは、明確な基準があるわけではないので、結局、個々の事案での判断に委ねられると考えられます（裁判例等については、菊井＝村松Ⅰ〔補訂版〕244頁、コンメⅠ389頁）。

　旧相手方と新相手方とに同一性が認められる場合は相手方の表示の訂正をすることになりますが、このような場合としては、医師が一人しかいない医療機関で法人を相手方とすべきであるのに、医師個人を相手方とした場合や、個人事業の法人成り（実体は個人で事業をしながら形式上法人になること）の事例で法人を相手方とすべきであるのに、経営者個人を相手方とした場合などを考えることができます。

2 旧相手方と新相手方とに同一性が認められない場合は、当事者の変更が可能かどうかを検討することになります。申立人に対する証拠保全決定の告知前であれば、ある程度柔軟に当事者の変更を認めることも可能であるといえますが、申立人に対する証拠保全決定の告知後になると、手続の安定の見地などから、当事者の変更を認めることが難しくなると思われます

第2章 申立て 85

ので、申立人としては、相手方の同一性が問題となるような事態が生じないように、相手方の捉え方にも十分注意して申立てをすべきです。なお、当事者の変更が認められない場合は、申立てを取り下げたうえ、正しい相手方を表示して再度申立てをすることになります。

3　証拠保全の発令段階以降の相手方の捉え方の誤りについては、**Q40**を参照してください。

Q10 相手方がわからない場合

不法行為の事案で、加害者はわからないのですが、被害状況について証拠保全としての検証を申し立てたいと考えています。どうすればよいですか。

A 加害者がわからない事情を疎明すれば、相手方が不明のままでも証拠保全を実施することができます。特別代理人が選任されることがありますが、この場合には、特別代理人の報酬等を予納する必要があります。

解説

1 民訴法236条前段は、「証拠保全の申立ては、相手方を指定することができない場合においても、することができる」と規定していますので、証拠保全の申立ては、不法行為の事案で加害者がわからないような場合にも申し立てることができます。

相手方を指定することができない場合には、その事情を主張し疎明しなければなりません（注釈(7)313頁、注解(8)333頁、条解1292頁）。

2 相手方を指定することができない場合、民訴法236条後段は、「この場合においては、裁判所は、相手方となるべき者のために特別代理人を選任することができる」と規定しており、これにより相手方の立会いの機会が保障されます。

この場合における特別代理人の選任は、法定代理人がない場合または法定代理人が代理権を行うことができない場合の特別代理人の選任に当事者の申立てが必要である（民訴法35条）のと異なり、民訴法236条後段の文言に照らし、当事者の申立ては必ずしも必要ではなく、特別代理人を選任

するか否かの判断は、裁判所の裁量に委ねられていると解されます。しかしながら、裁判所としては、相手方の立会いの機会を保障するために、時間的または人的に可能である限りは特別代理人を選任することが相当です（菊井＝村松Ⅱ728頁、コンメⅣ609頁）。

　特別代理人が選任される場合、申立人は、選任前に、特別代理人が証拠保全に関与するために必要な費用および報酬を予納する必要があります（民事訴訟費用等に関する法律12条1項）。これは、特別代理人の報酬等が、民事訴訟費用等に関する法律11条1項1号の「手続上の行為をするために必要な…給付」に含まれるからであり、最終的にこれらの報酬等は訴訟費用として敗訴者の負担となります（民訴法241条、61条）。

3　実際には、相手方を指定することができない場合はあまりありません。

　相手方を指定することができない場合の特別代理人には、弁護士を選任することになると思われます。この場合の手続の流れとしては、申立人が報酬等を予納した後に、裁判所が弁護士会に対して特別代理人の候補者となる弁護士の推薦の依頼をしてその推薦を受け、当該弁護士と期日等を調整したうえで、当該弁護士を特別代理人に選任するとともに証拠保全の期日を指定することになると思われます。もっとも、申立人が報酬等を予納し、裁判所が証拠保全の期日を指定した後に、弁護士会に対してその期日に出頭が可能な弁護士の推薦を依頼してその推薦を受け、当該弁護士を指定するということも考えられます。

4　仮に特別代理人を選任しないのであれば、相手方に対する決定書等の送達が問題になりますが、送達先を観念できないため、不要であると考えられます。

5　相手方を指定することはできるがその住居所が不明である場合は、民訴法236条の適用はありません。この場合については、**Q11**を参照してください。

Q11 相手方の住所がわからない場合

相手方の住所がわからない場合、どうすればよいですか。

A 相手方に対して証拠保全決定書謄本や呼出状などを送達することができる住所以外の場所を調査することになります。具体的には、居所、営業所、事務所を調査し、これらがわからないときは就業場所を調査することになります。調査によっても居所等や就業場所が明らかにならない場合は、公示送達の申立てをすることになります。

解説

1 証拠保全の実施にあたっては、相手方に対して証拠保全決定書謄本や呼出状などを送達しますので、相手方の住所がわからない場合は、住所以外の送達場所を調査する必要があります。民訴法103条は、送達場所を、第1次的には住所、居所、営業所または事務所とし（同条1項）、第2次的に就業場所としています（同条2項）ので、住所がわからない場合は、居所、営業所、事務所を調査し、これらもわからないときは、就業場所を調査することになります。

2 調査によっても、居所等や就業場所が明らかにならない場合は、民訴法110条1項1号が公示送達の申立てを認めていますので、公示送達の申立てをすることになります。

3 ところで、民訴法240条本文が「証拠調べの期日には、申立人及び相手方を呼び出さなければならない」と規定する一方で、そのただし書で「ただし、急速を要する場合は、この限りでない」と規定していますので、呼出状の公示送達の効力が発生する2週間の経過（民訴法112条1項本文）を待っていたのでは証拠調べができなくなるおそれがある場合は、期日の

第2章 申立て 89

呼出しが不要になります。同条ただし書の趣旨は、証拠保全の緊急性を考慮してその実施を可能にするところにあると考えられます。同条ただし書が適用される場合としては、例えば、証人が死に瀕している場合や事故現場を急きょ保全しなければならない場合などが考えられます。それでは、この場合の証拠保全決定の相手方への告知（民訴法119条）は、どのようにすればよいのでしょうか。

　証拠保全決定は、原則として申立人と相手方双方に告知することが必要ですが（決定一般の告知の相手方につき、菊井＝村松Ⅰ〔補訂版〕1341頁、コンメⅡ568頁）、①民訴法240条ただし書が急速を要する場合に期日の呼出しを不要としているにもかかわらず、証拠保全決定を相手方に告知するために公示送達の効力が発生する2週間の経過を待たなければならないとすると、証拠保全の緊急性を考慮してその実施を可能にしようとした同条ただし書の趣旨を没却すること、②証拠保全決定に対しては不服を申し立てることができず（民訴法238条）、不服申立ての機会という観点からは、相手方に対する告知がなくとも相手方の不利益は必ずしも大きくないことに鑑みると、民訴法240条ただし書は、相手方に対する証拠保全決定の告知も不要とする趣旨を含むものと考えられますので、急速を要する場合には、証拠保全決定の告知は申立人に対してのみ行えば足りると考えるのが相当です。

Q12 申立ての対象物の特定

証拠保全の対象物を記載するにあたり、所持者がだれかについても特定・明記する必要がありますか。

 文書ないし検証物の所持者がだれかについてもできるだけ特定・明記する必要があります。

・・解・説・・

1　文書ないし検証物の所持者の特定については、文書提出命令ないし検証物提示命令が申し立てられていない場合には、必ずしもこれを明記しなくても、検証等の対象物を特定できていると考え、これを是認する余地がないわけではありません（例えば、訴え提起後に土地を検証する場合には、所在地番・図面によって対象地を特定することもできます。証拠法大系5巻101頁）。

　しかし、書証ないし検証の申出は、文書ないし検証物の「所持者」にその提出を命ずることを申し立ててしなければならない（民訴法219条、232条1項）とされています。そして、証拠保全の対象物である文書ないし検証物を相手方以外の者（民訴法232条が準用する223条2項にいう「第三者」）が所持している場合もありえます。そうすると、文書ないし検証物の提出を命ずべき者を明らかにするためには、「所持者」を特定・明示する必要があると考えられます。

2　この問題は、特に「所持者」がだれかが一義的でない場合、すなわち対象物が電磁的記録である場合に顕著です（**Q13**参照）。「所持者」の捉え方の詳細については、当該設問にゆずりますが、対象物を具体的に特定することによって所持者が明らかになる場合もありますから、できる限り所持

第2章　申立て　91

者を特定・明示するよう努めるべきです。具体的な記載例については、第5編資料第1章第2の3を参照してください。

3　検証の現場で、検証物の所持者が決定書の記載とは異なる者であったことが判明した場合、検証手続は検証不能として終了するほかありません（**Q64**3参照）。他方、「甲又は乙が所持する…」というような記載による申立ては、対象物を一つに特定できていないため、適法な申立てとはいえません。そのため、調査を尽くしても、文書ないし検証物の所持者を絞り切ることができなかった場合、「甲が所持する…」との申立てと「乙が所持する…」との申立てを同時に申し立てるほかありませんが、これらは別個に立件・実施されますから、当日の甲および乙の説明内容によっては、必ず一方は奏功するとは限らず、両方の申立てが検証不能に終わる可能性もあることに注意が必要です（**Q5**参照）。

Q13 電磁的記録の所持者

証拠保全の対象物が電磁的記録である場合、その「所持者」はだれですか。

A 電磁的記録の「所持者」がだれとなるかについては、当該電磁的記録の保管場所や利用実態、申立ての構成等を踏まえた慎重な検討が必要となります。

・解・説・

1 そもそも従来型の文書ないし検証物の所持者（民訴法220条柱書、232条1項で検証についても準用）の概念については、提出を求められている文書を現実に所持している者のみに限られず、文書を他に預託した者など社会通念上文書に対して事実的な支配力を有している者、すなわち当該文書をいつでも自己の支配下に移すことができ、自己の意思のみに基づいてこれを提出できる状態にある者を包含するという見解（コンメⅣ397頁）のほか、①裁判所の提出命令に従って文書を提出しようと思えば、自らの意思で提出できる立場にある、②逆にこれを拒否しようと思えば、自らの意思で提出を拒むことができる立場にある、③文書を提出することによって生ずる不都合や不利益につき、その責任を負いうる立場にある、④文書提出命令に従わなかったときには、一定の制裁を受けるに値するという四つの観点を満たす場合に所持者と認める見解などがあります（高田裕成＝三木浩一＝山本克己＝山本和彦『注釈民事訴訟法第4巻』（有斐閣、2017）496頁）。

2 法務省法制審議会民事訴訟法（IT化関係）部会第22回会議では、改正民訴法において「電磁的記録を利用する権限を有する者」（民訴法231条の

2第1項）という概念は、文書ないし検証物の「所持者」に代わるものであるとされていますから、電磁的記録が検証物である場合（の証拠保全）でも、基本的には上記1と同様に考えることができます。
3　もっとも、個別具体的な場合に、電磁的記録の「所持者」がだれとなるかについては、一義的ではなく、例えば次のとおり、当該電磁的記録の保管場所や利用実態、申立ての構成（対象物の特定の仕方）などによって変わりえますから、従来型の証拠（文書等）に比べて慎重な検討が必要になると考えられます。

なお、対象物の記載方法については、**Q12**や第5編資料第1章第2の3を参照してください。

(1)　例1：ホスティングサービスやクラウドサービスを提供する事業者が管理するサーバー（レンタルサーバーやクラウドサーバー）を保管場所とするデータを対象物としたい場合

　ア　まず、サーバー自体に事実的な支配力を有し、これを所持しているのは、サーバーの管理者たるサービス提供事業者であると思われますから、当該サーバー内のデータについても、同人が所持者であるという考え方がありえます。他方で、ネットワーク経由でサーバーにアクセスし、サーバー内のデータ自体の保存や改変等の事実的な支配力を有するのは、現にサービスの提供を受けてサーバーを利用している者と思われますから、個別のデータについては、サーバーの利用者が所持者であるという考え方もできます。

　　　両説ありえるところですが、サービス提供事業者は、一般に、対象となるデータへ技術的にアクセスすることは可能でも、サーバーの利用者との契約関係等から、同人の同意なしにこれを開示することが困難であるケースも想定されるところですから、現実的には、証拠保全の実効性を考え、サーバーの利用者を所持者として申立てがされることも少なくないと考えられます。

　イ　また、サーバー利用者が、サーバーから対象としたいデータを自身のパソコン等にダウンロードしている場合には、当該ダウンロードされたデータ（サーバーに保存されているデータと内容は同一である

が、物としては別）を対象物とすることも考えられます。この場合は、サーバー利用者が、当該データの所持者となります。
(2) 例2：会社内のメールを対象物としたい場合

　会社用のアドレスでやりとりされたメールについては、そのデータが、①従業員のパソコンで受送信し、当該パソコンのローカルフォルダに保存されている場合、②会社のメールサーバーに保存されている場合、③会社が契約しているクラウドのメールサーバーに保存されている場合、などが想定されますが、いずれの場合においても、アクセス権限を有する者が、所持者に当たると考えられます。したがって、例えば、①の場合、従業員との契約関係から、会社も業務上の必要性から上記ローカルフォルダ内のメールにアクセスできるときには、従業員のみならず、会社も「所持者」に当たるものと考えられます。

第3節　管　轄

Q14 管轄一般

証拠保全の管轄はどのように決まりますか。

A　民訴法は、証拠保全の管轄裁判所を、①訴えの提起後（民訴法235条1項）、②訴えの提起前（同条2項）に分けて規定するほか、③急迫の事情がある場合には訴えの提起後でも訴えの提起前の証拠保全の管轄裁判所に申立てができると規定しています（同条3項）。また、人事訴訟法29条は、人事訴訟事件を本案訴訟とする証拠保全の管轄は、地方裁判所・簡易裁判所ではなく、家庭裁判所・簡易裁判所にあると規定しています。

…解・説………………………………………………………………………

1　民訴法235条1項は、訴えの提起後の証拠保全の管轄について、「訴えの提起後における証拠保全の申立ては、その証拠を使用すべき審級の裁判所にしなければならない。ただし、最初の口頭弁論の期日が指定され、又は事件が弁論準備手続若しくは書面による準備手続に付された後口頭弁論の終結に至るまでの間は、受訴裁判所にしなければならない」と規定し、同条2項は、訴えの提起前の証拠保全の管轄について、「訴えの提起前の証拠保全の申立ては、尋問を受けるべき者若しくは文書を所持する者の居所又は検証物の所在地を管轄する地方裁判所又は簡易裁判所にしなければならない」と規定しています。そこで、以下では、実務上申し立てられることが多い訴えの提起前の証拠保全の管轄の注意点について先に説明した後、訴えの提起後の証拠保全の管轄の注意点について説明します。

2　訴えの提起前の証拠保全の管轄
 (1)　訴えの提起前の証拠保全の管轄は、尋問を受けるべき者（証人、当事者本人、鑑定人）もしくは文書を所持する者の居所または検証物の所在地を管轄する地方裁判所または簡易裁判所にあります（民訴法235条2項）。地方裁判所か簡易裁判所かのいずれを選択するかは、本案訴訟の事物管轄に関係なく、申立人の選択に任せられていると解されます。
 (2)　鑑定の管轄について、立法論としては、鑑定人の居所でなく、鑑定対象物の所在地に管轄を認めるべきとの見解もありますが（注釈(7)305頁）、現行法上、鑑定には証人尋問の規定が準用され（民訴法216条）、同法235条2項の「尋問を受けるべき者」には鑑定人が含まれると考えられ、そうすると、鑑定人の居所に管轄があることになります（注釈(7)304頁。詳しくは、**Q90**を参照してください）。
 (3)　なお、証拠保全において文書送付嘱託の申立てをする場合、検証については検証物の所在地に管轄が認められるのと異なり、文書の所在地ではなく、文書を所持する者の居所に管轄が認められることに注意が必要です。
3　訴えの提起後の証拠保全の管轄
 (1)　通常の場合
　　　訴えの提起後の証拠保全については、その証拠を使用すべき審級の裁判所に管轄があります（民訴法235条1項本文）。ただし、最初の口頭弁論の期日が指定され、または事件が弁論準備手続もしくは書面による準備手続に付された後口頭弁論の終結に至るまでの間は、受訴裁判所に管轄があります（同法235条1項ただし書）。
　　　民訴法235条1項ただし書において受訴裁判所に証拠保全の申立てをしなければならないとしたのは、本案訴訟の手続が実質的に進行している場合は、本案訴訟を主宰する受訴裁判所に証拠保全も担当させるほうが適切であると考えられたからです（法務省民事局参事官室編『一問一答新民事訴訟法』（商事法務研究会、1996）282頁）。
 (2)　急迫の事情がある場合
　　　民訴法235条3項は、「急迫の事情がある場合には、訴えの提起後で

あっても、前項の地方裁判所又は簡易裁判所に証拠保全の申立てをすることができる」と規定しており、急迫の事情がある場合については、訴えの提起後でも訴えの提起前の証拠保全の管轄裁判所に申立てができます。

　証拠保全の手続自体が要急性を要件としていることから、ここでの急迫の事情がある場合とは、要急性の度合いを一段と高めたものであり、こうした事情は申立人が疎明しなければなりません（注釈(7)305頁、コンメIV605頁参照）。急迫の事情としては、例えば、証人が死に瀕している場合などが考えられます。裁判例としては、滅失ないし廃棄の時期が到来し、または間もなく到来する文書が、大量かつ各地に分散している場合に、一受訴裁判所の証拠保全手続をもってしては、地理的労力的に多大の時間を要するとして、急迫の事情を認めたものがあります（東京高決昭53.10.6下民集29巻9～12号307頁、判時915号59頁）。

4　人事訴訟事件を本案訴訟とする証拠保全の管轄については、**Q19**を参照してください。

Q15 土地管轄を異にする複数の証拠保全の併合申立ての許否

　将来提起される本案訴訟は一つであるが、土地管轄を異にする複数の証拠方法について証拠保全の申立てをする場合、いずれかの管轄裁判所に併合申立てをすることができますか。

　いずれかの管轄裁判所に併合申立てをすることができます。
　ただし、併合申立てによって相手方または第三者が不利益を被る場合は別々に申し立てるべきですし、併合申立て後に相手方または第三者が不利益を被ることが判明したら、管轄のない申立ては取り下げたうえで、再度改めて管轄裁判所に申立てをすることが相当と思われます。

····解····説····

1　本問は、本案訴訟における併合請求の管轄を定める民訴法7条を類推適用することができるかの問題と考えられます（そもそも複数の証拠方法の証拠保全の併合申立てが許されるかについては、Q4を参照してください）。

　学説は、肯定説と否定説に分かれます。

　肯定説は、同一事件の関連する証拠方法の証拠調べは一つの裁判所でするほうが便宜であるとして、併合によって相手方または第三者が不利益を被る場合を除き民訴法7条の類推適用を認めます（注釈(7)305頁、条解1287頁）。

　否定説は、証拠保全の手続をする裁判所が民訴法7条の要件を具備するかどうかを判断すべきものではないこと、第三者である証人はその居所で尋問を受けるのが原則であること（同法195条1号・2号）から、同法7条の類推適用を否定し、それぞれの証拠方法ごとに同法235条2項によっ

て定まる管轄裁判所に証拠保全を申し立てるべきであるとします（菊井＝村松Ⅱ723頁、コンメⅣ605頁）。

2　そこで、両説の当否について検討すると、民訴法235条2項が証拠方法の所在地に管轄を認めたのは、手続の迅速性の見地からと考えられるところ（賀集唱＝松本博之＝加藤新太郎編『基本法コンメンタール　民事訴訟法2〔第3版追補版〕』（日本評論社、2012）258頁）、証拠方法に相互に関連性のある場合、例えば、ある検証物について証言を求めたい場合に、検証と証人尋問を同一の裁判所で実施することができないとするのはかえって迅速性の要求に反します。そもそも、民訴法7条の立法趣旨は、一つの訴えについて管轄がある以上、被告にとって他の裁判所に訴えを提起されて各別に応訴するよりは都合がよいのが通常であるというところにあり（条解102頁）、このことは証拠保全の相手方の場合にも当てはまります。

　これらを考慮すれば、民訴法7条を類推適用していずれの管轄裁判所にも管轄を認めるのが相当と考えられます。

　もっとも、土地管轄を異にする証拠方法の証拠保全の併合申立てによって相手方または第三者が不利益を被る場合には、併合申立ては相当ではなく、このような場合にまで、民訴法7条を類推適用すべきではないと考えられます。

　そこで、裁判所としては、そのような併合申立ては分離すべきことになります。申立人としても、併合申立てによって相手方または第三者が不利益を被る場合は別々に証拠保全を申し立てるべきですし、併合申立て後に、相手方または第三者が不利益を被ることが判明したら、裁判所による分離前に、管轄のない申立ては取り下げたうえで、再度改めて管轄裁判所に申立てをすることが相当と思われます。

　この場合、分離された申立ては民訴法16条または17条の類推適用により移送することも理論上は可能と思われますが（菊井＝村松Ⅰ〔補訂版〕115頁、コンメⅠ251頁、注釈(1)217頁、条解102頁）、実際上はあまり適当であるとはいえません。その理由としては、①移送決定は相手方に対して告知する必要があり（民訴法119条）、改ざんのおそれがあることを理由に証拠保全の申立てをしている場合には、移送決定の告知により相手方が証

拠保全の申立てがされていることを認識し、証拠保全の目的を達成することができなくなる可能性があること、②証拠保全は早期に実施する必要があるところ、移送先に記録を送付するには移送決定が確定する必要があり、抗告期間（民訴法21条、332条）中は手続を進められないうえ、移送の事務手続自体にある程度の時間を要すること、③訴えを取り下げると時効の中断や出訴期間の遵守等との関係で不利益を受けることがあるが、証拠保全の申立ての取下げにはそのような不利益が考えられないことなどに加え、④申立費用が比較的低廉であることがあげられ、申立人としては、裁判所による分離前に管轄のない申立ては取り下げたうえで、再度改めて管轄裁判所に申立てをするのが相当と考えられます。

Q16 電磁的記録を検証物とする検証の申立てにおける管轄

検証物を電磁的記録のみとする申立てがされた場合、管轄はどのように決まりますか。

  電磁的記録の所持者の住所地等を検証物の所在地と認めることが相当と考えられますが、別の考え方もありえます。

・解・・説・

1　訴え提起前の証拠保全として検証の申立てがされた場合、検証物の所在地を管轄する地方裁判所または簡易裁判所が管轄を有します（民訴法235条2項）。もっとも、電磁的記録は、記録媒体を離れて存在するわけではないため、当該電磁的記録が保存された記録媒体の所在地に存在するはずですが、情報通信技術が発達した現代においては、あらゆる場所から当該電磁的記録にアクセスできるため、その所在地が明らかであるとはいえません（例えばインターネット上のクラウドサービスを用いて保存された電磁的記録を考えてみてください）。

　　電磁的記録とともに文書等の有体物について検証の申立てがされた場合であれば、まず、文書を所持する者の居所または文書等の有体物の所在地によって管轄を判断し、電磁的記録については、文書等の有体物との併合管轄により管轄を認めることができると考えられます（Q15参照）が、検証物が電磁的記録のみである場合には、その所在地を検討したうえで管轄の有無を判断する必要があります。

2(1)　民訴法235条2項は、迅速な証拠調べを行ううえで最も適切であることから、証拠方法の所在地に管轄を認めたものであり、この管轄は専属的なものと解されます。所在地を把握し難い電磁的記録に係る検証の申

立てにおいて、その管轄の有無を判断するにあたっては、上記のような民訴法235条2項の趣旨に留意する必要があるでしょう。

　検証物たる電磁的記録が、相手方または第三者が直接管理するネットワーク上で保存されているものである場合には、そのネットワークに直接アクセスできる当該相手方または第三者（所持者）の住所、居所または主たる事務所もしくは営業所を検証物の所在地と認めることが、上記迅速性の要請に沿い、かつ、条文の解釈としても無理がないものと考えられます。ここでいう直接管理するとは、例えば所持者が構築し管理するイントラネットを指し、所持者とは別の第三者が提供するクラウドサービスやレンタルサーバーを利用している場合を含まない趣旨です。

(2)　他方で、検証物たる電磁的記録がインターネット上のクラウドサービスを用いて保存されている場合には、インターネットに接続できる場所であればどこでもこれにアクセスすることができるため、その所在地の解釈には複数の考え方がありえます。

ア　第一に、電磁的記録にアクセスできる場所全てに管轄を認めるという考え方がありえます。

　これは、電磁的記録にアクセスすることができる以上、そこに検証物が所在するという考え方といえます。この考え方によれば、原則として全ての裁判所に管轄が認められることになり、管轄の有無の判断自体は容易になります。例えば、廃棄のおそれのある電磁的記録について、第三者に対して検証物送付嘱託を申し立てる場合などには、送付先がどの裁判所であっても実際上大差ないことから、便宜な考え方といえるでしょう。なお、廃棄のおそれを事由とする証拠保全は、検証でなく書証の手続で行うべきであるとされています（高橋宏志『重点講義　民事訴訟法（下）〔第2版補訂版〕』（有斐閣、2014）227頁）。

　もっとも、電磁的記録の利用権限を有する相手方または第三者による改ざんのおそれがある場合、証拠保全の目的を達成するためには、迅速に相手方または第三者の所在地等の適切な場所に臨み、そこで改ざんを防止しながら検証を実施すべき場合も多いでしょう。そのような場合に、相手方または第三者の所在地等から遠く離れた裁判所で

第2章　申立て　103

は、迅速性の要請に対応することが実際上困難なこともあります。証拠保全としての検証には、上記のような場合が類型的に想定されるにもかかわらず、全ての裁判所に管轄を認める解釈をすることは、前記の民訴法235条2項の趣旨に照らすと疑問が残ります。

イ　第二に、所持者の住所地等に管轄を認めるという考え方がありえます。

　これは、インターネット上のクラウドサービスを用いて保管されている電磁的記録について、その利用権限を有する者（所持者）による改ざんまたは廃棄を防止して迅速に検証を実施するために最も適した裁判所は、所持者の住所地等の管轄裁判所であるという考え方によるものといえます。インターネット上に保存された電磁的記録は、アクセス可能なあらゆる場所に所在すると考える点は第一の考え方と同様であり、加えて、民訴法235条2項の趣旨に鑑みて、類型的に最も適切な専属管轄裁判所を解釈によって定めようとするものということができます。このような解釈は、人格権侵害に基づく妨害排除請求事件における民訴法5条9号の「不法行為のあった地」（結果発生地）について、管轄原因としての趣旨に鑑みて原告の住所地のみ等に管轄を限定する解釈と類似するものです。

　もっとも、この考え方によった場合に、所持者と関連性を有するいずれの場所を検証物の所在地と認めるかについては、民訴法235条2項の趣旨を考慮しつつ、さらに検討が必要と考えられます。一つの考え方としては、電磁的記録が相手方または第三者の直接管理するネットワーク上で保存されている場合と同様に、所持者の住所、居所（個人の場合）または主たる事務所もしくは営業所（法人の場合）を検証物の所在地と認めることが考えられるでしょう。

ウ　最後に、電磁的記録が保存された媒体（サーバー等）の所在地に管轄を認めるという考え方がありえます。

　これは、無体物である電磁的記録についても、それが保存された記録媒体に所在するとみる考え方といえます。電磁的記録は記録媒体を離れて存在できるわけではないため、電磁的記録の実態に即している

ともいえそうです。その一方で、インターネット上のクラウドサービスは、保存媒体の所在地が社会生活上明らかでないことが多く、管轄の認定に実務上困難を伴う点に問題が残ります。

エ　以上の検討によれば、電磁的記録の所持者の住所地等を検証物の所在地と認めることが考えられます（前記イ）が、事例の蓄積に乏しい現時点では、明確な結論を出すことは困難です。いずれの考え方も一長一短があるため、申立ておよび決定にあたっては、検証可能性を含めた検討が必要です。申立人において検証物目録の訂正が必要になる場合もあるでしょう。

3　なお、改正法は、電磁的記録に記録された情報の内容に係る証拠調べの制度を新たに設け、民訴法235条2項にも、訴えの提起前における証拠保全の申立てにつき、「尋問を受けるべき者、文書を所持する者若しくは電磁的記録を利用する権限を有する者の居所」を管轄原因とする旨の規定が追加されました。もっとも、検証の申立てについては、「検証物の所在地」が管轄原因となることに変わりがないため、現行法と同じ問題が生じます。

土地管轄を誤った場合

　訴え提起前の証拠保全について、土地管轄を誤って申し立てた場合はどうなりますか。

　申立てを取り下げたうえで、再度改めて管轄裁判所に申し立てるのが相当と思われます。

・・解・・説・・・

　管轄違いの場合、民訴法16条1項を類推適用して移送することも手続上可能です（菊井＝村松Ⅱ724頁、コンメⅣ605頁）。

　しかし、①移送決定は相手方に対して告知する必要があり（民訴法119条）、改ざんのおそれがあることを理由に証拠保全の申立てをしている場合には、移送決定の告知により相手方が証拠保全の申立てがされていることを認識し、証拠保全の目的を達成することができなくなる可能性があること、②証拠保全は早期に実施する必要があるところ、移送先に記録を送付するには移送決定が確定する必要があり、抗告期間（民訴法21条、332条）中は手続を進められないうえ、移送の事務手続自体にある程度の時間を要すること、③訴えを取り下げると時効の中断や出訴期間の遵守等との関係で不利益を受けることがあるが、証拠保全の申立ての取下げにはそのような不利益が考えられないことなどに加え、④申立費用が比較的低廉であること（**Q15**参照）も考慮すると、申立人としては、申立てを取り下げたうえで、再度改めて管轄裁判所に申立てをするのが相当と考えられます。

Q18 簡易裁判所から地方裁判所への移送

簡易裁判所から地方裁判所への移送は認められますか。認められるとして、移送することに問題はないのですか。

A 　移送は認められます。もっとも、以下のような問題がありますので、移送が相当な場合には、簡易裁判所への申立てを取り下げたうえで、改めて地方裁判所に申し立てることが相当と思われます。

解説

　民訴法18条を類推適用して移送することも手続上可能であり、検証物が特殊な物で複雑なときなどに移送することも考えられます（菊井＝村松Ⅱ724頁、コンメⅣ605頁）。

　しかし、①移送決定は相手方に対して告知する必要があり（民訴法119条）、改ざんのおそれがあることを理由に証拠保全の申立てをしている場合には、移送決定の告知により相手方が証拠保全の申立てがされていることを認識し、証拠保全の目的を達成することができなくなる可能性があること、②証拠保全は早期に実施する必要があるところ、移送先に記録を送付するには移送決定が確定する必要があり、抗告期間（民訴法21条、332条）中は手続を進められないうえ、移送の事務手続自体にある程度の時間を要すること、③訴えを取り下げると時効の中断や出訴期間の遵守等との関係で不利益を受けることがあるが、証拠保全の申立ての取下げにはそのような不利益が考えられないことなどに加え、④申立費用が比較的低廉であること（Q15参照）も考慮すると、申立人としては、申立てを取り下げたうえで、再度改めて地方裁判所に申立てをするのが相当と考えられます。

第2章　申立て　107

Q19 人事訴訟事件を本案訴訟とする訴えの提起前の証拠保全の管轄

人事訴訟事件を本案訴訟とする訴えの提起前の証拠保全の管轄はどうなっていますか。

A 　人事訴訟事件を本案訴訟とする訴えの提起前の証拠保全の管轄は、地方裁判所・簡易裁判所ではなく、家庭裁判所・簡易裁判所にあります。

解説

1 　民訴法235条2項は、訴えの提起前の証拠保全の管轄について「訴えの提起前における証拠保全の申立ては、尋問を受けるべき者若しくは文書を所持する者の居所又は検証物の所在地を管轄する地方裁判所又は簡易裁判所にしなければならない」と規定していますが、人事訴訟法29条2項が、民訴法235条2項の「地方裁判所」を「家庭裁判所」と読み替えたうえで同項を準用していますので、人事訴訟事件を本案とする訴えの提起前の証拠保全の管轄は、家庭裁判所・簡易裁判所にあります。

2 　ところで、家庭裁判所に申し立てるべきものを地方裁判所に申し立てた場合や地方裁判所に申し立てるべきものを家庭裁判所に申し立てた場合のその後の手続については、申立人としては、申立てを取り下げたうえ、改めて管轄裁判所に申し立てることが相当と思われます。

　この点、民訴法16条1項を類推適用して移送することも考えられますが、①移送決定は相手方に対して告知する必要があり（民訴法119条）、改ざんのおそれがあることを理由に証拠保全の申立てをしている場合には、移送決定の告知により相手方が証拠保全の申立てがされていることを認識し、証拠保全の目的を達成することができなくなる可能性があること、②

証拠保全は早期に実施する必要があるところ、移送先に記録を送付するには移送決定が確定する必要があり、抗告期間（民訴法21条、332条）中は手続を進められないうえ、移送の事務手続自体にある程度の時間を要すること、③訴えを取り下げると時効の中断や出訴期間の遵守等との関係で不利益を受けることがあるが、証拠保全の申立ての取下げにはそのような不利益が考えられないことなどに加え、④申立費用が比較的低廉であること（**Q15**参照）も考慮すると、申立人としては、申立てを取り下げたうえで、改めて管轄裁判所に申立てをするのが相当と考えられます。

第4節　証明すべき事実

証明すべき事実の具体性

　証明すべき事実は、どの程度記載すればよいですか。また、証明すべき事実と証拠との関係を申立ての際に明示する必要がありますか。

　　当該証拠でいかなる事実を証明するのかについての具体的な記載が必要です。
　また、証明すべき事実と証拠との関係は申立ての際に明示する必要があります。

解説

1　証明すべき事実（民訴法180条1項、民訴規則99条1項）とは、いわゆる立証事項を意味し、申立書に記載しなければなりません（民訴規則153条2項2号。最高裁判所事務総局民事局監修『条解民事訴訟規則』（司法協会、1997）318頁。なお、申立書の記載事項については、Q3を参照してください）。

　証明すべき事実について曖昧な記載しかできない場合は、訴えを提起しうる請求原因を模索するとか、相手方に嫌がらせをするなど、証拠保全の目的を逸脱するような申立てとの疑いが生じます。そして、そのような申立てと認められた場合には申立てが却下される可能性がある反面、具体的な記載がされていれば、そのような疑いを生じさせることなく、迅速に証拠保全決定を得ることができるので、証明すべき事実は具体的に記載すべきです。

　もっとも、特に訴えの提起前の証拠保全は、本案訴訟前に緊急を要する

段階で行うものですから、証明すべき事実を厳格に記載したくてもできないことも多く、無理を要求することもできませんので、ある程度概略的な記載も許容せざるをえません。

　結局、個々の事案ごとに判断するほかないのですが、「本件に関する一切の事情」といった記載では足りないことは明らかであり、「Aの主治医であったB医師が、悪性リンパ腫の転移や再発の可能性を考慮して、早期に悪性リンパ腫を探索する検査を行うべきであったにもかかわらず、これを怠り、3カ月余もの長きにわたって検査を行わなかったため、悪性リンパ腫の発見が遅れ、これによりAが死亡するに至った事実」（第5編第1章の申立書例参照）というように、可能な限り具体的に記載すべきです。

2　証明すべき事実と証拠との関係は申立ての際に具体的に明示する必要があり、証明すべき事実と証拠との関係がないことが明らかに認められるときは、当該申立ては却下されることになります。

3　なお、証明すべき事実の記載そのものの問題ではありませんが、実務上、証明すべき事実のほかに、本案訴訟の訴訟物を特定するのに必要な事実も記載されることが多く、これを記載するのが相当です。

第5節　証拠保全の事由と疎明

Q21　証拠保全の事由

証拠保全の事由とは何ですか。

A　証拠保全の事由とは、「あらかじめ証拠調べをしておかなければその証拠を使用することが困難となる事情」（民訴法234条）をいいます。

・解・説・

1　証拠保全の事由とは、「あらかじめ証拠調べをしておかなければその証拠を使用することが困難となる事情」（民訴法234条）であり、証拠保全の要件です。証拠保全の事由は、申立書に記載しなければなりません（民訴規則153条2項4号。なお、申立書の記載事項については、Q3を参照してください）。

　証拠保全は、本来ならば本案訴訟の手続内で証拠調べを行うのが原則であるところ、本案訴訟で証拠調べが行われるときまで待っていたのでは、証拠調べが不可能あるいは困難になるおそれがある場合に、本案訴訟の手続外であらかじめ証拠調べを行い、将来その結果を利用できるようにするための手続ですから、証拠保全の要件として「あらかじめ証拠調べをしておかなければその証拠を使用することが困難となる事情」、すなわち証拠保全の事由が必要とされるのです。

　証拠保全の事由としては、文書、検証物については、滅失、散逸、保存期間満了等による廃棄、改ざん、性状または現状変更のおそれなどがあげられ、証人等については、証人が余命幾ばくもない、海外渡航が迫ってい

て長期間帰国の見込みがない、来日中の外国人で帰国が予定されているなどがあげられます。

　また、証拠保全の事由には、証拠保全の対象物（証拠方法）が存在することも含むと考えられます。文書、検証物が滅失していたり、証人等が死亡しているような場合には、証拠調べをする前提を欠き、「あらかじめ証拠調べをしておかなければその証拠を使用することが困難となる事情」があるとはいい難いからです。

2　証拠保全の事由は、これを基礎付ける事実を具体的に記載しなければなりません。

　例えば、改ざんのおそれを理由に診療録の検証の証拠保全を申し立てることが実務上多いのですが、単に「改ざんのおそれがある」という記載だけでは、証拠保全の事由の記載としては不十分です。この場合、一般的には、診療の開始から事故後の交渉を含めて、「この医師ならば診療録の改ざんもしかねない」という不信感を抱かせるに足りる医師の具体的言動等を記載する必要があります（大竹たかし「提訴前の証拠保全実施上の諸問題―改ざんのおそれを保全事由とするカルテ等の証拠保全を中心として―」判タ361号77頁）。診療録の改ざんのおそれの疎明については、**Q23**および**Q24**を参照してください。

3　証拠保全の事由は、疎明しなければなりません（民訴規則153条3項）。証拠保全の対象物（証拠方法）が複数の場合は、それぞれ個別に証拠保全の事由の疎明が必要です。

　疎明とは、証明が、裁判官が事実の存否について十分な確信を得た状態またはこの確信を得させようとして証拠を提出する当事者の行為をいうのに対し、確信の程度には至らず、一応確からしいとの推測を得た状態またはこの推測を得させようとして証拠を提出する当事者の行為をいいます（菊井＝村松Ⅱ360頁〜362頁、コンメⅣ12頁）。

　証拠保全の事由についての疎明は、**Q23**ないし**Q26**を参照してください。

4　証拠の必要性および重要性の有無の判断は、本案訴訟の審理を行う裁判所が行うため、証拠保全の裁判所は、原則としてこれらを判断すべきでは

ありません。もっとも、証拠保全の申立てに係る証拠が、本案訴訟においておよそ証拠調べを行うことが予想されないようなものである場合は、結局、当該申立て自体が証拠保全の事由を欠くことになると思われますので、当該申立ては却下されることになります。なお、証拠保全において検証物たる文書に対する検証物提示命令につき、当該文書を保全する必要がないことがきわめて明白であるとして、検証物提示命令が取り消された事例があります（東京高決昭60.8.29判時1163号69頁）。

5　訴えの提起前の証拠保全の場合、証拠を保全した後に本案訴訟を提起する予定でなければ、証拠保全の事由があるとはいい難いので、申立書には本案訴訟提起の予定を記載し、その疎明をすることが必要です。ただし、特段の事情がない限りこの点の疎明がないとされることはないと思われます。

Q22 大量の電磁的記録の証拠保全の申立ての注意点

大量に存在する電磁的記録について証拠保全を申し立てる場合に、どのような点に注意すべきですか。

　電磁的記録を検証の対象物とする場合には、アクセスログやメール等のように目的物が大量に存在しうる場合が少なくありません。このような申立てのなかには、将来提起される本案訴訟と関連性が希薄な電磁的記録を対象とする申立てや探索的な申立てが含まれている可能性があるため、保全の必要性について十分な疎明がなされているか、対象物の実質的な特定がなされているかといった点に注意する必要があります。

・・・解・説・・・

1 証拠保全の事由とは、「あらかじめ証拠調べをしておかなければその証拠を使用することが困難となる事情」（民訴法234条）をいい、文書・検証物については、滅失、散逸、保存期間満了等による廃棄、改ざん、性状ないし現状変更のおそれなどがあげられます。また、証拠の必要性および重要性の有無の判断は、原則として証拠保全の裁判所はこれを判断すべきではないとされていますが、本案訴訟においておよそ証拠調べを行うことが予想されない場合は、当該申立ては証拠保全の事由を欠き却下されることになります（Q21参照）。そのため、本案訴訟と関連性が希薄な電磁的記録を対象とする証拠保全の申立てをする場合には、本案訴訟において証拠として用いる可能性があることについて疎明をする必要があります。

2 また、本案訴訟と関連性を有する限度に検証の対象物を限定するとしても、当該対象物をどのようにして特定するかという問題もあります。この

第2章 申立て　115

点について、東京高裁平成29年6月30日決定は、国が保有していたパソコン内に保存されまたはこれらのパソコン内からアクセスできる共有フォルダ内に保存されている一定期間内に作成または取得された各種の電磁的記録（削除措置のとられたものを含む）およびこれらに関連する一切の資料のうち、国有地の払い下げに関して行われた交渉、協議、照会、打合せ等に係るものを検証の対象物とする証拠保全が申し立てられた事案において、「上記のように年月日を一部限定しただけでは、依然として、上記の電磁的記録及び関連資料の中から上記の交渉、協議、照会、打ち合わせ等に係るものだけを選別することができる外形的な指標が示されているとはいえず」（中略）「本件申立てに係る検証を全うしようとすれば、上記の電磁的記録及び関連資料を全て網羅的に検証せざるを得ず、その過程では上記の交渉、協議、照会、打合せ等とは無関係なものをも何ら選別し得ないままに見分することとなるから、このような網羅的内容の本件申立ては、いわゆる探索的な証拠申出に当たるというほかなく、証明しようとする事実との関係において検証の目的の特定が実質的にされていない不適法な申出といわざるを得ない」旨判示しています（東京高決平29.6.30（平成29年（行ス）第37号）D1－Law.com判例体系28253471）。

　検証の対象物を特定する際には、例えばアクセスログであれば、日時・アクセス元やアクセス先を特定する情報など、メールであれば期間・送受信者など一義的に検証の対象物か否か判断が可能となる外形的な指標に基づくことが必要であり、「証明すべき事実」（民訴規則152条、99条1項）の内容等を踏まえて検証の対象物の特定が実質的にされているか否かを検討することが必要でしょう。この点、上記のような外形的な指標によって実質的に特定をすることが困難な場合には、例えばメールであれば、本文等に特定のキーワードが記載されているメールを検証の対象物とするなど、「証明すべき事実」の内容等を踏まえて事案に応じたさらなる外形的な指標に基づき実質的に特定することも考えられます。

3　もっとも、保全の必要性が認められ、対象物が実質的に特定されている場合においても、なお検証の対象物が大量であり、検証期日において検証が完了しないことが見込まれる場合も考えられます。

このように検証物の量からして、続行期日を設けても対象物を相手方で保管せざるをえない場合や、続行期日までに相当の日数を要する場合には、続行期日を設けて検証せざるをえない部分については現場に臨んで証拠調べを実施するまでの緊急性が失われる可能性も考えられます。したがって、事前に検証の対象物について優先順位を付し、実際に検証を実施する対象物を当該期日において検証が可能な範囲に限定するなどの工夫をすることも考えられます。

Q23 改ざんのおそれの疎明の程度

改ざんのおそれを証拠保全の事由とする診療録の証拠保全の申立てにおいて、疎明資料として提出された申立人の陳述書に「改ざんされるかもしれない」との記載しかない場合、改ざんのおそれの疎明があったといえますか。

A 改ざんのおそれがあるといえるのは、当該事案における具体的な事情から、相手方または診療録の保管者が改ざんをするかもしれないというおそれがあると認められる場合なので、単に「改ざんされるかもしれない」との記載があるだけでは、改ざんのおそれの疎明があったとはいえません。

解説

1　改ざんのおそれは、証拠保全の事由（民訴法234条）の一つであり、疎明することが必要です（民訴規則153条3項）。疎明とは、裁判官が事実の存否について確信の程度には至らず一応確からしいとの推測を得た状態またはこの推測を得させようとして証拠を提出する当事者の行為をいいます（菊井＝村松Ⅱ361頁、コンメⅣ12頁）。一般的には、設問の陳述書における記載の程度では、疎明があったとはいえないと考えられます。

2　もっとも、診療録等を対象とする医療事件の証拠保全においては、以下のように疎明の程度を軽減すべきとする考え方があり、改ざんのおそれの疎明の程度について、どのように解すべきかが問題となります。

(1)　診療録等の改ざんのおそれの疎明の程度については以下のような考え方の対立があります。

　　A説　一般的・抽象的な改ざんのおそれの疎明で足りるとする見解（小

林秀之「民事訴訟における訴訟資料・証拠資料の収集（四・完）」法学協会雑誌97巻11号1578頁、林圭介「証拠保全に関する研究」民訴雑誌37号40頁、森谷和馬「診療記録の証拠保全」民事弁護と裁判実務⑥（ぎょうせい、1996）23頁、新堂幸司「訴訟提起前におけるカルテ等の閲覧・謄写について」判タ382号16頁、畔柳達雄「医療事故訴訟提起前の準備活動」新実務民訴5・195頁）

　この説は、当該事案における具体的な事情をあげる必要はなく、一般的抽象的に改ざんのおそれがあることを疎明すれば足りるとする見解です。

《理由》
・証拠保全を証拠開示的に運用することには和解の促進、濫訴の防止、証明責任の転換をなしえない局面での証明責任の軽減等の効用が期待できることから、証拠保全の証拠開示機能は積極的に評価すべきである。
・改ざんのおそれの有無・大小は、医療機関の規模や診療経過等の具体的な事情によって判断できるものではなく、自己に不利な証拠を所持していること自体から改ざんのおそれが認められる。実際に、判決で改ざんの事実が指摘されたものも多い。
・具体的な改ざんのおそれの疎明を要求すると、交渉過程で相手方が訴訟提起を察知し、かえって改ざんを誘発することにもなりかねない。
・本案提起前に医師が患者に診療録等をみせても、医師に不利益は生じないし、証拠保全を行っておけば、本案提起後の改ざんの有無という争点を減ずることができる。
・診療契約は準委任類似の契約であり、医師は民法645条の類推により患者に対して診療結果の弁明義務を負うから、その弁明義務に基づき、患者は診療録等の閲覧請求権を有する。

B説　具体的な改ざんのおそれの疎明が必要であるとする見解（条解1284頁、菊井＝村松Ⅱ717頁、コンメⅣ559頁、大竹たかし「提訴前の証拠保全実施上の諸問題—改ざんのおそれを保全事由とするカル

テ等の証拠保全を中心として―」判タ361号76頁、加藤新太郎＝齊木教朗「診療録の証拠保全」裁判実務大系17・476頁、証拠法大系5巻182頁〔齋藤隆・阿閉正則・下澤良太・餘多分亜紀執筆部分〕等多数）

　この説は、改ざんのおそれは一般的・抽象的なものでは足りず、関係人の社会的地位・資格・信用性、利害関係、改ざんの前歴、改ざんの容易性、紛争の経過等の具体的事実に基づいて客観的に改ざんのおそれがあると認められることが必要であるとする見解です。

《理由》
- 医師等が自己に不利な記載を含む重要証拠を自ら有する場合に、全ての医師等が診療録を改ざんするおそれがあるとはいい難く、改ざんのおそれの有無は当該事案における具体的事情によって異なる。
- 証拠保全手続の証拠の一般的開示機能を正面から認めることは、証拠保全を証拠調べとして規定する現行法の解釈論の枠を超えている。
- 裁判官が申立人の一方的申立てと抽象的な改ざんのおそれの疎明のみにより、改ざんのおそれという相手方の心理的反発を受けやすい証拠保全の事由に基づいて不意打ち的に検証を実施すると、当事者の裁判所に対する公平感を訴訟前に害するおそれがある。

(2)　Ａ説とＢ説の違いは、①証拠保全における証拠開示機能に対する評価と②医師による診療録改ざんのおそれに対する評価の違いによるものであると思われます。

　確かに、医療事件では、Ａ説のような運用で事前に証拠を開示することが、一定の争点明確化機能、和解促進機能を有することは否定できないところですし、申立人にとっても訴訟提起前にその見通しがつくことで、濫訴を抑制する機能もあると考えられます（この点が、訴訟を提起してから文書提出命令を利用することではカバーしきれないところです）。しかし、訴え提起前の証拠保全手続は、あくまでも本案前の証拠調べ手続として規定されており、証拠収集の手続としては提訴前証拠収

集処分の手続（民訴法132条の2以下）が制定されたことに鑑みても、改ざんのおそれの要件を無意味にしてしまうのは解釈論の域を超えているといわざるをえません。濫訴抑止機能も、あまり強調すると、結局、訴訟前の証拠開示を認めることに等しくなり、妥当性を欠く結果となってしまいます。

　以上の理由から、Ａ説よりもＢ説が妥当であるといえるでしょう。

　なお、診療契約に基づく診療録の開示義務については、一般的な義務としてはこれを否定的に解する裁判例（東京高判昭61.8.28判時1208号85頁など）もありますが、近時、具体的事情に基づいて上記の開示義務を肯定した裁判例が出ています（大阪地判平20.2.21判タ1318号173頁、東京地判平23.1.27判タ1367号212頁など）。

3　具体的な改ざんのおそれとは何かという点については、基本的にＢ説に立つと考えられる広島地決昭61.11.21判時1224号76頁が「人は、自己に不利な記載を含む重要証拠を自ら有する場合に、これを任意にそのまま提出することを欲しないのが通常であるからといった抽象的な改ざんのおそれでは足りず、当該医師に改ざんの前歴があるとか、当該医師が、患者側から診療上の問題点について説明を求められたにもかかわらず相当な理由なくこれを拒絶したとか、あるいは前後矛盾ないし虚偽の説明をしたとか、その他殊更に不誠実又は責任回避的な態度に終始したことなど、具体的な改ざんのおそれを一応推認させるに足る事実を疎明することを要する」と判示しているのが参考になります。

　もっとも、医療事件においては、相手方が所持している診療録等を検討しなければ訴え提起の是非すら検討できないことが多く、証拠保全がきわめて重要な役割を果たしているという事情も考慮すると、基本的にはＢ説に立ちつつも、疎明の程度に関してはあまり硬直的にならず、事案に応じて柔軟に対処する必要があります。例えば、陳述書の記載全体を丹念に読めば改ざんのおそれにつながる具体的な事実の記載が読み取れる場合には、疎明があったと解してよいでしょう。

　具体的にどのような事情を疎明すれば改ざんのおそれの疎明があったといえるかという点については、**Q24**を参照してください。

Q24 診療録についての改ざんのおそれの疎明

　診療録の証拠保全に関し、具体的にどのような事情について疎明すれば、改ざんのおそれの疎明があったといえますか。

A　医師側の具体的言動のほか、その社会的信用（診療録の改ざん歴ないしこれに類する不正行為歴の有無）、改ざんの蓋然性・容易性、患者側が知りえた診療内容およびその結果から推認される診療経過の合理性等に関する事情が疎明の対象になり、これらによって「この医師なら診療録等の改ざんもしかねない」という不信感を抱かせる場合には、改ざんのおそれの疎明があったといえるでしょう。

……解・説……

1　改ざんのおそれについては、具体的には、診療の開始から事故後の交渉を含めて、「この医師なら診療録等の改ざんもしかねない」という不信感を抱かせるに足りる医師側の具体的言動が疎明の中心的な対象となります（大竹たかし「提訴前の証拠保全実施上の諸問題―改ざんのおそれを保全事由とするカルテ等の証拠保全を中心として―」判タ361号77頁）。

　例えば、医師が患者に診療上の問題点について説明を求められたにもかかわらず相当な理由なく拒絶したとか、あるいは、前後矛盾や虚偽の説明をしたとか、その他ことさらに不誠実または責任回避的な態度に終始した場合などが考えられるでしょう（加藤新太郎＝齊木教朗「診療録の証拠保全」裁判実務大系17・479頁）。このように、患者側と医師側との間で事故後に何らかの接触がされることが多いため、その際の医師側の対応や言動が具体的に主張され、その疎明資料として陳述書等が提出されることにより、具体的な改ざんのおそれがあると判断されるのが一般的です。

2　もっとも、事故後に患者側が医師側に説明を求めたりすると、診療録の改ざんを誘発するおそれがあるなどとして、患者側が医師側と全く接触していない場合もあります。このような場合においては、診療録の所持者の社会的信用（診療録の改ざん歴ないしこれに類する不正行為歴の有無）、改ざんの蓋然性・容易性、患者側が知りえた診療内容およびその結果から推認される診療経過の合理性等を総合考慮して具体的な改ざんのおそれがあるか否かを判断することになるでしょう（証拠法大系5巻185頁〔齋藤隆・阿閉正則・下澤良太・餘多分亜紀執筆部分〕）。

　例えば、ある診療行為から通常であればおよそありえない不自然な結果が生じているなど診療経過に合理性が認められない場合には、医師側に重大なミスがあったのではないかとの疑いが生じ、ひいては、かかる重大なミスを隠すために診療録の改ざんを行いかねないとの疑いが生ずることもあるため、かかる診療経過を疎明の対象にすることが考えられます。また、患者に重大な結果が生じた場合には、患者からの要望がなくとも、医師の側から十分な説明をするのが相当な場合もあるでしょうから、これが行われていない場合には、重大なミスが原因で生じたことを隠しているのではないかとの疑いが生ずるため、診療録の改ざんも行いかねないとの疑いが生ずる場合もあるでしょう。ただし、これらの事情のみでは直ちに医師に対する不信感を生じさせる事情であるとまではいえないでしょうから、具体的な改ざんのおそれがあるか否かについては、他の事情も総合考慮して検討する必要があるでしょう。

　他方、予想される本案訴訟において当該診療録の重要性が低い場合や、当該診療録の所持者が証拠保全の相手方またはこれと利害関係を同じくして実質上これと同視できる者（相手方医療機関の担当医等）でない場合には、改ざんによる利害得失等の観点からみて、特段の事情がない限り改ざんの蓋然性は低いと判断できるでしょう。また、当該診療録の保管態勢が整備され、その管理が厳重であり、かつ、他の証拠との整合性を保つために改ざんを要すると予想される記録の分量が膨大である場合には、一般的に改ざんは困難であるといえるでしょう。

3　設問の場合、医療事故の結果が一見して重大ではなく、陳述書全体を読

んでも事後の接触についての記載や医師に不信感を抱く具体的事情が書かれていなければ、疎明があったとはいえないことになると思われます。

　なお、疎明方法（疎明の資料とするもの）は即時に取り調べられる証拠に限られますから（民訴法188条）、疎明の追完の際には、書証や陳述書を補充したり、面接の際に申立人本人を同行するなどの方法が考えられます。

Q25 診療録以外の検証物についての改ざんのおそれの疎明

帳簿類について、改ざんのおそれを理由として証拠保全が申し立てられました。その疎明の程度はどのように考えるべきですか。

A 　帳簿類の改ざんのおそれは、具体的事情に基づいて客観的に疎明されることが必要です。

　なぜなら証拠保全の事由は具体的事情に基づいて客観的に疎明されることが必要だからです（菊井＝村松Ⅱ717頁、注解(8)332頁）。

　帳簿類の改ざんのおそれについては、医療事件における診療録等の場合と異なり、一般的・抽象的な改ざんのおそれの疎明で足りるとする見解は少数説にとどまります（Q23参照）。

・解・説・

　実際に具体的な改ざんのおそれについての疎明の有無を判断する際には、相手方企業の規模、社会的信用、紛争の性質、帳簿類の性質等を考慮することも必要です（田倉整＝内藤義三「特許侵害事件における証拠保全について」自由と正義29巻4号80頁）。

　あくまでも一般論ですが、名ばかりの会社であったり、同族企業で小規模の会社の場合には、一応帳簿類が作成されているとしても、当面の目的さえ達成されれば廃棄されやすいし、保管態勢が整備されていないことも多いですから、その改ざんは比較的容易であるといえましょう。逆に、大規模な株式会社の場合には公認会計士による会計監査もあるため改ざんのおそれは相対的に低くなります。

　次に、紛争の実情が相手方に不利であったり、相手方の従前の対応が不合理であるほど、一般的に改ざんのおそれは高まる関係にあるといえます。例

第2章　申立て　125

えば、商品先物取引会社の顧客が会社に対して商品先物取引の建玉状況や委託証拠金の残高等について説明を求めたのに誠実な対応をしない、会社側の説明に矛盾齟齬がある、相手方の主張する計算方法に明らかな誤りがあるといった事情は具体的な改ざんのおそれを一応推測させる事情といえるでしょう。

　また、検証物の性質からして改ざんのおそれが考えにくい場合があります。例えば、預金通帳については、その取引履歴が銀行に保存されていることを考えると、改ざんのおそれを肯定するのは一般に困難であるといえます。申立人からは、検証を求める物件がいったいどのようなものなのかを事細かに聴取する必要があるといえるでしょう。

　このほか、相手方企業の業務内容、帳簿類の保管態勢（電算処理されている場合もある）、その内容、性質等に照らして、当該帳簿類の改ざんが容易かどうかといった事情も考慮する必要があります。

　なお、一般的に帳簿類は長期間にわたって継続的に作成されることが多く、その種類も多岐にわたるため、対象となる帳簿類の作成時期および種類によっては、改ざんのおそれの程度に差異を生ずることがありますから、証拠保全の対象物を限定するなどといった配慮が必要となるでしょう。

Q26 廃棄・散逸のおそれの疎明

　帳簿類について、廃棄・散逸のおそれを理由として証拠保全が申し立てられました。その疎明の程度はどのように考えるべきですか。

A　具体的な事情に基づいて廃棄・散逸のおそれがあることを疎明する必要があります。疎明の対象となる事情としては、法律上の保存期間の経過、当該文書の一般的な保管方法などがあります。
　また、一般的に当然に存在すると考えられる文書でない場合には、廃棄・散逸のおそれの前提として、その文書が存在することについても疎明する必要がある場合もあります。

解説

1　証拠保全の要件は、「あらかじめ証拠調べをしておかなければその証拠を使用することが困難となる事情がある」（民訴法234条）ことであり、文書についていえば、滅失、散逸、保存期間満了等による廃棄、改ざん、性状ないし現状変更のおそれなどがあげられます。

　文書である帳簿類については、具体的には、問題となる帳簿類について法律上保存期間が定められていて、その保存期間が既に経過している場合やその経過が間近に迫っているような場合には、その後もその帳簿類が相当期間保管されることが明らかでない限り、廃棄・散逸のおそれがあるといってよいでしょう。ただし、法定の保存期間がある場合でも、その起算点が問題となることがあるので注意が必要です。

　また、法定の保存期間の経過まで相当の日時がある場合でも法定の保存期間の経過を待たずして廃棄されるおそれがあるといえるような事情について疎明があれば、廃棄・散逸のおそれがあると判断される場合もあるで

しょう。このような事情としては、例えば相手方が従前に法定の保存期間が経過する前に帳簿類を廃棄した前例があることなどがあげられます。

　法定の保存期間がない場合でも、相手方の企業内部で保存期間が定められており、それが遵守されていることが明らかな場合は、その保存期間を基準に廃棄・散逸のおそれがあるかどうかを判断することになります。そのような内部的な保存期間が定められているかどうかさえ不明な場合には、当該文書の一般的な保存・管理方法（過去の実例等）や申立人に対する相手方の対応等について疎明し、それをもとに判断されることになります。

2　なお、目的物の種類がある程度定型化されている医療事件の場合と異なり、帳簿類については、事件によって種類も多様であり、法律で作成することを義務付けられているもの以外にはその存在がはっきりしないものもあります。この場合には、目的物が存在することについても疎明が必要です（**Q21**参照）。

第6節　検証物提示命令

Q27　書証と検証

証拠保全では診療録については検証の方法によるのが一般的のようですが、書証として証拠調べの申立てをしてもよいですか。

　　書証として証拠調べの申立てをすることも可能です。ただし、証拠保全の事由との関係で不相当な場合もあります。

解説

1　診療録の証拠調べの方法については、学説の対立があるので、以下に紹介します。
　(1)　書証説
　　　検証は、対象物の形状・性質を感覚作用で認識してその結果を証拠資料とする証拠調べであり、その記載内容を証拠資料とする文書については書証として取り調べるべきである。
　　　検証説は、書証についての規定を欠いていた旧々民訴法下（旧々民訴法365条）で文書の証拠保全が検証の方法により行われていた慣行を継承しているにすぎず、証拠調べ手続であるにもかかわらず調書を謄写し書証として本案で提出することを前提に立論するのは一貫性を欠く点、また、検証物提示命令（民訴法223条、232条）との関係で、書証として提出義務（民訴法220条）がないものでも検証物として提示義務が課されるとなると、文書提出義務の制限を潜脱する危険がある（**Q30**参照）点で妥当性を欠く。
　　　なお、訳文添付の点については、証拠保全手続の特殊性（訳文添付の

第2章　申立て　129

時間的余裕がない状況が当初から予想された手続であること）から、本案訴訟での取調べ時に訳文が提出されれば足りると解することができる。

(2) 検証説

　　将来の本案訴訟において、当該文書の改ざんの有無を争えるようにするためには、その文書の文字の配列等外形的なものだけを取り調べれば足りる。

　　書証として取り調べる場合、外国語が混じっている文書（診療録等）には訳文添付の規定（民訴規則138条）があり、証拠保全の時点で訳文を添付することは事実上不可能であるから、書証説の場合にはその取調べができないことになる。

　　文書提出義務は民訴法220条4号により一般義務化されているし、実務上は、検証の場合にも文書提出義務の制限に配慮して検証物提示命令の発令に消極的に運用することも可能であるから、書証説の批判は必ずしも当たらない。

2　証拠保全事由を「廃棄・散逸のおそれ」とする場合には、書証説が多数説であり、「改ざんのおそれ」とする場合には検証説が多数説です（条解1290頁、畔柳達雄「医療事故訴訟提起前の準備活動」新実務民訴5・202頁、大竹たかし「提訴前の証拠保全実施上の諸問題―改ざんのおそれを保全事由とするカルテ等の証拠保全を中心として―」判タ361号79頁）。実務上も、この多数説に従って運用されています。

Q28 文書提出義務のない文書

明らかに文書提出義務（民訴法220条）がない文書等を対象とする証拠保全の申立ても許されますか。

 理論上は許されますが、文書提出義務のないことが明らかな場合には、実効性や相手方の権利保護への注意が必要です。

・解・説・

　民訴法220条は、1号から3号までに定める文書について提出義務を認めるほか、4号のイからホまでに定める例外（証言拒絶事由に該当する事項が記載された文書、公務員の職務上の秘密に該当する事項が記載された文書、医師等が職務上知りえた事実または技術もしくは職業の秘密に関する事項で黙秘の義務が免除されていないものが記載された文書、もっぱら文書の所持者の利用に供するための文書、刑事訴訟または少年の保護事件に関する文書）のいずれにも該当しない文書について一般的に提出義務を認めています（証拠法大系4巻130頁〔花村良一執筆部分〕に詳しい）から、上記の「文書提出義務のないことが明らかな場合」とは、民訴法220条4号のイからホまでに定める文書であることが明らかなものを意味します。

　証拠保全の対象となる文書が民訴法220条4号のイからホまでに定める文書に該当するため、相手方に文書提出義務がない場合であっても、任意の提出を期待して証拠保全をすること自体は許されます（菊井＝村松Ⅱ720頁）。

　しかし、これらの文書は、民訴法220条4号の規定により文書提出義務を一般義務化したにもかかわらず、なお提出義務を認めるべきでないものとして特に限定列挙されたものですから、証拠保全の決定は、相手方の権利保護

第2章　申立て　131

に十分配慮して慎重にされるべきですし、任意の提出を期待しても、証拠保全への協力が見込めない場合もあると思われます。

送付嘱託

文書または検証物の保管場所に行くのではなく、当該文書または検証物を送付嘱託の方法によって取り寄せることは許されますか。

　文書または検証物を送付嘱託の方法で取り寄せることは許されます。

解説

1　文書の証拠調べの方法としては、書証または検証のいずれも可能です。書証の申出の方法としては、送付嘱託の申立てによることができるところ（民訴法226条）、民訴法232条1項は文書送付嘱託に関する同法226条を検証の目的の送付の場合について準用しているので、検証物についても送付嘱託の方法によることができます。なお、送付嘱託の法的性質に関しては、送付嘱託の申立て自体が書証（検証）の申出である（菊井＝村松Ⅱ635頁）というのが条文の文言に忠実ですが、送付嘱託の申出は書証（検証）の申出の準備行為であるという見解（証拠法大系4巻74頁〔古閑裕二執筆部分〕）もあり、実務上も、準備行為として扱われているようです（コンメⅣ523頁参照）。

　検証物の保管場所に行って証拠調べをする場合と比べると、送付嘱託を活用することの利点としては、費用や時間を節約できること、相手方に証拠調べ期日の呼出状が届くのが、当日の開始数時間前ではなく、少なくとも数日前であるので、相手方の立会いの機会が実質的に保障されることなどが指摘されています。

　なお、証拠保全の事由が「改ざんのおそれ」である場合に送付嘱託の方法によることは、送付嘱託後証拠調べ期日までの間に紛争の存在を相手方

に認識させ、診療録等の改ざんを行う時間的余裕、機会を与える可能性があるので、消極的に解すべきです（畔柳達雄「医療事故訴訟提起前の準備活動」新実務民訴5・206頁）。定型的に比較的改ざんのおそれの少ないといわれる転院先の医療機関の診療録等が検証の目的物である場合については、裁判所の負担軽減のため、送付嘱託のうえ検証することも許されるという見解もありますが（林圭介「証拠保全に関する研究」民訴雑誌37号35頁以下）、そもそも改ざんのおそれが少ないのに、改ざんのおそれを理由にして診療録等の証拠保全をすることに矛盾があると思われます。

したがって、送付嘱託の方法による証拠保全は、当該文書または検証物について保管期間満了目前である等、悪意によらない証拠の廃棄等のおそれがある場合にのみ許されることになるでしょう。

2 文書送付嘱託の申立ては、実務上は書証の申出のための準備行為として扱われており、本案訴訟においては、文書が送付されてきたら、裁判所はこれを口頭弁論期日において提示（物理的にみることができる状態にする裁判所の行為）し、これを証拠資料とすることを望む当事者はこれを謄写して書証の写しを作成（民訴規則137条1項参照）したうえ、書証の申出をすることになります。訴え提起後の証拠保全の場合も、これと同様になると思われます。

訴え提起前の証拠保全手続における文書送付嘱託による文書の証拠調べの手続は、①裁判所は、証拠保全の申立書および疎明資料から証拠保全の事由の有無を判断し、②これがあると認める場合には、証拠保全決定として、文書送付嘱託の決定および送付の嘱託を行い、③嘱託に係る文書が到着したら申立人に連絡をし（口頭弁論期日への提示は本案訴訟において行えば足りるので、提示のための口頭弁論期日を設けないのが通常の運用です）、④申立人は、これを謄写して書証の写しを作成のうえ書証の申出を行い、⑤裁判所は当該書証を取り調べる旨の決定および証拠調べ期日の指定を行い、⑥同期日においてこれを取り調べるという流れになります（**Q 86**参照）。

3 なお、提訴前証拠収集処分として、文書送付嘱託を申し立てることもできます（民訴法132条の4第1項1号）が、これは、あらかじめ提訴予告

通知を要する（同法132条の２第１項）ため、やはり、改ざんのおそれがある場合には不向きと思われます（**Q２**参照）。

Q30 検証物提示命令の申立ての扱い

証拠保全の申立てとともに、検証物提示命令の申立てもする場合、検討・注意すべき点は何ですか。

A 証拠保全における検証物提示命令の発令には、検証協力義務の範囲および同義務の免除、相手方の不服申立権への配慮等の問題があり、その発令に消極的な立場と積極的な立場が存在します。

解説

1 検証物提示命令は、①検証の目的物を検証申出者以外の相手方または第三者が所持または占有しており、かつ②当該相手方または第三者が目的物提示義務（検証の目的物を裁判所に提出すべき義務）を負う場合に発令することができます。

①に関し、相手方の検証目的物の所持・占有について証明が必要です（証拠法大系5巻108頁、コンメⅣ582頁等）。

②については2以下で検討します。

また、検証目的物の所持者が第三者であるときは、その第三者を審尋しなければなりません（民訴法232条1項、223条2項、証拠法大系5巻195頁〔齋藤隆・阿閉正則・下澤良太・餘多分亜紀執筆部分〕）。なお、検証物提示命令の判断をするにあたっては、運用上原則として、相手方を審尋して意見を述べる機会を与えることが望ましいといえますが、審尋を実施することにより証拠保全の目的を達することができない事情があれば、相手方を審尋せずに検証物提示命令が発令されることもありえます。

2 目的物提示義務と、検証受忍義務（提出不能または提出困難な目的物について、その所在場所において検証を実施することにつき当該相手方また

は第三者が受忍すべき義務）は、併せて検証協力義務と呼ばれます。検証協力義務の範囲については、明文の定めがありませんが、各証拠調べに協力する義務を、一般的な公法上の義務として明文で定めたとされる証人義務（民訴法190条）および文書提出義務（民訴法220条）と同様、検証の目的物を所持し、または占有する者は、当事者であれ第三者であれ、一般的に目的物を裁判所に提示し、または検証を受忍すべき義務を負うと解されます（コンメⅣ580頁～582頁等）。

また、検証協力義務については、その除外事由についても明文の定めがありませんが、以下のように、同義務を免れる場合が認められると解され、その場合、所持者は検証の実施を拒むことができますし、検証物提示命令の申立てがされている場合には裁判所はこれを却下することとなります（東京高決平11.12.3判タ1026号290頁参照）。

(1) 当然に義務を免れる場合

　　検証の実施により、人の生命身体・健康状態への重大な影響を及ぼすおそれがある場合等、事案の性質上、当然に義務を免れる場合が想定されます。

(2) 証人義務（民訴法190条）に関する規定の類推適用により義務を免れる場合

　　証人義務については、尋問が①自己または法定の近親者が刑事上の訴追を受ける等のおそれがある事項（民訴法196条）、②守秘義務により証言を拒絶できる事項（民訴法197条）に及ぶ場合には証言を拒むことができるとされ、証人義務が免除されていますから、検証協力義務についても同様、検証がこれらの事項に及ぶ場合には、検証協力義務が免除されると考えるべきでしょう。

　　裁判例にも、民訴法196条ないし民訴法197条と同様の事情がある場合に、検証物提示義務を免れる旨判示したものが存在します（証拠保全の事案について大阪高決平25.7.18判時2224号52頁、訴訟係属中の事案について東京高決平11.12.3判タ1026号290頁）。

(3) 検証目的物が文書である場面において、文書提出義務に関する規定の類推適用により義務を免れる場合

さらに、文書提出義務についても、対象文書が民訴法220条4号イないしホに該当する場合について、同義務が免除されていますから、検証目的物がこれらの要件に該当する文書である場合については、検証協力義務が免除されると考えられます。本案訴訟では書証とされる文書であって、文書提出義務の除外事由が認められるものについて、真実擬制という重大な効果を伴いうる検証物提示命令を発令することは、文書提出義務の制限の潜脱を生じかねないことからも、従前の裁判例は、このような文書に対する検証物提示命令の発令には消極的な立場をとっています（東京高決平23.3.31判タ1375号231頁、大阪高決平25.4.5金融法務事情1981号91頁、札幌高決平13.1.22訟務月報48巻1号62頁）。

3　検証物提示命令の発令については、相手方に対して即時抗告（書面でしなくてはならない。民訴法331条、286条）の検討の時間的余裕が十分に与えられない点で妥当性に欠ける（林圭介「証拠保全に関する研究」民訴雑誌37号35頁）点を重視して、これに消極的な立場と、検証物提示義務を直接的に示したほうがかえって説得しやすく証拠保全をより効果的に実施できる等の利点を重視して、これに積極的な立場とがありえますが（加藤新太郎＝齊木教朗「診療録の証拠保全」裁判実務大系17・482頁）、実務上は、証拠保全決定の際は、検証物提示命令の申立てについての決定を留保するという取扱いが多くみられるようです。これは、検証物提示命令を発令するまでもなく、相手方の任意の協力が得られる場合が多いこと、検証物提示命令が、真実擬制という重大な効果を伴う可能性があり、相手方の反発にもつながること等から、あらかじめ発令することを避けながら、任意の提出を拒絶されたときに検証の現場において検証物提示命令を発令する余地を残しておくためであると考えられます。検証物提示命令を発令せずに証拠保全手続を終了させることの問題点については、**Q57**を参照してください。

Q31 検証物提示命令の効果

検証物提示命令を発令したにもかかわらず、相手方が検証物の提示を拒んだ場合はどのような効果が生じるのですか。

A 検証物提示命令を拒絶しても、直接の物理的強制ができないことはいうまでもありません。しかし、所持者が相手方の場合には、本案訴訟において、検証物の性状あるいは検証物の性状により証明すべき事実に関する申立人の主張の真実擬制（民訴法232条1項、224条1項・3項）がされる場合があります。

解説

民訴法224条1項は、「当事者が文書提出命令に従わないときは、裁判所は、当該文書の記載に関する相手方の主張を真実と認めることができる」と、また、同条3項は、この場合において、「相手方が、当該文書の記載に関して具体的な主張をすること及び当該文書により証明すべき事実を他の証拠により証明することが著しく困難であるときは、裁判所は、その事実に関する相手方の主張を真実と認めることができる」と規定しており、検証に関する同法232条1項は、同法224条を検証物提示命令の場合に準用しています。

したがって、証拠保全において検証物提示命令を相手方が拒絶した場合、申立人が相手方を被告として提起した本案訴訟において、受訴裁判所は、原告（申立人）が主張する検証物の性状が真実であると認めることができ、また、原告（申立人）が検証物の性状等に関して具体的な主張をすることおよび当該検証により証明すべき事実を他の証拠により証明することが著しく困難であるときは、その事実に関する原告（申立人）の主張を真実と認めるこ

とができます。
　証拠保全の事例として最も多い医療事件に関する診療録の証拠保全については、上記の原告（申立人）が検証物の性状等に関して具体的な主張をすること、および、当該検証により証明すべき事実を他の証拠により証明することが著しく困難であるときという要件を満たす場合もあると思われ、そうすると、証拠保全の段階においても、検証物提示命令を受けた相手方に間接的（心理的）強制力を働かせることにもなりそうです。
　もっとも、受訴裁判所は、検証により証明すべき事実に関する原告（申立人）の主張を常に真実であると認めなければならないわけではなく、他の証拠や弁論の全趣旨から真実であると認めないこともできます（民訴法224条3項が「できる」と規定しているにすぎないことに注意してください）から、上記の強制力にも限界はあるでしょう。

Q32 医師個人を相手方とする場合の検証物提示命令

医師個人を相手方とする証拠保全において、検証物提示命令の申立て、発令をするには、どのようなことに注意すればよいですか。

A 検証物提示命令の発令のためには、第三者の審尋が必要となる場合があるので、検証物の所持者がだれかについて注意する必要があります。

解説

1　民訴法223条2項は、「裁判所は、第三者に対して文書の提出を命じようとする場合には、その第三者を審尋しなければならない」と規定し、同法232条1項は、これを検証物提示命令の場合に準用しています。医師個人を相手方として診療録等の検証を行う場合、通常は、当該医師の作成した診療録の所持者は当該医師の勤務する医療機関の開設者（医療機関の開設者が法人の場合には当該法人の代表者）ということになると思われますので、診療録等について検証物提示命令を行う場合には、医療機関の開設者（医療機関の開設者が法人の場合には当該法人の代表者）の審尋が必要となります。

民訴法223条2項のいう「第三者を審尋しなければならない」とは、検証物提示命令について当該第三者に意見を述べる機会、すなわち審尋の機会を与えれば足りるという意味です。したがって、口頭による審尋の期日に欠席したり、書面による審尋の回答書を期限までに提出しない場合にも、裁判所は検証物提示命令を発令することができます。

2　なお、事前に審尋の機会を第三者に与えることによって、相手方に検証物の改ざん等の機会を与えたり、相手方と第三者の関係によっては第三者

自身によって改ざん等が行われたりする危険性もあるので、文書の所持者が相手方である医師の勤務する医療機関の開設者であるような事案では、証拠保全の段階においては、当該医療機関の開設者についても相手方としておくことが相当です。

Q33 書証の提出方法と文書提出命令

帳簿類についての書証の方法による証拠保全において、文書提出命令の申立てによって提出を求める場合にどのような点に注意すべきですか。

A 民訴法220条4号イからホまでに規定する文書提出義務の除外事由に該当しないことが必要である点、相手方および文書の所持者が第三者である場合には当該第三者の審尋が必要となる点に注意すべきです。

解説

1　書証の方法による証拠保全を行う場合、対象となる文書の所持者に対して当該文書の提出を求める方法としては、①文書提出命令の申立て（民訴法219条、221条）、②文書送付嘱託の申立て（同法226条）、③任意の提出を求める方法の三つが考えられます（**Q27**、**Q28**、**Q29**等参照）。

　このなかで、文書提出命令は、文書送付嘱託や任意の提出を求める場合と、その要件（提出義務、第三者審尋等）および効果（真実擬制等）が異なります。要件についてみれば、対象文書について所持者が民訴法220条各号所定の提出義務を負う場合に限って文書提出命令が許容されますし、文書の所持者が第三者であるときは、その第三者を審尋しなければなりません（民訴法223条2項）。また、運用上は、原則として、相手方を審尋して意見を述べる機会を与えることが相当ですが、審尋を実施することにより証拠保全の目的を達することができない事情があれば、相手方を審尋せずに文書提出命令を発令することもできるでしょう。

2　本問のように帳簿類について文書提出命令の申立てがされたときは、一

第2章 申立て　143

般的には、その帳簿類が民訴法220条2号文書ないし4号文書に該当するか否かの検討が必要となるでしょう（国や地方公共団体が所持者である場合には、民訴法220条4号ニが適用されないことにも注意する必要があります）。

　最近、稟議書等について文書提出命令の申立てがされる例がありますが、この場合には、いわゆる内部文書（民訴法220条4号ニ）に該当するかどうかについて慎重に判断する必要があります。この点につき、判例は「ある文書が、その作成目的、記載内容、これを現在の所持者が所持するに至るまでの経緯、その他の事情から判断して、専ら内部の者の利用に供する目的で作成され、外部の者に開示することが予定されていない文書であって、開示されると個人のプライバシーが侵害されたり個人ないし団体の自由な意思形成が阻害されたりするなど、開示によって所持者の側に看過し難い不利益が生ずるおそれがあると認められる場合には、特段の事情がない限り、当該文書は（平成13年改正前の）民訴法220条4号ハ所定の『専ら文書の所持者の利用に供するための文書』に当たる」と判断しています（最決平11.11.12民集53巻8号1787頁）。また、信用組合の貸出稟議書について、「専ら文書の所持者の利用に供するための文書」に当たるとはいえない特段の事情があるとされた事案としては、最決平13.12.7民集55巻7号1411頁がありますので参考にしてください（国立大学法人が所持しその役員または組織的に用いる文書に係るものですが、かかる文書についての文書提出命令の申立てには、民訴法220条4号ニ括弧書部分が類推適用される旨および同号ロにいう「公務員」には、国立大学法人の役員および職員も含まれる旨判示した最決平25.12.19民集67巻9号1938頁も併せて参考にしてください）。

　もっとも、帳簿類について書証の方法による証拠保全を行う場合には、一般的に文書送付嘱託によって行うことが多いようです。

Q34 医療機関における事故報告文書等に対する証拠保全

医療機関における事故報告文書等を証拠保全の対象とすることに何か問題はないですか。

A 医療機関における事故報告文書等を証拠保全の対象とする際には、当該文書についての文書提出義務の有無（なかでも自己利用文書該当性〔民訴法220条4号ニ該当性〕）、ひいては検証物提示義務の有無が問題になります。

解説

1 医療機関における事故報告文書等

近時、医療機関においては、診療中に発生した偶発的事象、いわゆるヒヤリ・ハット事例等について報告書を作成することが増えていますが、医療機関によってその名称や形式、内容はさまざまです。このような報告書の名称としては、インシデントレポート、アクシデントレポート、インシデント・アクシデントレポートなどがあります。また、報告書の内容としても、医療機関内部で調査委員会等を設けて調査等した結果をまとめた報告書や医療機関外部の専門家・有識者を交えた調査委員会等を設けて調査等した結果をまとめた報告書などがあります（以下、これらの報告書等を「事故報告文書等」という）。

2 決定段階

(1) 証拠保全の対象物の特定

事故報告文書等は、医療機関によってその名称や形式、内容はさまざまですので、対象物に関する実施段階での紛議をできる限り避けるため、可能な限り対象物の特定に努めるのが相当です。申立人がどのよう

な事故報告文書等があるのかを事前に知ることが難しい場合もあることからすると、過度に特定を求めることもできませんが、例えば調査委員会等による報告書を対象とすることがわかっているような場合は、漫然と事故報告書と記載するのではなく、その旨明記すべきであると思われます。

また、事故報告文書等が対象物としてあげられていない場合に、「その他一切の資料」に含まれるかということも問題となりえますが、事故報告文書等は、日常の診療過程における事実経過を記載した診療録や看護記録等とは性質が異なり、これらの資料に準ずるものということはできないので、否定的に解されると思われます。

(2) 検証物提示命令の可否等

検証に関する民訴法232条は、文書提出義務に関する同法220条を準用していませんが、検証物提示命令を発令する場合は同条の潜脱にならないように文書提出義務がある場合に限って検証物提示命令を発令すべきと考えられます（証拠法大系5巻195頁〔齋藤隆・阿閉正則・下澤良太・餘多分亜紀執筆部分〕等。**Q30**参照）。したがって、検証物提示命令の申立てがある場合には、当該検証物が文書として扱われるとしたら文書提出義務があるのかどうか、特に民訴法220条4号ニ所定の自己利用文書（「専ら文書の所持者の利用に供するための文書」）該当性の検討が不可欠になります。

この点、判例は、ある文書が自己利用文書に該当するというためには、①もっぱら内部の者の利用に供する目的で作成され、外部の者に開示することが予定されていない文書であること、②開示されると個人のプライバシーが侵害されたり個人ないし団体の自由な意思形成が阻害されたりするなど、開示によって所持者の側に著しい不利益が生ずるおそれがあること、③特段の事情のないことが必要であるとしていますので（最決平11.11.12民集53巻8号1787頁）、このことを踏まえた判断がされることになると思われます。そして、この判断には事故報告文書等の作成者、作成目的および記載内容、これを現在所持するに至るまでの経緯、開示により文書を作成した目的の達成に支障が生じるか否か、その

他の事情の検討が必要になってくるうえ、事故報告文書等が医療機関によってその名称や形式、内容がさまざまであり、事前にその内容等を具体的に知ることが難しいことも併せて考えると、決定段階で文書提出義務の有無を判断するのは困難であると思われます。したがって、裁判所としては検証物提示命令の発令を留保することが相当ではないかと思われます。

3　実施段階

　事故報告文書等に対する検証物提示命令の発令を留保した場合、所持者が任意に提示しないときは、裁判所としては検証物提示命令の可否を判断することになりますが、その判断にあたっては、事故報告文書等が医療機関によってその名称や形式、内容がさまざまであることから、その作成目的、記載内容、これを現在所持するに至るまでの経緯、その他の事情の検討を慎重に行う必要があります。

　裁判所としては、まず所持者から検証物提示命令の可否の判断に必要な上記事情について詳細に聴取することが必要ですが、聴取しても不明なところがあればいわゆるイン・カメラ手続（民訴法232条1項、223条6項）を実施することが考えられます。イン・カメラ手続とは、文書提出命令の申立てに係る文書が文書提出義務の除外事由に該当するか否かを判断するために必要があるときに、裁判所が所持者に文書の提示をさせ、裁判所だけがこれをみる手続です（証拠法大系4巻180頁〔金子修執筆部分〕）。

　裁判所は、イン・カメラ手続実施後、当該事故報告文書等につき、検証物提示命令の可否を判断することができる場合は、認容ないし却下決定をすることになりますが、イン・カメラ手続を実施しても、当該事故報告文書等の文書提出義務の有無を即断することができない場合は、イン・カメラ手続のために提示された文書を裁判所が一時保管することを定めた民訴規則141条を民訴規則151条が検証の目的の提示について準用しているので、当該事故報告文書等をいったん持ち帰ったうえで慎重に判断することが可能と思われます。

　裁判所に持ち帰る措置をとる場合、検証場所においては、民訴規則151条、141条により、当該事故報告文書等を持ち帰ることを調書に記載した

第2章　申立て　147

うえで証拠保全の期日を追って指定とすることになると考えられます。そして、持ち帰った後に検証物提示命令を認容するのであれば、続行期日を指定して証拠保全を実施することになり、却下するのであれば、不能として終局することになると考えられます。

4 　医療機関における事故報告文書等の証拠保全については、吉岡大地＝吉澤邦和「医療機関における事故報告文書等の証拠保全について」判時1895号3頁があるほか、裁判例として、東京高決平15.7.15判タ1145号298頁、岡山地決平15.12.26訟務月報51巻5号1261頁、広島高岡山支決平16.4.6判タ1199号287頁（上記岡山地決の抗告審）があります。また、事故報告文書等の文書提出命令を求めた申立てについての裁判例として、東京高決平23.5.17判タ1370号239頁があるほか、同決定に関する参考文献として山本和彦「国立病院における医療事故調査報告書の公務秘密文書（民訴法220条4号ロ）該当性」判タ1386号109頁、安西明子「文書提出命令（公務秘密文書）―医療事故報告書」ジュリスト1453号119頁がありますので、併せて参考にしてください。

第7節　費　用

Q35 証拠保全の費用

証拠保全にはどのような費用がかかるのですか。また、だれが負担するのですか。

　　申立手数料、送達費用としての執行官手数料および旅費、担当裁判官および書記官の旅費のほか、証拠調べに要する費用がかかります。

　費用は、申立人が予納し、最終的には本案訴訟の敗訴者が負担することになります。

・・・解・説・・・

1　訴え提起前の証拠保全の申立てには、申立て1個につき手数料500円の納付が必要です。これは申立書に収入印紙を貼って納めなくてはなりません（民事訴訟費用等に関する法律3条1項別表第1の17項イ(イ)、8条）。

　1通の申立書で検証と鑑定を申し立てるような場合には、申立ての個数は複数であり、その数に応じた手数料の納付が必要となります。

　また、証拠保全では、多くの場合、執行官送達が用いられるので、送達費用として、執行官の旅費および手数料を要することになります（執行官の手数料及び費用に関する規則3条1項および2項、36条1項）。

　さらに、裁判官および書記官が出張する場合の費用のうち、証人に支給する限度における旅費および宿泊料（日当は含みません）は、当事者負担となります（民事訴訟費用等に関する法律11条1項2号）。ただし、公用車を使用する場合等は、当事者に旅費の負担は生じません。

第2章　申立て　149

このほか、証拠調べに要する費用、例えば、証人の旅費・日当、鑑定料等や、相手方が不明で特別代理人が選任されたとき（民訴法236条）は、これに要する費用や報酬も当事者負担となります。

2　これらの費用は全て、申立人が予納しなくてはなりません（民事訴訟費用等に関する法律12条、11条2項）が、最終的には、訴訟費用の一部として本案訴訟の敗訴者が負担することになります（民訴法241条、61条）。これは、証拠保全が本案訴訟での証拠調べの先取りであり、本案訴訟における事実認定に必要であるとしてされるものである以上、実際に証拠保全の結果を利用する立場にある本案訴訟の裁判所が、最終的な負担者を定めるのが適当だからです。したがって、証拠保全決定においては、申立てを却下する場合でも、費用負担の裁判をすべきではありません（証拠法大系5巻174頁〔齋藤隆・阿閉正則・下澤良太・餘多分亜紀執筆部分〕）。

　一方、提訴前に証拠保全が行われたものの、本案訴訟に相当する訴えが提起されなかった場合または訴えが提起された後に訴状却下命令がされた場合については明文規定がありません。申立人があらかじめ支出した費用を相手方に負担させるには、別個独立の訴えによるべきとの説もありますが、多数説は、訴訟が裁判によらずに終結した場合（民訴法73条）に準じて、訴訟費用の負担の決定をし、額を定めるべきであるとしています（菊井＝村松Ⅱ734頁、コンメⅣ616頁、条解1297頁、注解(8)340頁、加藤新太郎＝松下淳一編『新基本法コンメンタール　民事訴訟法2』（日本評論社、2017）122頁）。

　本案訴訟が提起されない原因としては、訴訟外の和解（示談）が成立したことなどが考えられますが、そのような場合には証拠保全の費用等も含めて話合いが成立しているとすべきことが多いと思われますし、申立人が、証拠保全の結果、本案で勝訴の見込みがないと判断して提訴を諦めた場合や、単に提訴を怠っているような場合には、証拠保全の費用を相手方に負担させるのは妥当でないと判断される可能性が高く、また、そもそも訴訟が裁判によらずに終結した場合に準じて考えることができるかどうかにも問題があると思われます。

3　なお、郵券や執行官送達費用の予納がされなかった場合に、裁判所とし

てどのような対応をとるべきかが問題となりますが、民事訴訟費用等に関する法律12条2項については、その行為を行わないことができるだけでなく、積極的にその行為をしないことを決め、手続法上の措置をとることができ、申立て自体を排斥できると解されていること（菊井＝村松Ⅰ〔補訂版〕661頁、証拠法大系2巻291頁〔下里敬明・及川節子執筆部分〕）からすれば、証拠保全の実施に必要な費用の予納命令に応じない場合には、同項に基づいて証拠保全の申立てを却下しうると解されます。

Q36 訴訟救助

訴え提起前の証拠保全における訴訟救助の申立ては、どのように取り扱われますか。

理論上は訴え提起前の訴訟救助を認める説と認めない説がありますが、実際に認められた例は見当たりません。

・・・解・・説・・・

1 訴訟の準備および追行に必要な費用を支払う資力がない者またはその支払により生活に著しい支障を生ずる者に対しては、裁判所は、審級ごとに、申立てにより、裁判費用等の支払を猶予する訴訟救助の決定をすることができます（民訴法82条1項・2項、83条1項）。

訴え提起前の証拠保全において訴訟救助の決定をすることができるかという点について、これを許さないとする説は、証拠保全は本案訴訟の補助手続にすぎないことを理由とし、独立に救助の対象とすべきではないとします。

これに対し、救助の対象となる訴訟費用の中心は裁判費用であり、証拠調べの費用も裁判費用である点で費用の支払猶予の実益があること、証拠保全手続に緊急性が要求されること、手続的には本案の訴訟手続と離れて行われるものの、将来は一本化されるのであるから、証拠保全手続に訴訟上の救助を付与することは、いわゆる訴訟上の一部救助付与と同視できることからすれば、訴訟救助を認めるべきであるとも考えられます。

しかし、肯定説をとる場合には、相手方の不服申立権（民訴法86条）を害するおそれがありますし、訴え提起前の証拠保全における訴訟救助の手続について法律上の規定を欠くため、要件としての勝訴の見込み（民訴法

82条1項ただし書）をどのように考えるか、救助決定をして証拠保全を実施したものの本案訴訟がなかなか提起されない場合において取立決定をいつの段階でするか、本案訴訟が提起された場合は証拠保全裁判所と本案裁判所のどちらが取り立てるかなどの問題があります。

2　決定例としては、証拠保全における訴訟救助を認めないとする立場に基づく決定（否定説）に対する即時抗告で、東京高裁が肯定説に立ったうえで、①無資力の疎明がないこと、②抗告人が申し立てた証拠保全申立事件については民訴法234条所定の要件を満たすものとはいい難く、民訴法82条1項ただし書の要件を満たさないことを理由に、結論として原決定を維持した例がありました。

　ただし、実際には、このような訴訟救助の申立てがされる事例はきわめて少なく、また、訴訟救助の申立てがされた場合でも、訴訟救助の決定を相手方に送達すると証拠保全の意味がなくなってしまうことなどを理由として、取下げを促すのが一般的な運用のようです。

第3章
面　接

Q37 証拠保全決定の審理

証拠保全決定の審理はどのように行われますか。

A 　証拠保全決定の審理は、多くの場合、書面審理（書面上の申立てや陳述に基づいて審理する方式）と申立人の面接を併用する形で行われています。

解説

1 　証拠保全の申立てに対する判断は決定で行われますから、その可否についての審理は必ずしも口頭弁論を経る必要はありません（民訴法87条1項ただし書）。

　すなわち、証拠保全の申立てがされた場合、裁判所は、管轄権の有無（民訴法235条）、申立ての方式の適否（民訴規則153条）について審査し、この形式的要件を具備し、または、それが補正されたことを前提として、証拠保全の要件の存否（民訴法234条）について実質的な審理に入るのですが、その審理方式として口頭弁論を開くかどうか、当事者を審尋するかどうかを自由に決定することができます（民訴法87条1項ただし書・2項）。

2 　証拠保全決定の審理は、多くの場合、書面審理と申立人（またはその代理人。以下同じ）の面接（審尋）を併用する形で行われています。書面審理と併行して同時に口頭での説明を求めることは迅速処理の要請に最も適合していると考えられるからです。

　申立人の面接は、証拠保全申立事件が担当部に配点された後、担当書記官が申立人を適宜の方法により呼び出して行われます。ここでは、疎明資料の証拠調べ、申立書の記載のうち不明確あるいは不完全な部分について

の釈明が行われます。その法的性質は、申立人に対する口頭の審尋の一種であると解されます。口頭による審尋の場合、調書を作成しなければならないのが原則です（民訴規則78条において準用する民訴法160条。なお、民事保全規則8条参照）が、証拠保全決定の審理では、当事者に口頭で審尋した事項を後日書面に記載して提出してもらうことにより審尋内容を記録化し、調書を作成しないで済ませることもあります（菊井＝村松Ⅰ〔補訂版〕994頁）。この調書を作成しない取扱いについては、①この審尋は任意的なものであり、また、もともと審尋は適宜の方式で行えば足りるので、審尋の期日を開いたこと、または、期日の方式が遵守されたことを記録する目的で調書を作成する必要がないこと、②審尋手続においては、期日において提出されたもののみが訴訟資料となるという制約はないことから、期日に当事者から訴訟資料が提出されても、そのことを必ずしも期日の調書に記載する必要性はなく、当事者から提出された申立書その他の当事者の主張を記載した書面や疎明資料を記録に綴り込めば足りること、③常に調書の作成を必要とすると迅速な審理が困難になるおそれがあり、証拠保全の迅速性に反するおそれがあることからすると、例外的に審尋調書を作成しなくても違法とはいえないと思われます（最高裁判所事務総局民事局監修『条解民事保全規則〔改訂版〕』（司法協会、1999）57頁ないし58頁参照）。

Q38 面　接

面接では、どのようなことが行われますか。

　面接では、申立書の補足説明および疎明資料の原本確認のほか、証拠調べの具体的な実施方法および実施期日ならびに決定書および呼出状の相手方に対する送達方法等の事務的な打合せをします。

・・解・・説・・

1　面接では、申立人から、申立内容の補足説明を受け、必要があれば、申立内容や疎明資料の追完を求めることなどが予定されています（Q37参照）。裁判所は、面接に先立ち、補足説明や追完を求めたい事項をあらかじめ申立人に伝えておき、申立人はそれに対応した準備をしておくことが必要です。補足説明や追完を求められることが多い事項は次のとおりです。

　　まず、証拠保全の対象物の記載が包括的な文言による表示になっているため、具体的に何が含まれるのか一見して明らかでない場合、証拠調べの現場で疑義を生じさせないためにできるだけ具体的に特定するよう求められることがあります。

　　次に、証拠保全の対象物のなかに証すべき事実との関連性が明確でないものが含まれている場合、これについて補足説明を求められたり、対象物から外すことを求められたりすることがあります。1回の証拠保全で実施することができる証拠調べの分量にはおのずから物理的、時間的な限界があり、対象物の所持者の負担が重いと協力も得られにくくなりますから、申立人としても、必要性の高いものに絞って証拠保全の対象とするように心掛けるべきでしょう。

また、証拠保全の対象物の属性は、証拠保全の要件等を判断するうえで必ず考慮しなければならないものですが、専門用語による表示であるため、その属性を直ちに把握しにくいもの（商品先物取引における帳簿類等）については、補足説明を求められることがあります。文献等の資料があれば、あらかじめ用意しておくとよいでしょう。

　さらに、証拠保全の要件等を判断する一資料として、紛争の実態についての補足説明を求められることがあります。

　最近は、必要な情報が電磁的記録に保存される傾向が顕著になってきているので、証拠保全の対象物に電磁的記録も含む旨の注意書きを加えるように求められることもあります。

　なお、申立内容の追完の具体的方法ですが、申立書の訂正にとどまる程度であれば、正本と副本に訂正印を押して訂正を加えればよいでしょう。しかし、申立内容が大幅に変更されるような場合には、新たに申立書の補充書の正本と副本を提出してもらうことになります。

2　審尋の性質を有する面接においては、疎明資料の証拠調べが行われる（**Q37**参照）ので、申立人は疎明資料の原本を持参することが必要です。

3　面接においては、上記1および2で説明したことのほか、証拠保全の具体的な実施方法等の事務的な打合せも行われます。

(1)　証拠保全の具体的な実施方法には、①申立人が専門のカメラマンを同行してそのカメラマンが対象物を撮影するカメラマン同行方式、②裁判所職員がデジタルカメラで対象物を撮影するデジタルカメラ方式、③対象物を複写機によりコピーするコピー方式等があります。①の方式には、証拠をカラーで鮮明に保存することができるというメリットがある反面、費用が必ずしも低廉ではないというデメリットがあります（カメラマンがデジタルカメラを使用する場合には、データの誤消去の危険性もあります）。②の方式には、費用が低廉であるというメリットがある反面、カメラの性能や撮影者の能力によっては、カメラマン同行方式に比べ画質が劣る場合があるというデメリットがあります。また、③の方式には、安全で記録の確実性があるというメリットがある反面、費用が必ずしも低廉ではなく、また証拠のなかにはコピーに適さないものがあ

るというデメリットがあります。このように、それぞれの方式には、メリットおよびデメリットがあるほか、機材の整備等の問題もありますので、これらを考慮して方式を選択することになります。なお、東京地裁ではカメラマン同行方式とコピー方式が併用される例が多いようです。
(2) また、カメラマン同行方式を選択する場合には、個人情報の保護等の観点から、以下の点に注意する必要があります。
　ア　カメラマンの氏名および住所（連絡先）・所属等を確認し、人定を行います。
　イ　申立人（代理人またはその所属事務所）とカメラマンとの間の契約書に個人情報等の守秘義務等を盛り込むようにし、裁判所に対して必要に応じてその写しを提出する可能性があることをあらかじめ告知しておきます。ただし、現段階においては個人情報等の守秘義務等を盛り込んだ契約が締結される慣行が存在するとは必ずしもいえませんので、最終的には個々の判断によります。
　ウ　証拠保全手続は裁判所による証拠調べ手続であるので、カメラマンは、撮影の可否等を含めて、裁判所の訴訟指揮に従わなければならないことを申立人を通じて念を押しておきます。
(3) なお、その他にも、申立人が専門のカメラマンではなく、申立人代理人の所属する法律事務所の事務員を同行し、対象物を写真撮影するという方法がとられることもあるようです。このような方法のメリットとしては専門のカメラマンを利用することに比べて費用が低廉であるというメリットがありますが、他方で専門のカメラマンが撮影するのに比べると、証拠の状態を鮮明に残せないおそれがあり、写真撮影の方法によるメリットを十分に活かせないというデメリットも考えられます。また、上記(2)ウのとおり、証拠保全手続はあくまで裁判所による証拠調べ手続ですので、申立人代理人の所属する法律事務所の事務員といえども、申立人代理人の指示ではなく、裁判所の指示に従わなければならないことを十分に確認しておく必要もあると思われます。
(4) 電磁的記録を対象とする証拠保全の場合、証拠調べの方法について議論があり、現場での対処について十分検討しておくことが必要です（**Q**

71ないしQ75参照）。
- (5) そのほかにも、検証場所において検証を実施するにあたり、時間的な制約の有無や特別な器具、装備等の要否について具体的な場面を想定しつつ打合せをすることが肝要です。
- (6) 尋問を行うのであれば、通常の所在尋問等の場合と同様、実施場所の確保等の準備が必要です。例えば、証人の入院先の医療機関において尋問を行う場合、申立人は、病院内で独立した静謐な場所が証拠保全実施期日に確保できるかあらかじめ確認しておくなどの事前準備をしておかなければなりません。

4　面接においては、証拠保全の実施期日や待合せ場所の打合せが行われます。

　証拠保全実施期日については、実施時間の見込み、担当裁判官および担当書記官の弁論等の期日の有無等の都合、相手方の営業日や営業時間に注意して決定されます。特に、医療機関の場合、平日に休診日があることのほか、長期の休業期間や学会が開催される期間等に注意をしなければなりません。申立人は、相手方の営業日や営業時間をあらかじめ調査しておく必要があります。

　また、当日の申立人との待合せ場所、検証場所への交通手段、申立人本人の立会いの有無についても確認することが必要です。この際、申立人との連絡手段を確保する必要もありますし、検証場所がわかりにくい場合には、現場周辺の地図を申立人に用意してもらう例が多いようです（民事執行規則23条の2第3号参照）。

5　面接においては、送達方法の打合せが行われます。

　改ざんのおそれを証拠保全事由とする場合には、緊急性が要求されるため、証拠保全実施期日における執行官送達が通例となっています。東京地裁では、事案にもよりますが、証拠調べ開始時刻の1時間前に送達する例が多いようです。具体的な手続は、まず、面接に先立ち、執行官の予定を確認しておいたうえで、面接において、実施期日、証拠調べ開始時刻を決め、送達時刻（昼休み時間は避けるべきでしょう）を打ち合わせます。そのうえで申立人が執行官室に行って正式な依頼をする、ということになっ

ています。

　また、証拠保全実施期日における送達確認の方法も打ち合わせておくとよいでしょう。比較的よく行われているのは、執行官から送達実施直後に電話で報告を受けるという方法です。送達場所と証拠調べの場所とが離れているようなときは、送達が不奏功に終わった場合に、証拠保全期日を直ちに取り消すことができるように、申立人および執行官との連絡手段を確保しておくことが必須です。

6　裁判所または申立人が、証拠保全実施期日に司法修習生を同行する場合、それぞれ他方にその旨を一応断っておくのが相当です。

7　最後に、決定内容の見通しを示します。決定内容は裁判官が面接後に最終的に判断して確定することになるため、面接の段階ではあくまでも決定内容の見通しを示すということに注意し、確定的な決定内容を示したと受け取られないように注意すべきです。疎明資料等を追完してもらう場合には、それが提出されてから最終的に判断することになります。なお、証拠保全の要件を認めることができる場合であっても、検証物提示命令の発令については留保される場合があります。

Q39 文書や検証物の所持者による違い

文書や検証物を相手方が所持している場合と第三者が所持している場合とで何か違いがありますか。

A 文書提出命令（検証物提示命令）における第三者審尋の要否、決定主文（申立ての趣旨）の表現が異なります。

解説

1　民訴法223条2項は、「裁判所は、第三者に対して文書の提出を命じようとする場合には、その第三者を審尋しなければならない」と定めていますので、文書提出命令の場合に文書の所持者が第三者であるときは第三者審尋が必要です。また、検証物提示命令に関する民訴法232条1項は、上記の同法223条2項を準用しているので、検証物の所持者が第三者である場合で、証拠保全決定の段階で検証物提示命令を発令する場合には、第三者審尋が必要です（なお、証拠保全決定の段階で発令を留保していた第三者に対する検証物提示命令を検証場所で処理する場合の注意点等についてはQ55参照）。

審尋とは、裁判所が当事者その他の訴訟関係人に、書面または口頭で陳述する機会を与えることを意味します。文書提出命令（検証物提示命令）において第三者を審尋しなければならないとされているのは、陳述の機会を与えなければならないという意味であって、その機会を利用して陳述するか否かは第三者の自由であり、裁判所としても現実に陳述を聴いたうえでないと文書提出命令（検証物提示命令）の決定をすることができないという意味ではありません（審尋につき、菊井＝村松Ⅰ〔補訂版〕821頁、コンメⅣ481頁）。

2　また、文書や検証物を相手方が所持している場合と第三者が所持している場合とでは、決定主文（申立ての趣旨）の表現が異なります。

　例えば、診療録等の検証において、相手方である医療機関が所持する診療録等の検証の決定では「△△所在の相手方○○病院に臨み、相手方保管に係る別紙検証物目録記載の物件について検証する」となりますが、相手方でない医療機関が所持する診療録等の検証（例えば、当初入院した病院と転院先の病院とがあり、当初入院した病院のみを相手方として、転院先の病院が所持する診療録等を検証する場合）の決定では「△△所在の○○病院に臨み、○○病院保管に係る別紙検証物目録記載の物件について検証する」となります。

　したがって、申立書の申立ての趣旨もこれに応じて記載することになります。

　なお、「所持者」がだれかについては、**Q13**を参照してください。

第4章

決定および送達等

第1節 決　　定

Q40 当事者の記載の誤り

　相手方が個人であることを前提として発令したところ、その後、法人であることが判明した場合、また、その逆の場合はどうすればよいですか。また、決定書、呼出状に記載された相手方の氏名に誤りがあった場合はどうすればよいですか。

A　いずれの場合も、相手方の同一性が認められる場合は、更正決定により相手方の表示を更正したうえで証拠保全手続を実施することが考えられますが、相手方の同一性を明らかに認めることができない場合は、更正決定により対処することはできません。決定を申立人に告知した後、特に相手方に送達した後は、相手方の防御権の保障、訴訟手続の安定化の見地から、相手方を変更したうえで手続を実施することは難しいため、申立てを取り下げたうえで、再度の申立てをすることになるでしょう。

・・解・説・・

1　決定書において相手方と表示されている者以外の者に対して証拠保全を実施することはできませんから、相手方として個人が記載されている決定書によって法人に対して証拠保全を実施することはできませんし、その逆もまた同じです。また、相手方の誤った氏名が記載された決定書によって証拠保全を実施することもできません。そこで、当事者を判明した者に変更したうえで証拠保全手続を実施することができないかが問題となります。

2　まず、相手方の同一性が明らかに認められる場合は、決定に誤記その他これに類する明白な誤りがあるとして、更正決定（民訴法122条、257条1項）をしたうえで証拠保全手続を実施することが考えられます。しかし、発令前の段階とは異なり、発令後においては、証拠保全決定自体から相手方は一義的に定まっているので、相手方の同一性が認められるか否かの判断は慎重に行うべきでしょう。更正決定をした場合には、当事者に相当と認める方法で告知することになりますが（民訴法119条）、まだ決定書を送達する前であれば、決定書とともに更正決定を送達すればよく、既に決定書を送達した後であれば、当事者に口頭で告知したうえで調書に記載しておけば足りるでしょう。これに対し、相手方の同一性を明らかに認めることができない場合は、更正決定により対処することはできませんが、判明した者に相手方を変更することができるかが問題となります。決定を申立人に告知した後、特に相手方に送達した後は、相手方の防御権を保障し、訴訟手続の安定を図る必要性が高まるため、相手方を変更することは難しくなるでしょう。相手方の変更ができない場合には、申立人としては、申立てをいったん取り下げたうえで再度申立てをすればよいでしょう。申立人が取り下げない場合であっても、当該手続自体は不能として終了することになり、結局のところ、申立人としては、判明した者を相手方として再度申立てをすることになるでしょう。

Q41 証拠保全決定から実施期日までの当事者の死亡

執行官が検証実施前に相手方（個人）に送達しようとしたところ、相手方が、①申立てから証拠保全決定までの間に死亡していたことが判明した場合、また、②証拠保全決定後に死亡していたことが判明した場合、送達および検証実施期日はどのようにすべきですか。

A 申立人としては、いったん取り下げたうえで、相続関係を調査したうえで改めて相続人を相手方として証拠保全の申立てを行うことになりますが、特に急を要する場合には、裁判所は相手方のために特別代理人を選任したうえで証拠保全を実施することができ、特別代理人を選任する余裕もない場合には、相手方を呼び出さずに実施することもありえます。

解説

1 　設問の①のように、申立てから証拠保全決定までの間に相手方が死亡していたことが判明した場合は、申立人としては、証拠保全の申立てをいったん取り下げ、相続関係を調査したうえで改めて相続人を相手方として証拠保全の申立てをすることが考えられます。相続放棄の熟慮期間は、自己のために相続の開始があったことを知った時から3カ月ですから（民法915条1項本文）、通常であれば相手方が死亡してから3カ月経過後であれば相続人が確定することになりますが、熟慮期間の経過を待っていたのでは間に合わないような特に急を要する場合には、裁判所は、相手方となるべき相続人のために特別代理人を選任したうえで証拠保全を実施することも考えられます。この点に関し、民訴法236条は、相手方を指定することができない場合には相手方となるべき者のために特別代理人を選任したう

168　第2編　検証の方法による証拠保全（医療事件を中心にして）

えで証拠保全を実施することができるとしています。その趣旨は、将来訴訟を起こそうとしてもだれを被告としてよいか現在の時点ではわからないが、現在その証拠を保全しておかなければ、将来訴訟が係属した場合に、証拠調べができなくなるおそれがある場合に、当事者の権利を保護する必要があることにあります。そして、相手方が死亡して相続人がだれであるか現在の時点では不明である場合も、同様に当事者の権利保護の必要性が認められますので、この場合にも民訴法236条を適用するのが相当です。さらに、特に急を要し、特別代理人を選任する余裕もないような場合には、民訴法240条ただし書に基づき、相手方を呼び出さずに実施する余地もありますが、相手方の立会いの機会の保障の観点から、この点については慎重に判断すべきでしょう。

2　設問の②のように、証拠保全決定後証拠調べ期日までの間に相手方が死亡していたことが判明した場合でも、証拠保全決定の効力は失われません。しかしながら、証拠保全を行うためには相手方に送達がされていなければならず、送達は相手方に対して行わなければなりませんから、送達は不能とせざるをえず、証拠調べ期日は延期することになります。この場合は、相手方が死亡していたとの事実を調書に記載し、死亡の事実を証する書面を徴求するなどし、これを記録に編てつしておきます。

　そして、この場合にも、上記①の場合と同様に、相続関係を調査し、証拠保全の申立てをいったん取り下げ、相続関係を調査したうえで改めて相続人を相手方として証拠保全の申立てをすることが考えられ、特に急を要する場合には、相手方となるべき相続人のために特別代理人を選任したうえで証拠保全を実施することが考えられます。

Q42 証拠保全決定に対する不服申立て

証拠保全をする旨の決定に対して不服を申し立てることはできますか。証拠保全の申立てを却下する決定についての不服申立てについてはどうですか。

A 　証拠保全をする旨の決定（証拠保全決定）に対しては不服申立てはできません。証拠保全の申立てを却下する決定（申立て却下決定）に対しては抗告をすることができます。
　また、一部却下決定に対して抗告がされている場合には、証拠調べ期日の指定および実施について注意が必要な場合があります。

・・解・・説・・

1　証拠保全決定に対しては、不服を申し立てることはできません（民訴法238条）。証拠保全は緊急性が必要とされるので、不服申立てを認めていては手続の遅延を招き、その趣旨を没却してしまいますし、また、証拠保全決定に基づく証拠調べ自体は相手方に大きな不利益を与えないからです（条解1293頁、コンメⅣ611頁）。

2　申立て却下決定に対しては、通常の抗告をすることができます（民訴法328条）。なお、通常抗告には不変期間の定めはなく、抗告の利益がある限り、抗告をすることができます。
　　しかしながら、抗告審の審理中は証拠保全の手続を進めることができないため、申立人としては、証拠調べが緊急に行われる必要性があることを考慮して、抗告をせずに、疎明資料等を補充して再度証拠保全の申立てをすることもあるかと思われます。

3　一部却下決定（一部却下決定には、数種類の証拠調べのうちの一部の申

立てを却下する場合と、一種類の証拠調べにおける複数の対象物のうちの一部の申立てを却下する場合が含まれます）に対しても、却下部分につき抗告をすることができます。

　もっとも、証拠保全決定をした対象物についての証拠保全を抗告審の決定が出る前に実施する場合、決定書謄本（一部却下決定の記載があるもの）および申立書副本を相手方に送達するため、相手方に一部却下決定があることおよび却下された対象物の内容が知られてしまいます。そのため、場合によっては一部却下決定がされた対象物の改ざん・廃棄を誘発することになりかねません。このような事態が生ずると、抗告を認め、一部却下決定がされた対象物について上訴審で争う機会を与えた民訴法の趣旨を没却することになってしまいます。

　そこで、裁判所は、一部却下決定をするにあたっては、あらかじめ、申立人に対し、一部却下をする見込みの証拠調べまたは対象物に係る申立てを取り下げて、改めて物件目録（認容される見込みの対象物のみを記載した物件目録）を提出するよう勧告するのが相当です（なお、証拠保全の申立ての全部を却下する決定の場合には、相手方に告知をしない運用となっていることから、このような問題は生じません）。

　申立人は、このような勧告が裁判所からあった場合、①勧告に応じて、申立てを一部取り下げることにより一部却下決定の発令を防いだうえで、証拠保全決定がされた部分についてのみ証拠調べの実施を求めるか、②一部却下決定が相手方に知られることもやむをえないとして、証拠保全決定がされた部分について証拠調べの実施を求めるとともに、却下された部分について抗告をするか、③却下された部分について抗告をするとともに、証拠保全決定がされた部分について証拠調べ期日の変更申立て（期日を取り消し、抗告審の決定が出るまで期日は追って指定とすることを求める旨の申立て）をするか、④申立てを全部取り下げたうえで、疎明資料等を追完して改めて申立てをするなどの対応をする必要があります。

　なお、裁判所は、申立人が上記③を求めた場合、抗告審の決定が速やかに出ることが見込まれるときは、指定した期日を取り消して新たな期日を指定するかまたは追って指定とすることが考えられますが、抗告審の決定

がいつ出るかわからないときは、証拠保全決定がされた部分について期日変更をせずに予定どおり証拠調べを実施するなど、事案に応じて期日を変更するか否かを判断すべきでしょう。

4　申立て却下決定に対して抗告があり、原決定が不当であるとする場合、抗告審は、①自判するか、②差し戻す（(i)全ての要件の充足を認めたうえで、証拠調べを実施するために差し戻す。(ii)検討が必要な要件について審理を尽くさせるために差し戻す）ことが考えられます（広島地決昭61.11.21判タ633号221頁、大阪高決昭33.11.19下民集9巻11号2275頁、大阪高決昭56.10.14判時1046号53頁、東京高決昭56.12.24判時1034号95頁、大阪高決昭53.3.15労働判例295号46頁参照。検証物提示命令のみを却下した決定に対する抗告につき、東京高決平23.3.31判タ1375号231頁も参照）。

Q43 検証物提示命令に対する不服申立て

　検証物提示命令を求めたのに発令されなかった場合、これに対する不服申立てはできますか。検証物提示命令が発令された場合に相手方が不服を申し立てることについてはどうですか。

A　いずれの場合にも、即時抗告の申立てをすることができます。ただし、第三者に対する検証物提示命令については、相手方は即時抗告をすることができないと考えられます。

解説

1　検証物提示命令の申立てについての決定に対しては、即時抗告をすることができます（民訴法232条1項、223条7項）。即時抗告の申立ては、裁判の告知を受けた日から1週間の不変期間内に書面で行うことが必要とされます（民訴法332条、331条、286条1項。なお、旧民訴法416条も参照）。

2　この決定には、却下決定だけでなく、認容決定も含むとされていますので、検証物提示命令が発令された場合に、相手方が不服を申し立てる場合にも、即時抗告の申立てを行うことになります。もっとも、検証物の所持者が第三者である場合、かかる検証物の所持者ではない相手方は、第三者に対する検証物提示命令について即時抗告をすることができないと考えられます（検証については、民訴法232条1項において、同法223条7項などの文書提出命令に関する規定を準用していますが、第三者に対する文書提出命令について相手方による即時抗告の利益を否定した例として、最決平12.12.14民集54巻9号2743頁があります）。

3　なお、検証物提示命令をあらかじめ発令したところ、現場で相手方から

検証物提示命令に対する不服が口頭で述べられた場合については、Q58を参照してください。

第2節 送　達

Q44 送達書類

　証拠保全決定をした場合に送達される書類には何がありますか。相手方に対する呼出状の送達ができなかった場合、どうすればよいですか。

A　　送達される書類としては、①決定書謄本、②証拠調べ期日の呼出状、③申立書副本、④疎明資料があります（コンメIV612頁、証拠法大系5巻197頁〔齋藤隆・阿閉正則・下澤良太・餘多分亜紀執筆部分〕）。

　また、相手方に対する呼出状の送達ができなかった場合は、期日を変更し、再度送達からやり直す必要があります。

解　説

1　証拠保全決定は、当事者に対し、「相当と認める方法」で告知することによって効力が生ずるものであるところ（民訴法119条）、この告知は、一般的には、決定書を作成してその謄本を送達する方法によって行われます（実務上、正本を送達する例もあるようですが、民訴規則40条1項には「送達すべき書類は、特別の定めがある場合を除き、当該書類の謄本又は副本とする」と規定されており、証拠保全決定について、ここにいう特別の定めは存在しないことからすれば、謄本を送達する方法によるのが相当でしょう）。

　したがって、送達される書類としては決定書謄本があげられます。

　証拠保全は証拠調べを行う手続ですから、当事者双方に立会いの機会を保障するため、証拠調べ期日の呼出状も決定書謄本と併せて送達します（民訴法240条、94条）。

また、事案の概要を知らせるため、相手方に対し、申立書副本、補充書および疎明資料等の証拠保全にあたって申立人から提出された書類も同時に送達するのが通常です。そこで、申立人からこれらの書類が追加される場合には、あらかじめその副本も提出してもらうことが相当でしょう。

　ただ、相手方には、証拠保全決定に対する不服申立権がなく、申立書や疎明資料等を送ることは法的義務ではないうえ、申立書や陳述書等の内容によっては、これを送達することでかえって相手方の感情的反発を招き、証拠保全の実施に際して協力を得にくくなるといった弊害も懸念されます。したがって、そのような弊害が懸念される場合には、個々の（裁判官の）判断としてあえてこれらの書類を送達しないという扱いも考えられます。

2　証拠保全は証拠調べを行う手続ですから、相手方の立会いの機会を保障するため、期日の呼出しを行うことが重要です。相手方に証拠調べ期日の呼出状の送達をせずに証拠調べを行うことは相手方の立会いの機会を奪うことになりますから、違法であって、実施された証拠調べも無効になります（東京地判昭35.9.27判時238号26頁参照。なお、呼出しをしないで証拠調べを実施し、その証拠調べの結果を本案の訴訟において援用したとき、相手方が遅滞なく異議を述べないと、責問権の放棄によってその瑕疵が治癒されると解されています〔大判昭13.5.24民集17巻12号1063頁〕）。

　したがって、送達担当の執行官が臨場した際、相手方がたまたま昼休みで不在だったりしたため証拠調べ期日までに送達ができていない場合には、そのまま期日を実施しても証拠調べとしては無効ですから、期日を変更し、再度送達からやり直す必要があります。送達ができていなくても、現場で相手方が任意に検証等の対象物を提出したため、証拠保全の申立てが取り下げられたような場合には、再度送達する必要はありませんが、現場で実施されたのは、申立人と相手方との間の証拠保全手続外のやりとりにすぎず、調書上は何も残せません。

　もっとも、民訴法240条ただし書は、急速を要する場合は呼出しを行わなくてもよいと規定し、これが適用される場合にはそのまま証拠調べ期日を実施できますが、当該規定は、証人尋問で証人となるべき人物が危篤状

態にあるときなど、きわめて限定的な場面でしか適用されないことに注意する必要があります。

　なお、相手方の所在が不明であるなどの理由により期日を変更しても再度送達できる見込みがなく、かつ、相手方が検証等の対象物の所持者であってたとえ公示送達をしたとしても結局証拠調べが不能となることが明らかな場合には、証拠保全の申立て自体を取り下げることになるでしょう。

3　検証場所が相手方住所地である場合において、相手方の住所が変わっており、送達が奏功しなかった場合、住所を新住所として送達をし直しても、従来の検証場所と新住所は異なる以上、「計算違い、誤記その他これらに類する明白な誤り」とはいえず、更正決定（民訴法257条1項）により対処することはできないので、申立人としては、申立てを取り下げ、改めて申立てをし直すほかないでしょう。

4　なお、証拠保全の申立てを却下する決定については、相手方に送達しないのが実務の運用です。

Q45 執行官送達と郵便送達

証拠保全決定の相手方に対する告知は執行官送達で行うのが普通ですか。郵便送達で行うことはないですか。

 改ざんのおそれを理由に検証するような場合には、執行官送達で行うのが普通です。

執行官送達によらなければ証拠の保全が不可能または著しく困難になるとはいい難い場合には、郵便送達をすることもありえます。

解説

1　証拠保全決定の告知は、一般的には決定書を作成してその謄本を送達する方法によって行いますが（**Q44**参照）、送達は、特別の定めがある場合を除き、郵便または執行官によって行います（民訴法99条1項）。

そもそも証拠保全の趣旨は、本来の訴訟手続のなかで証拠調べが行われるまで待っていたのでは、証拠調べが不可能または困難になるおそれがある場合に、あらかじめ証拠調べをして将来その結果を利用できるようにする点にありますから、送達と証拠調べとの間にはできるだけ時間的間隔をおかないほうがよいという要請が存在します。かかる要請は、改ざんのおそれを理由に検証をする場合には特に強いといえます。しかし、他方で、相手方に立会いの機会を保障し、かつ、検証すべき書類を検証前にあらかじめ用意させておくなど、相手方にも準備の時間を与える必要があります。送達の時間が不安定で確実には予測できない郵便送達の方法よりも、事実上送達時刻を裁判所の側で指示することができ、実際にもその送達時刻を予測することができる執行官送達のほうが、これらの要請を充足することから、改ざんのおそれを理由に検証するような場合、証拠保全決定の

相手方に対する告知は、執行官送達で行うのが通常です（証拠法大系5巻197頁〔齋藤隆・阿閉正則・下澤良太・餘多分亜紀執筆部分〕、大竹たかし「提訴前の証拠保全実施上の諸問題—改ざんのおそれを保全事由とするカルテ等の証拠保全を中心として—」判タ361号77頁、林圭介「証拠保全に関する研究」民訴雑誌37号34頁）。

2　執行官による送達は、改ざんのおそれを理由に検証するような場合、指定した期日（証拠調べの開始時刻）の約1時間から1時間30分前に行われることが多いようです。事務所所在地が検証場所から遠隔地にある場合には、送達時刻の指定に配慮が必要なこともあります（**Q48**参照）。

　　なお、証拠調べ期日を午後1時30分と指定した事件について、執行官による送達の時刻を午後零時30分とする例が散見されますが、正午を過ぎると、送達書類の名宛人ないしその事務取扱者が外出等の理由により送達場所にいなくなってしまい、送達事務に支障を生じることが考えられます。かかる事態を防止するため、証拠調べ期日を午後1時30分と指定した事件についても、執行官による送達の時刻を正午とするのが相当です（実際には、執行官はその10分前頃に臨場することになります）。この点に関し、送達の名宛人がいつ所在しているかわからない場合において、送達前に申立人が電話で名宛人が所在することを確かめたうえで、送達をした事例もあるようです。

　　なお、執行官送達を行う場合、東京地裁では、証拠保全申立事件の担当書記官から執行官に送達の依頼を行う運用が一般的ですから、遅くとも実施期日の1週間前までに送達を要する書面を担当書記官に交付しておく必要があります。また、証拠保全の日程を決定する前に、事前に書記官から執行官に連絡をとり、送達の可否を確認しておくとスムーズです。

3　郵便送達が考えられる場合としては、以下の例があげられます。
⑴　保管期間の経過等による廃棄のおそれを理由として書証の方法による証拠調べを行う場合
　　執行官送達の方法によるべき必要性がないので、通常は郵便送達の方法で行われているようです。
⑵　申立人の賃借している建物内部について、検証の方法による証拠調べ

を行う場合

　検証時までに具体的な改ざんのおそれはないと考えられるので、証拠調べ直前に送達を行う必要はありません。相手方の立会いの機会の保障を考慮すれば、証拠調べ期日の1週間程度前に郵便送達の方法によって期日の呼出しを行うというのが相当であるといえます。

(3)　証人尋問を行う場合

　証人に対する働きかけにより供述内容が変更されるおそれがあることは、証拠保全の事由には当たらないと考えられること（大阪高決昭38.3.6判タ147号106頁、コンメIV600頁、証拠法大系5巻188頁〔齋藤隆・阿閉正則・下澤良太・餘多分亜紀執筆部分〕。ただし、本来の証拠価値を発揮することが困難であるという点で文書の改ざんのおそれがある場合と同様であるとして、証拠保全事由該当性を肯定する有力な反対説（条解1285頁等）があります）、相手方が反対尋問を行う機会を保障する必要があること等の理由から、相当の時間的余裕を持たせたうえで、郵便送達の方法による期日の呼出しを行うことになるでしょう（注釈(7)316頁、大竹たかし「提訴前の証拠保全実施上の諸問題―改ざんのおそれを保全事由とするカルテ等の証拠保全を中心として―」判タ361号78頁）。

Q46 公示送達

相手方の住居所および就業場所がわからない場合、送達はいかなる方法で行いますか。

A 公示送達（民訴法110条）を行うことになります。

解説

1 証拠保全を行う場合、証拠保全決定の告知（民訴法119条）は、決定書謄本を送達して行うのが通常です。また、期日の呼出しは、呼出状を送達して行う必要があります（民訴法240条、94条）。

これらの送達にも送達の一般原則が適用されますから、相手方の転居等により、その住居所および就業場所が不明の場合には、原則として公示送達を行うことになります。

「当事者の住所、居所その他送達をすべき場所が知れない場合」（民訴法110条1項1号）に当たるとして公示送達を行う場合には、①受送達者の最後の住所等の場所、②最後の住所等に受送達者が居住または存在しないこと、③就業場所がないことまたは就業場所が判明しないことを確認する必要があります。一般的には、住民票、戸籍附票など公的機関作成の証明資料により①を、住所等について当事者が作成した調査報告書および第三者作成の証明資料により①および②を、就業場所についての当事者作成の調査報告書により③を確認しているようです（裁判所書記官研修所監修『新民事訴訟法における書記官事務の研究Ⅱ』（司法協会、1998）136頁参照）。

2 なお、証人が死に瀕している場合や事故現場を急きょ保全しなければならない場合などでは、公示送達の効力が発生する2週間の経過（民訴法

112条1項本文）を待つ余裕がありません。

　このような場合は、民訴法240条ただし書にいう「急速を要する場合」に当たり、証拠調べ期日の呼出しは不要です。

　また、①このような場合にも証拠保全決定の告知を要するとすれば、呼出しを不要とした法の趣旨を没却すること、②証拠保全決定に対しては不服を申し立てることができず（民訴法238条）、告知がなくとも相手方の不利益は必ずしも大きくないことに鑑みれば、民訴法240条ただし書は、呼出しのみならず、相手方に対する証拠保全決定の告知も不要とする趣旨を含むものと解されますから、「急速を要する場合」には、証拠保全決定の告知は申立人に対してのみ行えば足りると考えられます。

　したがって、かかる場合には、決定書謄本および呼出状につき公示送達をする必要はありません。

3　相手方の意義については**Q6**を、相手方の住居所および就業場所がわからない場合の相手方の記載ならびに要急性がある場合の取扱いについては**Q11**を、それぞれ参照してください。

Q47 第三者が検証物を所持する場合の証拠保全決定の送達先

第三者が検証物を所持している場合、証拠保全決定を検証物の所持者にも送達する必要がありますか。

A 　第三者である検証物所持者に対し、証拠保全決定を送達する必要はありません。ただし、証拠保全を円滑に行うために、第三者である検証物の所持者に対しても、連絡を行っておくのが相当です。

解説

1　証拠保全決定は、原則として証拠保全の申立人および相手方に告知する必要があり、この告知は、通常、申立人および相手方を名宛人とする決定書謄本を送達してなされるところ、送達は、送達書類の名宛人に対して行うものですから、相手方でない検証物の所持者に対し、証拠保全決定を送達する必要はありません。

　しかし、実際に検証を行う場合には、第三者である検証物の所持者に対して協力を求めることになるので、第三者の準備の都合上、相手方に対する送達が完了したことを確認した後、第三者に対しても速やかに電話やファクシミリ等で証拠保全が実施される旨を連絡するのが相当です。また、相手方と第三者との間に全く人的関係がない場合などには、証拠保全を円滑に実施するため、第三者に対しても決定書謄本の送達の方法によって連絡を行うことを検討するのが相当な場合があると思われます。

2　なお、第三者である検証物所持者に対して検証物提示命令が出される場合は、その第三者は、審尋を受けたうえで（民訴法232条1項、223条2項）、検証物提示命令を告知されるのであり、証拠保全決定の存在を事実

第4章　決定および送達等　183

上知っていますから、改めて証拠保全が実施される旨を連絡する必要はないでしょう。

Q48 病院を開設する相手方が法人である場合の送達先

　病院または診療所を検証場所とする証拠保全において、病院等を開設する相手方が法人である場合、どこに送達すればよいのですか。特に、法人の主たる事務所の所在地と検証場所の病院等が遠隔地にある場合はどちらに送達すればよいですか。

A　原則として、法人の代表者を名宛人として、法人の主たる事務所の所在地に送達すべきですが、病院等が「営業所」（民訴法103条1項ただし書）に当たるとして、その所在地に送達することが可能な場合もあります。
　法人の主たる事務所の所在地と検証場所の病院等が遠隔地にある場合も同様です。もっとも、この場合、相手方の立会いの機会に十分配慮する必要があります。

解説

1　送達は、原則として、送達書類の名宛人に対して行います。
　例えば、相手方の病院等が、院長の個人病院である場合は、名宛人である個人の住所地に病院等が存在し、その病院等が証拠調べの場所であることが多いので、名宛人の住所地に送達すれば足りることが多いでしょう。
　相手方が学校法人、宗教法人、医療法人等の法人である場合は、その主たる事務所の所在地と証拠調べの場所である病院等の所在地とが別であることがあります。法人に対する送達は、その代表者に宛ててしなければなりませんから、この場合についても、原則として法人の主たる事務所の所在地に送達すべきであるということになります。ただ、病院等を民訴法103条1項ただし書の「営業所」と解することも可能な場合もあると思わ

れますので、その場合には病院等に送達することも可能でしょう（詳しくは、**Q49**、**Q50**を参照してください）。

　なお、別の問題ですが、そもそも登記簿上の本店所在地とホームページに記載された本店所在地とが食い違っている場合などには、申立人に送達先として相当な場所を調査させたうえで、送達場所変更申出書を提出させることも考えられます。

2　以上のように法人の代表者を名宛人として主たる事務所の所在地に送達するとしても、あらかじめ検証場所となる病院等に証拠保全を行うことを知らせておかないと、病院側では事前に準備ができず、証拠保全の実施にあたって混乱を招いてしまう可能性がありますから、そのような場合、決定書の副本等をファクシミリで送信するなどして（ファクシミリの番号の確認は、申立人に依頼してホームページ等で調査してもらう方法、相手方の医事課等に尋ねる方法などにより行うことが考えられます）、検証場所となる病院等にあらかじめ連絡しておくべきでしょう。その際、病院等への連絡は主たる事務所の所在地への送達が確認できた後に行うように注意してください。

　また、主たる事務所の所在地が検証場所の病院等から遠隔地にある場合には、相手方の立会いの機会の確保のため、証拠調べ開始時までに相手方が検証場所に行けるだけの時間を見積もったうえで送達するように配慮する必要があります。

3　なお、独立行政法人国立病院機構法に基づき平成16年4月1日から独立行政法人国立病院機構（国立病院機構）が発足したことに伴い、従来、国が開設し、厚生労働省が所掌していた国立病院、国立療養所および国立高度専門医療センター（国立病院等）のうち、国立高度専門医療センターおよび国立ハンセン病療養所を除く154の病院が国立病院機構に移管されました（なお、その後の病院の統廃合等により、国立病院機構が所管する病院数は、平成25年5月現在、143となっています）。そして、その後、「高度専門医療に関する研究等を行う独立行政法人に関する法律」（平成20年法律第93号）に基づき、平成22年4月1日から、国立高度専門医療センターの六つの組織がそれぞれ独立行政法人（独立行政法人国立がん研究セ

ンター、独立行政法人国立循環器病研究センター、独立行政法人国立精神・神経医療研究センター、独立行政法人国立国際医療研究センター、独立行政法人国立成育医療研究センター、独立行政法人国立長寿医療研究センターの六つ。以下、これらを総称して「国立高度専門医療研究センター」という）に移行したことに伴い、その所管の各病院も、各独立行政法人に移管されました。また、従前の国立大学付属病院についても、国立大学法人法により、各国立大学が広義の独立行政法人である国立大学法人となったことから、従前、国が開設し、文部科学省が所掌していた病院が各国立大学法人に移管されました。

　したがって、これらの各病院を検証場所とする証拠保全の場合、基本的には医療法人や学校法人が開設する病院の場合と同様に考えてよいはずです。

　しかしながら、国立病院機構については、一法人が全国に143もの病院を保有しており、主たる事務所における訴訟事務の処理態勢に特有の問題がありますから、この点を考慮する必要があります（同機構所管の病院を検証場所とする証拠保全決定の送達場所についてはQ49を参照してください）。

　一方、国立高度専門医療研究センターおよび国立大学法人については、国立病院機構とは異なり、それぞれのセンターまたは大学が別個の法人格を有しており、その訴訟事務の処理態勢も私立の医療法人または学校法人と大差がないとみられますので、これと同様に、各法人の主たる事務所を送達場所とし、その代表者である理事長または学長宛に証拠保全決定を送達すれば足りるものと考えられます。なお、この場合も、主たる事務所と病院が離れているときには、主たる事務所への送達を確認した後、証拠保全決定等を事実上当該病院にファクシミリで送信するなどして、あらかじめ連絡しておくのが妥当なことが多いでしょう。

　以上のうち、主に国立病院機構について詳しくは、東京地方裁判所証拠保全・収集処分検討委員会「独立行政法人国立病院機構に対する証拠保全決定の送達について」（判時1853号3頁）を参照してください。

Q49 検証場所が旧国立病院である場合の送達場所

検証場所が、従来、国が設置・開設し、厚生労働省が所掌していた国立病院等である場合はどこに送達すればよいですか。

 国立ハンセン病療養所を検証場所とする場合は、法務省、法務局または地方法務局に送達するのが原則です。また、国立高度専門医療研究センター所管の病院を検証場所とする場合は、一般の法人と同様、各独立行政法人の主たる事務所を送達場所として送達するのが原則と考えられます。

国立病院機構所管の病院を検証場所とする場合は、各病院を送達場所として送達するのが相当と考えられます（送達書類の名宛人は国立病院機構の代表者である理事長です）。

解説

1 国を当事者とする訴訟では、国を代表する法務大臣が受送達者となります（国の利害に関係のある訴訟についての法務大臣の権限等に関する法律1条）。

したがって、独立行政法人国立病院機構法および高度専門医療に関する研究等を行う独立行政法人に関する法律施行後においても、国立ハンセン病療養所を検証場所とする証拠保全決定の場合は法務省、法務局または地方法務局に送達するのが原則となります。

では、Q48で述べたように病院を「営業所」（民訴法103条1項ただし書）と解釈して病院に送達することが可能でしょうか。

この点、①広島高判平3.1.31判タ753号222頁は、「国を当事者とする訴訟にあっては法務大臣が国を代表し、その事務は法務省が所掌し、その下

部行政機関である法務局及び地方法務局が分掌するのであって、その他の国の機関は右訴訟に関する権限を有しないし、法務大臣は当然には他の国の機関の職員を指揮して右訴訟に関する事務を取り扱わせることはできないのであるから、法務省またはその下部行政機関である法務局及び地方法務局以外の国の機関の事務所は、（編集者註：旧）民訴法169条1項ただし書にいう『本人の営業所又は事務所』には該当しないものと解するほかない」と判示しており、この判決は、最判平3.12.5訟務月報38巻6号1029頁において維持されていること、②法務局、地方法務局が各都道府県に存し、訟務部または訟務部門が訴訟に関する事務を専門的に取り扱っていることからすると、送達の効力に疑義を残さないためにも、法務省、法務局または地方法務局を送達場所とすることが相当といえます。

　なお、実務的には、証拠保全決定等を事実上当該病院にファクシミリで送信するなどしてあらかじめ連絡しておくのが相当であることは、**Q48**で説明したとおりです。

2　これに対し、従来、国が設置・開設し、厚生労働省が所掌していた国立病院等のなかでも国立病院機構所管の病院を検証場所とする証拠保全決定の送達場所については、これと同様に考えてよいか問題があります。

　国立病院機構の事務所としては、東京都目黒区に所在する本部のほか、全国6カ所にブロック事務所（北海道東北ブロックは仙台市、関東信越ブロックは東京都目黒区、東海北陸ブロックは名古屋市、近畿ブロックは大阪市、中国四国ブロックは東広島市、九州ブロックは福岡市にそれぞれ所在します）がありますが、①本部は、国立病院機構の主たる事務所であり、送達場所として適格性を有することが明らかではあるものの、同所には常勤の職員（訟務担当者）が必ずしも多く配置されておらず、証拠保全決定の送達を受けても、即座に検証場所である病院に連絡をとるなど、迅速な対応ができるか否かは疑問があること、②各ブロック事務所についても、人事管理や労務管理など、病院共通業務の実施等の機能を有しており、その機能に照らして考えると、民訴法103条1項本文にいう「事務所」に該当すると解されるものの、常勤の職員（訟務担当者）の態勢が本部よりもさらに小規模であるために、証拠保全決定の送達を受けても、即時の

対応をとれるか否かは疑問があること、③国立病院機構は、「医療の提供、医療に関する調査及び研究並びに技術者の研修等の業務を行うことにより、国民の健康に重大な影響のある疾病に関する医療その他の医療であって、国の医療政策として機構が担うべきものの向上を図り、もって公衆衛生の向上及び増進に寄与することを目的」（独立行政法人国立病院機構法3条）とするものですから、同機構所管の各病院は、医療の提供等の業務を行う営業所または事務所に該当するものであり、送達場所たりうるものと考えられること、④保全すべき診療録等は通常は各病院に保存されており、各病院には訴訟を含む事務処理のために相応の人員が配置されていますから、証拠保全決定の送達場所としての妥当性にも問題がないこと等を考慮すれば、証拠保全決定については、各病院を送達場所として、代表者（理事長）に宛てて送達するのが相当というべきでしょう。

　以上の諸点について詳しくは、東京地方裁判所証拠保全・収集処分検討委員会「独立行政法人国立病院機構に対する証拠保全決定の送達について」（判時1853号3頁）を参照してください。

3　なお、従来、国が設置・開設し、厚生労働省が所掌していた国立病院等のうち、国立高度専門医療研究センターである六つの独立行政法人所管の病院を検証場所とする証拠保全決定の送達場所については、各独立行政法人所管の病院は一つまたは二つにすぎず、国立病院機構について上で述べたような問題点は生じないと考えられますから、私立の医療法人と同様に、主たる事務所を送達場所とすることが原則と考えられます（**Q48**参照）。

Q50 検証場所が公立病院である場合の送達場所

公立病院における検証を行う場合はどこに送達すればよいですか。

A 公立病院を検証場所とする証拠保全を行う場合、証拠保全決定は都道府県庁または市役所等を送達場所として送達するのが原則です。

解説

1 地方公共団体を当事者とする訴訟では、地方公共団体を代表する長（地方自治法147条）が受送達者となり、送達場所は地方公共団体の事務所所在地になります（民訴法37条、103条1項ただし書）。地方公共団体の長は、都道府県庁または市役所等に所在すること、訴訟事務を主に取り扱う部署は、都道府県庁または市役所等にあること等を考慮すると、公立病院を検証場所とする証拠保全決定を行う場合、証拠保全決定は都道府県庁または市役所等に送達するのを原則とすべきでしょう。

この点に関し、公立病院を送達場所とすることができるかについては、問題があります。

地方公共団体に関しては、国の利害に関係のある訴訟についての法務大臣の権限等に関する法律（以下「法務大臣権限法」という）の適用がないこと、民訴法103条1項ただし書の「営業所又は事務所」は、同法5条5号に定められている「事務所又は営業所」と同義と解されていて、自然人、法人または法人でない社団・財団の、独立して取引をなしうる事務所または営業所をいい、営業のなかには非営利的事業も含む、すなわち病院も含まれると解するのが通常であることからすれば、公立病院を送達場所とすることも可能と解されます（法務大臣権限法の適用がある旧国立病院の一部を国の「営業所」とみることができるかについては、**Q49**を参照し

てください)。

　しかしながら、上記のとおり訴訟事務を主に取り扱う部署は都道府県庁または市役所等にあることや、地方公共団体および公立病院の規模、態勢等を考慮すれば、公立病院が「営業所」であると認められる場合であっても、検証場所となる病院ではなく、都道府県庁等を送達場所として送達するのが相当である場合が多いと考えられます。

　なお、都道府県庁等に送達する場合であっても、証拠保全を円滑に実施するため、病院に対し、証拠保全を行うことをあらかじめ連絡しておくことが相当でしょう。具体的方法については**Q48**を参照してください。

2　地方公共団体の経営する企業のうち病院事業については、地方公営企業法（昭和27年法律第292号）のうち財務に関する規定等（以下「財務規定等」という）が当然に適用されますが（同法2条2項）、同法においては、条例により、財務規定等に加え、財務規定等を除く地方公営企業法の規定を適用することが認められています（この場合、同法の全部が適用されることになります。同条3項）。同法の全部が適用された場合には、原則として同法7条所定の管理者が置かれ（ただし、条例で管理者を置かない扱いとすることもできます）、この場合には、病院事業の執行に関し（事業の執行に関する訴訟の追行も含まれると解されます）、管理者が当該地方公共団体を代表することとなる反面（同法8条）、自治体の長が代表権限を失うことになるので注意が必要です。

　かかる場合の証拠保全決定等の送達は、原則として、代表者である管理者の所在する事務所を送達場所として行うべきですが、管理者の所在場所を把握するのは必ずしも容易でない場合がありますから、そのような場合には、検証場所となる公立病院を送達場所として送達することが考えられます（民訴法103条1項ただし書）。

　病院事業に地方公営企業法の全部を適用している地方公共団体の名称、当該地方公共団体における病院事業の管理者設置の有無および設置された管理者の名称等については、各地方公共団体に問い合わせるか、当該病院および公益社団法人全国自治体病院協議会のホームページを参照するなどして検索してください。

第5章

証拠調べの実施等

第1節　事前準備

裁判所および申立人の準備

証拠保全に行くための事前準備としては、どのようなことをすればよいですか。

　裁判所および申立人は、証拠保全をどのように実施するかについて計画を立て、必要な携行品等をチェックすることになります。

解説

1　裁判所

携行品に関しては、証拠調べの記録化に必要なデジタルカメラ、記憶媒体、現場でデータを保存するためのノート型パソコン、カメラを固定する三脚、測量器、録音機のほか、病棟日誌等に他の患者の記載がある場合に備えて付箋やマスキングテープを用意します。また、留置命令を発した場合、持ち帰る対象物につき記載した書面の交付を求められる可能性がありますから、その場合に備え、あらかじめ職印を押した留置物受領書の用紙を準備する必要があります（留置物受領書の記載例については、**Q70**を参照してください）。そのほかに、身分を証明するもの（身分証明書やバッジ、名刺等）も必要です。事案によっては関係法令や注釈書等を持参する必要のある場合もあります。

なお、カメラマン同行方式による場合であっても、証拠保全の現場でカメラマンによる写真撮影を拒否される事態が考えられますから、デジタルカメラやその付属機器等を持参し、記録化に支障が生じないように備えておくべきです（**Q38**、**Q66**も参照）。

また、デジタルカメラ方式による場合には、事前にリハーサルをするなどして、撮影の手順、写り具合等を確認しておくべきでしょう。
　　証拠調べを行う場所がどこにあるか、最寄りの駅はどこか、交通手段として何を用いるかは事前に入念にチェックしておく必要があります。
2　申立人
　　裁判所との打合せにより、ハンディコピー機等記録化のための機器を準備する必要が生ずる場合があります。
　　また、カメラマン同行方式による場合には、申立人の側で個人的にカメラマンを依頼する場合がほとんどです。
　　その他、裁判所職員が公共交通機関を用いて証拠保全の実施場所に赴く必要がある場合などには、その旅費等について費用の予納が必要となることがあります。
3　事前の面接に関する準備については**Q38**を参照してください。

第2節　検証場所等における対応

Q52　検証場所等における趣旨説明

検証場所等で証拠保全の趣旨説明をする際には、どのような点に気をつければよいですか。また、相手方が拒絶した場合にはどのように対応すればよいですか。

A　証拠保全の趣旨説明の際には、証拠保全とは、あくまでも将来のために証拠の現在の状態を保全する手続であり、証拠の現在の状態を保全しておくことは、相手方の利益にもなることを説明して、理解を得られるように努めるべきです。また、検証物提示命令を発令している場合には、拒絶した場合に相手方が被る不利益を説明することになります。説得にもかかわらず相手方が拒絶した場合には、拒絶する理由を調書にとどめたうえで、検証不能として終了することになります。

解説

1　証拠保全にあたっては、まず、相手方に警戒心を解いてもらうよう努めることが重要となります。手続上やむをえないとはいえ、1時間くらい前に突然決定書が送達されてきて裁判所の人たちが来るということになるので、反発を受けることもありうるからです。そのために、裁判所としては、証拠保全の趣旨を説明することになりますが、証拠保全の趣旨等について記載した書面（後掲文例参照）を、あらかじめ決定書等とともに送達しておくという方法をとっておくのもよいでしょう。相手方に対する趣旨説明の際には、証拠保全というのは、相手方を糾弾したり相手方の過失の有無を調べたりしに来たのではなく、あくまでも、将来のために証拠の現

在の状態を保全する手続であり、証拠の現在の状態を保全しておくことが、もし後で訴訟になったときに相手方の利益にもなることを説明して納得してもらえるよう努めることになります。相手方が拒絶する場合には、なぜ拒絶しているのかがわかれば、その点を説明するなどして納得してもらうことにもつながりますので、拒絶する理由を確かめたうえで説明をすることになるでしょう。申立人および申立人代理人としても、証拠保全の制度趣旨や上記の点に十分配慮して、裁判所が説得に努めているときに、決して相手方を糾弾したりしないような姿勢で臨むのが相当です。

2 　証拠保全決定と併せて検証物提示命令を発令している場合には、検証物提示命令に従わない場合には不利益を被ることになる（民訴法232条１項、224条１項・３項）旨を説明することになります。

　　検証物提示命令の発令を留保している場合には、このまま拒絶し続けると検証物提示命令を出すことになること、また、検証物提示命令が出されたにもかかわらず拒絶し続けると、申立人が相手方を被告として提起した本案訴訟において、受訴裁判所は、原告である申立人が主張する検証物の性状が真実であると認めることができ、また、原告（申立人）が検証物の性状等に関して具体的な主張をすることおよび当該検証物により証明すべき事実を他の証拠により証明することが著しく困難であるときは、その事実に関する原告（申立人）の主張を真実と認めることができるという不利益を被ることになること（真実擬制。民訴法232条１項、224条１項・３項。Q31参照）、相手方が本案訴訟との関係では第三者となる場合には、20万円以下の過料に処せられる可能性があること（民訴法232条２項）を説明して説得することになります。

3 　以上のような説明をして説得に努めてもなお相手方が拒絶する場合には、検証不能として終了させるしかありません。証拠保全には強制力はなく、あくまで相手方の任意の協力を得て行うものである以上、強制的に提出させることはできないからです。このように検証不能として終了させる場合には、後で正当な理由による拒絶か否かが問題となることもありますので、拒絶の理由を調書に詳しくとどめておくべきです。

4 　なお、平成11年４月22日付け厚生省健康政策局長、医薬安全局長、保険

第５章　証拠調べの実施等　197

局長連名通知「診療録等の電子媒体による保存について」によれば、電子カルテのシステムの導入には、真正性（故意または過失による虚偽入力、書換え、消去および混同の防止、作成に係る責任の所在の明確化）が確保されていることが要件とされていることから、電子カルテのシステムを導入している病院から、証拠保全の現場において、改ざんのおそれについて疑義が出されることがありえます。

しかし、電子カルテのシステムにもさまざまなものがあり、必ずしも真正性が確保されているとは限らないようです。したがって、かかる事情を相手方に伝え、電子カルテでも改ざんのおそれがないとはいえない旨説得するか、そのことによりかえって相手方の反発を招く場合には、通常の証拠保全の場合と同様、無用な訴訟を避けることにつながること、後から改ざんされたといわれなくて済むことなどを説明して、電子カルテであっても相手方に証拠保全に応じるメリットがあることを指摘し、納得してもらえるよう努めるべきでしょう。

また、場合によっては、証拠保全の現場において、相手方の使用している電子カルテが改ざんされにくいシステムであることがわかり、改ざんのおそれが認められないとの心証に達することもあります。そのような場合には、必要に応じて、①証拠保全決定を取り消す、②申立人に証拠保全の申立ての取下げを促したうえ、申立人において、相手方に対し、任意の開示を求めて交渉するよう促すなどの方法で対応するのがよいでしょう。

5 　平成17年4月1日に施行された個人情報の保護に関する法律（平成15年法律第57号）により、個人は、一定の事業者に対し、裁判所外でその保有する個人データの開示を求めることができるようになったため（同法33条）、申立人が同条の規定に基づいて開示を求めている事実が現場に臨場した際に判明したような場合には、証拠保全の必要性の判断に関して問題となりえます。そのような場合、当事者から事実関係を聴取するなどして、相手方が申立人の要求に応じて診療録の開示を決定し、その旨申立人に通知をしている事実が認められるのであれば、証拠保全の必要性を消極に解することになります。

(文例)

〒100-8920
東京都千代田区霞が関一丁目1番4号
東京地方裁判所民事第○○部
ＴＥＬ　　03-○○○○-○○○○
ＦＡＸ　　03-○○○○-○○○○

証拠保全について

1　証拠保全とは、既に訴訟が提起された事案又は将来訴訟が提起される可能性がある事案について、訴訟の審理において重要な意味を持つ証拠となる可能性のあるものにつき、裁判所が、民事訴訟法の規定に基づき、あらかじめ証拠調べを行う手続です。
　　証拠保全は、ある証拠を、現在ある状態のまま保全しておく手続であり、当事者の一方に過失があったのかどうかなど、責任の有無を判断するための手続ではありません。このようにして証拠の現在の状況を明らかにしておくことによって、将来訴訟が提起されたときに、その証拠について改変があったなどの指摘がされて、当事者間に誤解や対立が生じるという事態を避けることにもつながります。
2　証拠保全の期日は、本日送達しました決定書に記載してある時間に伺って実施することになります。その際、お伺いするのは、裁判官、裁判所書記官、申立人代理人弁護士、(司法修習生〔司法試験合格後、裁判官・検察官・弁護士になるための研修をしている者です。〕)等計○名程度です。
　　証拠保全の手続としては、具体的には、決定書の別紙目録に記載されている書類等を提示していただき、裁判官がその書類等の形状、体裁、記載内容等を確認した上、その結果を、写真撮影やコピー等の方法により記録し、裁判所の調書として残しておくことになります。
3　証拠保全の手続が上記のようにして行うものであることから、書類等の確認や写真撮影等の作業のために、机や椅子のある場所をお借りしなければなりませんが、御協力よろしくお願いいたします。
　　証拠保全手続の趣旨を御理解いただき、御協力くださいますようお願いいたします。

Q53 検証場所等に管理者がいない場合

検証場所に赴いたところ、検証場所の管理者が不在であった場合、裁判所としては、検証場所に立ち入って検証を実施してかまわないですか。

A 検証場所の管理者が不在の場合には、検証現場に立ち入ることは許されず、検証不能または延期として処理するしかありません。

解説

1 検証場所への立入りについては、検証場所の管理者の承諾が必要であり、強制的な立入りは許されません（大判昭8.7.10刑集12巻14号1227頁参照）。

 したがって、検証現場の管理者が不在の場合には、裁判所としては、検証場所に立ち入ることができませんから、検証不能または延期として処理するしかありません。検証不能とするか延期とするかは、再び検証場所に臨んだ場合に立入りの許諾を得られる見込みがあるかどうかを検討して判断することになります。

2 実際に、申立人が、相手方に売却した建物に漏水の瑕疵があるとして原状回復および損害賠償を請求されるおそれがあり、相手方より先に債務不存在確認請求訴訟を提訴する予定であるとして、漏水状態の証拠保全を申し立てた場合に、検証場所である建物が相手方の管理下にあったものの、相手方が不出頭で連絡もとれない状態であったことから、期日を延期した事例があります。この事例では、相手方から積極的に検証の実施を拒絶されたわけではなく、再び検証場所に臨めば立入り許諾を得られる可能性もあったことから、検証不能とはしなかったものと思われます。

Q54 検証場所等において責任者がいないといわれた場合

現場に臨場したところ、相手方から責任者が不在といわれた場合、裁判所としてはどのように対応すればよいですか。

A 責任者が不在である場合等であっても、送達は有効になされている以上、現場の管理者の承諾を得て現場に立ち入ることができた場合には、証拠調べを行うことができます。もっとも、相手方の任意の協力を得るという見地からは、時間的に可能であれば責任者や顧問弁護士の到着を待ってから行うほうがスムーズに進めることができるでしょう。

解説

1 証拠保全を行うためには相手方に対し、決定の告知としての送達がされていることが必要ですが、送達は、相手方の代表者や責任者が不在であっても行えます（民訴法103条、106条参照）。そして、相手方には証拠調べに立ち会う機会が与えられていますが（民訴法240条本文）、立会いの機会を与えれば足り、現実に立ち会うことが必要というわけではありません（Q63参照）。したがって、相手方に対する送達が有効になされている以上、その立会いの機会は与えられているので、証拠調べを行うことは可能です。

ただし、検証現場への立入りについては、官公署、事務所、住居等の管理者の承諾が必要であり、強制的に立ち入ることはできません。ですから、検証現場の管理者が不在であれば現場に立ち入ることができませんから、その期日では実施することはできず、検証不能とするか延期するしかありません（Q53参照）。

2 もっとも、送達が有効にされ、現場に立ち入ることもできたとしても、

第5章 証拠調べの実施等 201

証拠保全には強制力はなく、相手方の任意の協力が得られなければ事実上実施することはできませんから、相手方が責任者または顧問弁護士が不在であることを理由に対象物の提出に応じない場合には、証拠保全を実施するのは困難となります。そこで、責任者等が現場に到着するまでの時間を尋ね、さほどの時間を要しないのであれば、その到着を待って実施すべきでしょう。責任者らが来るのに時間がかかり、その到着を待っていたのでは当該期日に証拠調べをするのが困難である場合には、検証不能として手続を終了することになるでしょう。続行期日を指定しても改ざんのおそれ等につき問題がないと考えられる場合には、申立人の意見を聴いたうえで、続行期日を指定することも考えられます。もし、相手方が、責任者等が不在であることを理由として提出を拒絶し、その後も提出に応じる様子がないような場合には、検証不能とせざるをえません。その場合には、拒絶の理由を調書に詳しくとどめておきます。

Q55 検証場所における検証物提示命令の処理について

　証拠保全決定の際は、検証物提示命令の申立てについての決定が留保された状態で検証が実施されたところ、相手方が検証に応じることを拒んだ場合、同命令を検証場所で発令することはできますか。

A 　検証物提示命令は検証場所で発令することができます。手続的事項に加え、検証物提示義務の有無の判断が問題になる場合もあります。

····〔解〕··〔説〕··

1　検証物提示命令の判断を留保した状態で検証に臨んだ場合（Q30の3参照）には、検証場所において検証物提示命令を発令することができます。検証現場で検証物提示命令を発令することについては、そもそも口頭で検証物提示命令を発令することが許されるのかという問題がありますが、決定については、決定書の作成が義務付けられているわけではなく（民訴法250条、252条参照）、告知も相当な方法で足りる（民訴法119条）ことから、口頭で検証物提示命令を発令することもできると解されます。ただし、検証物提示命令の告知をするためには、検証現場に検証物提示命令の告知を受けるのにふさわしい者が存在することが必要であり、相手方が医療機関であれば、当該医療機関から立会いを命じられた担当職員等に検証物提示命令を告知することなども考えられます。

2　なお、検証物の所持者が相手方ではない場合には、検証物提示命令を発令するにあたり、検証物の所持者の審尋が必要になります（Q30およびQ39参照）。この審尋は、口頭または電話等によって検証現場で行われます。

3　相手方が文書の存否について回答を拒絶し続けた場合には、相手方が当

第5章　証拠調べの実施等　203

該文書を所持していることについて証明がない限りは、検証物提示命令の申立ては却下されることになります（**Q30**の1参照）。
4　相手方が検証物提示義務を負わないことを理由に開示に応じない場合には、同義務の有無および範囲について判断し、義務が認められる範囲で検証物提示命令を発令することになります。

　検証の目的物の記載内容に踏み込んで判断する必要がある場合には、必要に応じてイン・カメラ審理の実施も検討することになります（**Q34**参照）。

Q56 検証場所において検証物提示命令の発令を留保された場合の措置

　証拠保全決定の際は、検証物提示命令の申立てについての決定が留保された状態で検証が実施されたところ、相手方が検証に応じることを拒んだ場合、なお、検証現場において検証物提示命令申立てに対する判断が留保されることがありますか。この場合、検証物の改ざんまたは廃棄を防止するために、どのような措置が講じられることになりますか。

A　検証現場では検証物提示義務の有無が判断できない場合などには、検証物提示命令申立てに対する判断が留保されることがあります。この場合、検証物の改ざんまたは廃棄を防止するために申立人が了解する方法をとったり、イン・カメラ手続に伴う一時保管がとられることがあります。

····· 解 · 説 ·····

1　検証物提示命令の判断を留保した状態で検証に臨んだ場合（**Q30**の3参照）には、検証場所において検証物提示命令を発令することができますが（**Q55**参照）、検証期日に先立つ申立人の主張を踏まえても、当該検証物が文書として扱われるとしたら文書提出義務があるのかどうか（特に民訴法220条4号ニ所定の自己利用文書該当性）の検討を行うことができず、検証物提示命令発令の可否が判断できない場合や、申立人が了解する対応をとることができる場合などには、現場での判断が留保されることがあります（**Q34**参照）。

2　検証物提示命令申立てに対する判断を留保する場合、イン・カメラ手続に伴う一時保管（**Q34**参照）をすることにより、改ざんまたは廃棄を事実上防止することができる場合があります。

また、事案によっては、申立人が了解する方法をとることによって、検証物の改ざんまたは廃棄を防止することができる場合があります。例えば、相手方代理人の弁護士が検証物を金庫に入れたうえで検証がされるまでその鍵を申立人または相手方代理人が保管することや、申立人が検証物の所持者である相手方との間で証拠保全手続が終了するまで検証物の改ざんまたは廃棄をしない旨の合意をすることなどがありえるでしょう。

Q57 検証場所において検証物提示命令が発令されなかった場合の処理

　裁判所が検証物提示命令についての決定を留保し、結局これが発令されなかった場合は、どのような処理がされることになりますか。

　　　　手続の明確化のためには、申立人が検証物提示命令の申立てを取り下げるか、検証物提示命令の却下決定の判断を当事者に告知し、その旨が調書に記載されることが望ましいですが、仮にこのような処理を行わなかった場合には黙示の却下決定があったと解されます。

解説

1　裁判所が、検証物提示命令についての決定を留保し、結局これを発令しなかった場合、検証物提示命令の申立てが判断されないまま残された状態となってしまいますから、その処理が問題となります。

2　まず、裁判所が検証物提示命令を発令するまでもなく、相手方が目的物を提示した場合には、申立人としては、検証物提示命令の申立てによって実現しようとした目的が達成されたことになり、もはや検証物提示命令の申立てを維持する利益はありませんから、手続の明確化のために、検証物提示命令を取り下げるのが相当です。

　この場合、①現場で申立人が検証物提示命令の申立てを取り下げて、これを調書に記載するか、②後日、申立人が取下書を提出することになります（民訴法122条、261条3項）が、実務的には、①の方法が一般的のようです。

　仮に申立人から検証物提示命令の申立ての取下げがなかった場合、裁判所としては、却下決定をすることも考えられますが、格別の処理をせずとも、黙示に却下決定があったものとしてよいでしょう。

第5章　証拠調べの実施等　　207

3　次に、検証物提示命令が発令されることのないまま、証拠保全（検証）手続が不能で終了した場合については、証拠保全の申立てに付随する申立てにすぎない検証物提示命令の申立てを独立して維持する利益はありませんから、格別の処理をすることなく、黙示に却下決定がされたと解されます（なお、黙示の却下決定に関する裁判例として、仙台高決平22.6.23金融商事判例1356号23頁参照）。しかし、黙示の却下決定を許すと、即時抗告期間の始期が不明になり、当事者の即時抗告権が実際上侵害されるおそれがあることから、証拠保全手続を終了させるにあたっては、申立人の即時抗告権を保障する観点からも、検証物提示命令の申立てに対して明示的に判断を行い、当事者に対して口頭で告知したうえで、その内容を調書に記載することが望ましいと考えられます（山本和彦「証拠保全における検証物提示命令の申立ての黙示の却下」判タ1361号58頁〜59頁参照。なお、同文献は、上記の決定についての評釈である）。なお、検証物提示命令に対する即時抗告が予定されている場合に、証拠保全手続を終了させることに伴う問題点については、**Q59**を参照してください。

Q58 検証場所等における検証物提示命令に対する不服への対応

検証物提示命令を発令したところ、検証場所において検証物の所持者である相手方または第三者から検証物提示命令に対する不服が口頭で述べられた場合、裁判所としてはどのような対応をすればよいですか。

A 裁判所としては、検証物提示命令の効力が維持されていることを前提に証拠保全（検証）手続を進めることになりますが、相手方または第三者が検証物提示命令に対する即時抗告を意図していることが明らかな場合には、相手方または第三者に適式な抗告状を裁判所に提出するよう促すのが相当です。

なお、第三者に対する検証物提示命令については、相手方は即時抗告をすることができません（Q43参照）。

・・解・・説・・

1 検証物提示命令に対して、検証場所において相手方から口頭で不服が申し立てられたとしても、即時抗告は書面でしなければなりません（民訴法331条、286条1項）から、適法な即時抗告がされたことにはならず、検証物提示命令の効力には何の影響も及びません。

したがって、裁判所としては、検証物提示命令の効力が維持されていることを前提に証拠保全（検証）手続を進めることになります。具体的には、検証物不提示の場合には本案訴訟において申立人が検証物で証明しようとした要証事実等の真実擬制がされうる（民訴法232条1項、224条1項・3項）ことを説明しながら検証物の提示をするよう説得することが考えられます（Q30、Q31参照）。

もっとも、相手方または第三者が検証物提示命令に対する即時抗告を意

図していることが明らかな場合には、裁判所としては、相手方または第三者に適式な抗告状を裁判所に提出するよう促すのが相当です（証拠法大系5巻202頁〔齋藤隆・阿閉正則・下澤良太・餘多分亜紀執筆部分〕）。

　なお、上記のとおり、検証物提示命令に対する即時抗告は書面でしなければなりませんから、口頭で不服が述べられても、検証物提示命令が失効することにはなりませんが、検証物提示命令に対して相手方または第三者から口頭で不服が述べられた事実については、調書に記載しておくことが相当です。

2　仮に検証場所において相手方または第三者から検証物提示命令に対する適式な抗告状が差し出された場合、検証場所ではこれを受理することができませんから、これを受け取ることなく、相手方または第三者に原裁判所（官署としての裁判所）に提出する（民訴法331条、286条1項）ように促すことになります。

Q59 検証不能を理由として証拠保全手続が終了した場合における、検証物提示命令申立てについての判断に対する抗告の利益の有無等

検証不能を理由に証拠保全手続が終了した場合であっても、検証物提示命令申立てについての判断に対する抗告の利益が認められますか。また、抗告の申立てに対する決定後の手続について教えてください。

A 検証不能を理由に証拠保全手続が終了した後であっても、検証物提示命令申立てについての判断に対する抗告の利益が認められるか否かについては、裁判例が分かれています。

解説

1 検証場所等において検証物提示命令が発令されたにもかかわらず、相手方等が提示を拒絶する場合や、検証物提示命令の申立てが却下され、相手方等が任意の提示を拒絶する場合には、証拠保全手続は検証不能を理由に終了することになります（**Q52**、**Q62**参照）。

　他方、検証場所等においてなされた検証物提示命令申立てについての判断に対する即時抗告の申立ては、後日、適式な抗告状を裁判所に提出して行う必要がありますが（**Q58**参照）、既に検証不能を理由に証拠保全手続自体が終了してしまっている場合に、なお抗告の利益が認められるかが問題となります。この点、かかる即時抗告について抗告の利益が認められるか否かについては、従前の裁判例において、証拠保全手続が終了した以上、同手続内で当該申立てに係る検証物について改めて証拠調べを行う余地がないとして抗告の利益を否定するものと、抗告の利益があることを前提に提示義務の有無を判断しているものとがあり、判断が分かれています（仙台高決平22.6.23金融商事判例1356号23頁（消極）、大阪高決令2.5.26証券取引被害判例セレクト57巻178頁（積極）、東京高決令2.10.23（消

第5章　証拠調べの実施等　211

極))。
2　検証物提示命令が発令された場合において、抗告審が原決定を変更し検証物提示命令の申立てを却下したときは、検証不能が確定するため、証拠保全手続は終了することとなります。他方、抗告審が原決定を維持したときは、検証物を提示することで真実擬制の制裁等を免れる機会を相手方等に与えるため、相手方の意向や事案に応じて、続行期日を指定することが考えられます。そして、続行期日において証拠調べが行われた場合には、その時点で証拠保全手続が終了し、また、相手方等において続行期日での証拠調べを望まなかった場合には、その時点で検証不能が確定し、証拠保全手続が終了することとなります。

　次に、検証期日で検証物提示命令の申立てが却下された場合において、抗告審が原決定を変更したときは、続行期日を指定し、証拠調べを行うことになります。他方、抗告審が原決定を維持したときは、検証不能であることが確定することから、証拠保全手続が終了することとなります。

Q60 検証場所等に目的物がない場合（廃棄）

相手方が、検証物は既に廃棄されていて検証場所にはないと述べた場合、裁判所としてはどのような対応をすべきですか。

A 裁判所としては、検証物が現場にない理由として相手方が述べた内容（廃棄済み）を調書に録取したうえで、検証不能として証拠保全手続を打ち切るほかありません。

解説

相手方が、検証物は既に廃棄されていて検証場所にはないと述べた場合、検証を実施することは不可能ですから、裁判所としては、検証不能として証拠保全手続を打ち切らざるをえません（証拠法大系5巻202頁〔齋藤隆・阿閉正則・下澤良太・餘多分亜紀執筆部分〕）。

この場合、検証物が現場にない理由として相手方が述べた内容（廃棄済み）を調書に録取することになります（証拠保全申立事件を担当する裁判所は、相手方が述べた内容の真偽についての事実認定を行うことはできません）。

なお、相手方が、保存期間内の診療録（医師法24条2項参照）を廃棄したなどと不合理な内容を述べた場合には、なぜ保存期間内であるのに廃棄をしたのかなどについて合理的な説明を求め、それも調書に録取すべきです（診療録の保存期間について**Q26**参照）。

Q61 検証場所等に目的物がない場合（他所保管）

検証物が他所で保管中であるため検証場所には存在しない場合、裁判所としてはどのような対応をすべきですか。

 検証物を当日中に検証現場に取り寄せることが可能であり、そのための時間もさほど要しないというのであれば、取寄せを待って、検証現場で検証を実施するべきですが、それができない場合には、原則として、検証不能とし証拠保全手続を打ち切ることになります。

解説

1 まず、検証物が保管されている場所が、証拠保全決定に明記された検証場所と実質的に同一の場所といえる場合（検証場所の隣地に設けられた倉庫に検証物が保管されているような場合）には、裁判所としては、検証物の保管場所において検証を実施してさしつかえありません。

2 問題は、検証物が保管されている場所が、証拠保全決定に明記された検証場所と実質的に同一の場所とはいえない場合の対応です。

(1) 検証物を検証場所に取り寄せる（検証物の所持者に検証物を保管場所から検証場所まで持ってきてもらう）ことが可能であり、そのための時間もさほど要しないというのであれば、取寄せを待って、検証場所で検証を実施するのが相当です（証拠法大系5巻202頁〔齋藤隆・阿閉正則・下澤良太・餘多分亜紀執筆部分〕）。なお、合理的な時間内に取寄せをすることができない場合でも、証拠保全手続を打ち切らず、取寄せが可能な日に続行期日を指定することも理論的には可能ですから、数日中に取寄せが完了し、かつ、続行期日を指定することができるような状況であれば、そのような取扱いをすることも検討の余地があるでしょう。

214　第2編　検証の方法による証拠保全（医療事件を中心にして）

しかし、取寄せに相当の日数を要するような場合には、それが可能になった時点では、既に現場に臨んで証拠調べを実施するまでの緊急性は失われていると考えられますので、続行期日を指定することは消極的に解さざるをえないと思われます（なお、上記の場合に当たることを理由に続行期日を指定しないときには、相手方から、後日当該検証物の写しを申立人（代理人）宛てに送付する旨の確約をとる、または、申立人（代理人）に、後日改めて文書送付嘱託等による証拠保全を申し立てる方法があることを教示するなどして理解を得るといった対応をとることも考えられるでしょう（証拠法大系5巻205頁〔齋藤隆・阿閉正則・下澤良太・餘多分亜紀執筆部分〕）。

(2)　検証物を検証場所に取り寄せることができない場合には、その事情を調書に記載したうえで、検証不能として証拠保全手続を打ち切ることになります。

　　申立人としては、なお証拠保全の必要性があるのであれば、再度、証拠保全を申し立てるほかありません。なお、このような場合に、申立人としては、相手方に対して、後日に検証物を任意に開示するよう交渉することも考えられますが、これは、証拠保全手続外のものですから、裁判所が関与する余地はありません。

(3)　ところで、このように検証物を検証場所に取り寄せることができない場合に、裁判所が保管場所に赴いて検証を実施することが許されるでしょうか。

　　証拠保全決定では検証場所が特定されていますから、当初の証拠保全決定に基づいて、検証物の保管場所に赴いて検証を実施することは許されません。

Q62 検証場所において検証の実施を拒絶された場合の対応

検証場所において、相手方から検証の実施を拒絶された場合、裁判所としてはどのような対応をすべきですか。

A 検証の実施に協力するよう説得してもなお検証の実施を拒絶された場合には、検証不能として、証拠保全手続を打ち切らざるをえません。

解説

　検証場所において、相手方から検証の実施を拒絶された場合、裁判所としては、直接の物理的強制はできませんから、検証の実施に協力するように説得するほかなく、それでもなお検証の実施を拒絶された場合には、検証不能として、証拠保全手続を打ち切らざるをえません。

　なお、説得にあたっては、拒絶の理由を確かめたうえで、証拠保全は将来のために証拠を保全する手続にすぎず、検証を実施することが相手方にとっても利益となりうることを説明したり、検証物提示命令を発令している場合には、検証物を提示しないと本案訴訟において原告（申立人）が主張する検証物の性状が真実であると認めることができ、また、検証物の性状等に関して具体的な主張をすることおよび当該検証物により検証すべき事実を他の証拠により証明することが著しく困難であるときは、その事実に関する原告（申立人）の主張を真実と認めることができる（民訴法232条1項、224条1項、3項）ことを指摘したりすることが考えられます（**Q**30、**Q**31、**Q**55参照）。

Q63 証拠調べ期日における当事者等の立会い

証拠調べ期日における当事者等の立会いについて、裁判所としてはどのような点に注意すればよいのですか。

A 当事者に対する立会いの機会の保障と証拠調べの円滑な実施に注意する必要があります。

解説

1　証拠保全手続における証拠調べ期日については、当事者双方に立会いの機会を与えるため、原則として、申立人および相手方（特別代理人の選任がある場合にはその代理人）を呼び出す必要があります（民訴法240条、94条）。証拠調べ期日の呼出しの詳細については、**Q44**を参照してください。

2　証拠調べについての立会いは、その機会を与えることで足りますから、相手方に証拠調べに立ち会う意思がない場合には、相手方の立会いなしに証拠調べを実施することが可能です（民訴法183条）。

　したがって、裁判所としては、相手方が不在であっても、証拠保全決定の送達が有効にされていれば、証拠調べを実施しても違法ではありません。もっとも、相手方から、立ち会うべき責任者等が来るまでは証拠調べを実施しないでほしいと要望された場合には、手続の円滑を考慮し、その開始を待つのが相当です（証拠法大系5巻201頁〔齋藤隆・阿閉正則・下澤良太・餘多分亜紀執筆部分〕、**Q53**参照）。

　なお、相手方が国または地方公共団体である場合、訟務事務担当者の立会いを求められることがあります。訟務事務担当者が指定代理人である場合には立会いを認めるべきですし、そうでない場合でも、立会いを認める

ことが相当です。
3 一方、申立人にも証拠調べへの立会いの機会を保障しなければなりませんから、申立人が立会いを希望した場合には、裁判所はこれを認めなくてはなりません。

　申立人だけではなく、その家族等も立会いを希望する場合があります。しかし、民訴法上、家族等に当然に立会いの機会を保障する規定はないため、裁判所としては、手続を円滑に進めるにあたっての支障の有無等を慎重に検討して判断をするべきです。
4 なお、裁判所としては、証拠調べに立ち会わせる者については、身分証明書の提示を受けるなどしてその氏名および肩書を確認し、これを調書に記載しておくべきです。調書作成の際の便宜のため、この際に名刺等の提出も受けておくとよいでしょう。

Q64 主文の範囲外の物に対する検証

1. 検証の現場で、「……に関する一切の書類等」に含まれるか否かが明らかでない物がある場合、当該物を検証することは可能ですか。
2. また、申立人が、検証の現場で、相手方病院に対し、主文の範囲外である無関係な文書の提示を求めた場合、裁判所としてはどうすべきですか。
3. 検証の現場で、検証物の所持者が決定書の記載とは異なる者であったことが判明した場合、裁判所としてはどうすべきですか。

A

(1) 設問1について

裁判所としては、①まず、主文の検証物目録に例示された対象物を参考にして、その物が「一切の書類等」に含まれるか否かを検討し、②含まれない場合には、当事者双方に、手続外で、写真撮影等をしてもらうことを検討してもらいます。

(2) 設問2について

双方当事者が任意で受渡しをするのは別として、裁判所としては、手続内では実施できない旨を申立人に説明して納得を得るようにします。

(3) 設問3について

検証不能で終了するほかないと考えられます。

解説

1 設問1について

(1) 裁判所としては、まず、主文の検証物目録に例示された対象物を参考にして、当該物が本当に主文の範囲に含まれないかどうかを検討しま

第5章 証拠調べの実施等 219

す。実際には、「一切の書類等」のなかに含めて考えられる場合も相当程度あると思われます。
(2) これに対し、当該物が主文の範囲に含まれない場合には、検証することができません。この場合、当事者双方に、手続外で、写真撮影やコピー等をする方法により解決できないか検討してもらうことになります。一つの記録のなかに、主文の範囲内の物と範囲外の物が混在している場合は、主文の範囲外の物を付箋等で特定し、検証の対象から除外する必要があります。

2 設問②について

主文の範囲外の文書は、証拠保全手続において提示を求めることができません。裁判所としては、申立人に対してその旨説明し、また、提示を求める文書は面接段階で必要なものに限定しているはずであることなどを伝えて、納得を得るようにします。申立人と相手方との間で任意に受渡しをすることになった場合でも、それは証拠保全の手続外のことですので、裁判所はこれに関与しないことになります。

3 設問③について

(1) 検証は、検証の目的を提示し、または検証の目的の所持者にその提出を命ずることを申し立ててしなければなりません（民訴法232条1項、219条）。申立て（決定）上の所持者と実際の所持者が別であった場合には、申立て（決定）にないものを検証することができない以上（更正決定等もできません）検証不能で終了するほかないと考えられます。これは、相手方所持だという申立て（決定）に対し、実際は第三者所持であった場合だけではなく、第三者所持だという申立て（決定）に対し、実際は相手方所持であった場合も同様です。

(2) なお、設問のような事態を避けるため、どのような申立て（決定）内容とすることが考えられるかについては、**Q12**を参照してください。

検証場所等における主文の訂正の可否

　現場で診療録を提出してもらったところ、申立人の記憶違いで初診日を1年遅く話していたため、主文に記載した診療期間が1年間ずれていたことがわかり、その診療録が検証対象物に含まれないこととなってしまいました。ところが、申立人に当該診療録を今回の証拠保全手続で検証したいといわれました。何か方法はありますか。

　主文の範囲外の物は、検証対象物とならないのが原則です。
　この場合、更正決定をするか、当該診療録を当事者間で任意に授受してもらう方法により対処することになると思われます。

・解・・説・

1　このように主文の記載に誤りがあった場合、更正決定により主文記載の診療期間を更正するという方法が考えられます。
　　更正決定を行う場合には、「明白な誤り」（民訴法257条1項）といえるかどうかが問題となります。決定段階の疎明資料に照らし「明白な誤り」があったといえる場合には、更正決定を行うことができますが、実際には、明白な誤りというのは難しい事例が多いでしょう。実務上も更正決定を行った事例はほとんどないようです。
　　漏れていたことが単純な間違いである場合で、相手方が当該期日で処理することに同意しているときは、決定書の原本および正本の一部を書き改め訂正印を押して処理する例もあったようですが、相手方の同意があったとしても、決定書を訂正する根拠を合理的に説明することは困難と思われますので、このような取扱いは避けるべきでしょう。
2　漏れていた期間の文書等について任意の授受に応じる場合には、手続外

第5章　証拠調べの実施等　221

で、当事者間で任意に文書等の授受をしてもらうことになります。それも難しければ、当初の申立てにない期間を除いて証拠保全を行うほかないと思われます。

第3節　証拠調べの実施および調書の作成

Q66 検証の実施方法

現場ではコピー・写真撮影等を実際にどのように進めますか。

A 　裁判官が対象物の性状等を確認して、確認が終わったものから順次、記録化します。

解説

1　検証とは、裁判官が五感の作用によって自ら対象物の性状等を検査してその認識を証拠資料とすることです。コピー、写真撮影等はあくまで検証の結果を記録に残す手段にすぎませんから、原則としては、コピー等の作業に入る前に、相手方立会いのもとで指示説明を求めながら、裁判官自身が書類等に目を通し、修正等の有無、カラー部分の有無、写真等貼付の有無等をチェックして、編てつ状況や記録状況等を確認することが必要です。その際、ステープラーで留められたり、のり付けされたりしている箇所を外して確認する必要がある場合は、相手方の同意を得て行うべきでしょう。

　同時に、裁判官は、その認識を書記官に口授し、後に検証調書を作成する書記官にも共通の理解を得させるようにすることも重要です。調書作成の便宜のために、立会書記官が、検証の際のやりとりを録音するという工夫をしている事例や、立会人の指示説明のうち重要な部分について、再度立会人に確認し調書に記録することを告げたうえ、これを調書に記録している事例もあるようです。

　その際、申立人は、対象物の内容を自ら確認することを希望するでしょ

第5章　証拠調べの実施等　223

うが、あくまで裁判所の手続なので、裁判官による検証が終わった後にすべきでしょう。

2 検証が終わったら、対象物をコピー、写真撮影するなどの方法により、記録化の作業を行うことになります。記録化の作業を効率的に進めるためには、裁判所の検証が終わったものから、順次記録化の作業を行うのが適切でしょう。

　記録化の方法については、カメラマン同行方式、デジタルカメラ方式、コピー方式が考えられます（**Q38**、**Q51**参照）。

(1) カメラマン同行方式は、裁判所の検証が終わった後、順次、申立人が同行したカメラマンが対象物を写真撮影します。そして、現像したものを裁判所に届けてもらい、調書に添付することにより、記録化を行います。

　この場合、プロのカメラマンが診療録等を全て写真撮影したうえ、順番どおりに綴って裁判所に届けてくれるので、現場で逐一文書等に目を通して書記官に口授するというような検証を行っている事例は少ないようです。相手方も証拠保全に慣れており、対象物が大量ではないような場合には、このような簡便な方法によることも許されるでしょう。もちろん、この場合でも、検証物に修正等があれば、これを調書に記録しておく必要があります（**Q67**参照）。また、現場で手控えをとらずに大量の写真を撮影したものの、後から順序がわからなくなって調書作成に困ったというような例もありますので、証拠保全の主体はあくまでも裁判所であるということを忘れずに、適宜対応することが必要です。調書を作成するときに困らないように、申立人が写真を現像する場合には、裁判所に対して送付する際の写真の並べ方等について、きちんと説明しておくのが相当です。

　なお、カメラマン同行方式は、実務上、多く採用されているところですが、相手方が反対する場合には、申立人の同行するカメラマンは、裁判所の検証の補助者として不適切と考えられますから、カメラマン同行方式ではなく、裁判所自らが記録化の作業を行うべきでしょう。プロのカメラマンではなく、法律事務所の事務員や申立人の従業員をカメラマ

ンの代わりに同行させている場合も、基本的にはプロのカメラマンと同様に考えられるでしょう。

(2) コピー方式による場合、裁判所の検証が終わった後、順次、相手方のコピー機または申立人が持参したコピー機で対象物をコピーしたものを調書に添付することにより、記録化を行います。

　この場合、コピーの部数については、裁判所としては、調書添付用に1部コピーし、申立人には謄写申請をしてもらうことでも足りますが、申立人の便宜のために、相手方が了承してくれれば、申立人用にもう1部コピーしてもさしつかえないでしょう。

　なお、白黒コピーで印刷する場合、対象物の記載にカラー部分があるかどうかを確認し、カラー部分があれば書記官に口授のうえ、調書に記載する必要がありますが、カラーコピーで印刷するのであれば、それ自体を調書に添付することにより対応することができ、効率的に記録化を行うことができるでしょう。

(3) デジタルカメラ方式による場合、裁判所の検証が終わった後、順次、裁判所職員が、持参したデジタルカメラで対象物を写真撮影し、現像したものを調書に添付することにより、記録化を行います。

3　検証の対象物については、全て検証したうえで、記録化するのが原則ですが、対象物が大量にある場合や検証が不要であることが判明した場合などに、対象物の一部について記録化する必要がない旨の申立人からの申出があり、裁判所が当該対象物を記録化する必要がないと認めた場合には、当該対象物についての証拠保全決定を取り消すことにより、当該対象物を記録化しないことも可能です。ただし、この場合、その時点における対象物の状態を保全することについては、相手方にも利益がありますので、相手方の意見も聴き、その意見を明確に記録しておくべきでしょう。具体的には、申立人が当該対象物についての検証の申出を撤回した旨、相手方の意見、当該対象物についての証拠保全決定を取り消した旨を調書上に記載しておけばよいでしょう。

　なお、このように、対象物の一部を記録化しない場合においては、相手方の利益を害することがないように注意する必要がありますので、カメラ

マン同行方式による場合、裁判所としては、申立人およびカメラマンに対して、もし対象物の一部を記録化しないことを希望するのであれば、その旨を記録化の際に伝えるよう事前に注意を促しておくべきでしょう。

4　コピー、写真撮影等が終了したら、書類等を元に戻して、証拠調べが終了した旨を宣言します。

Q67 検証物に修正等があった場合の対応

提出された診療録に修正液で修正された箇所がありました。どうすべきですか。

A 検証の過程で修正等が発見された場合には、修正の態様や修正前の記載内容等について具体的に調書に記録する必要があります。

···解···説···

1 証拠保全の対象物に修正等がある場合には、それについても保全しておかなければなりません。本問と同様に気をつけなければならないのは、上から紙を貼ってある、消し跡がある、塗りつぶしや削り取りがある、穴が開けてある、切り取りや破り取りがある、日付や頁数が飛んでいる、紙質が異なっている、用紙の抜取りの形跡があるなどの場合です。

　特に、医療事件における診療録の証拠保全申立ては、「改ざんのおそれ」を証拠保全の事由とする場合がほとんどですから、検証の過程で修正等が発見された場合には、これを調書に記録しておくことは重要な作業となります。修正箇所が多量にあるような場合にはカラー写真を撮るようにすると、写真から修正液や紙を貼りつけた跡等が比較的鮮明にわかりますし、後の調書作成も楽になると思われます。あるいは、シャウカステン（レントゲンフィルムの背後から光を当て像を浮かび上がらせる機械）を利用して透けてみえる状況を写真撮影するという方法も可能でしょう。

2 このような場合、調書には、「何行目の○○○と記載のある箇所は修正液により修正してあり、修正箇所の下には×××と記載してあるのが（裏から）読み取れた（写真番号○参照）」「何行目の○○○とある箇所は白紙を貼った上に記載してあり、当該部分の下には×××と記載してあるのが

裏から読み取れた」などと記載することが考えられます（巻末の調書記載例参照）。また、写真とは別にコピーをとって、修正箇所にラインマーカーで印を付けたものを現場で作成しておいて、調書に添付したという例もあります。

　明白な誤記訂正や無関係な記載であることが明らかな場合にまで神経質に調書に記録することは不要ですが、意味のありそうなものや写真撮影等のみでは修正箇所が明白にならないような場合には、それぞれ工夫して調書に記録しておくことが必要でしょう。どの程度調書に記載するかについては、当事者双方の意見も参考にしながら、柔軟に対応するとよいでしょう。

Q68 検証物に無関係な第三者の情報が含まれている場合の対応

　診療録等に無関係な患者の氏名等が記載されている場合、そのままコピーすることは、プライバシーの観点から問題があるように思われます。どうすべきですか。

A　証拠保全の対象となった患者以外の患者についてはプライバシーの問題がありますから、その部分は紙や付箋で覆うなどしてから複写、写真撮影をすべきでしょう。

解説

1　相手方である医療機関や申立人がそのまま撮影しても問題ないといったとしても、無関係な第三者の氏名、病名等は、事件に関連する部分（申立人の出産した時間帯に異常分娩が何件あったかを明らかにしておきたいという場合など）など特に必要と思われるものでない限り配慮すべきであると思われます。なお、この点については、物語編の具体例およびQ51を参照してください。

2　過去には、診療録等をそのままコピーしたうえで、そのコピーのうち無関係な第三者の氏名、病名等の部分を油性マーカーで塗りつぶしたという事例や、賃金台帳に他の従業員の分も掲載されていたので、賃金台帳のコピーから申立人の分だけ切り取ってつなぎ合わせたものを記録として添付した事例もあります。

　どのような方法をとるかについては、当事者双方に説明をし、了解を得たうえで、その旨調書に記載するのが相当です。

Q69 レントゲンフィルム等の複製

　申立人が、レントゲンフィルムは写真撮影のみでは不十分なのでフィルムの複製が欲しいと申し出ました。ところが病院側ではフィルムのコピーをする機械がないとのことで困っています。このような場合どのような処理の方法がありますか。

A　相手方において複製が可能であれば、相手方に複製を依頼し、それができない場合は、申立人が病院から借り受けて複製するなど、適宜対応するしかありません。

・解・説・

1　レントゲンやCT（コンピュータ断層撮影法）、MRI（磁気共鳴画像）、MRA（磁気共鳴血管撮影）がフィルムの形態で保管されている場合は、写真撮影するよりも、複製（デュープ）したほうが、画像の検討がしやすいことから、申立人がフィルムのコピーを希望することがあります。一方、この方法は、複製フィルムを保管するのにスペースを要するほか、費用がかかるという欠点もあります。

　申立人からレントゲンフィルム等の複製が欲しいとの申出があった場合、相手方において、複製が可能であるなら、レントゲンフィルム等の枚数や撮影日付等を調書に記載したうえ、相手方に対し、複製を交付ないし送付するように依頼することになります。

2　もっとも、相手方において複製が不可能な場合は、具体的な場面で適宜対応するしかありません。過去には、手続外で、相手方である医療機関の協力により大病院でコピーをとってもらったうえ、その複製を裁判所に送付してもらったという事例や、申立人代理人が預り証を書き、医療機関か

ら事実上借り出して外部業者に現像させた事例があります。この場合、紛失等があった場合に紛争にならないように、このやりとりは証拠保全の手続外であり、申立人と医療機関側の間で責任を持ってレントゲンフィルムの授受を行うことを明確に確認しておく必要があります。レントゲンフィルムそのものは現場で検証を実施しているので、調書上当日の検証の結果として、上記複製したレントゲンフィルムを調書に添付することに問題はありません。

Q70 検証場所で検証物の写しをとることができない場合の対応

医療機関側がコピー機やシャウカステンを使わせてくれない場合はどうすればよいですか。

A 検証とは、裁判官が五感の作用によって自ら対象物の性状等を検査してその認識を証拠資料とすることであり、コピー等はその検証の結果を記録化する手段にすぎませんから、本問の場合は検証自体は終了しているといえます。

そこで、裁判所としては、検証の結果を記録に残すため、まず、医療機関側に対し、コピー機やシャウカステン（レントゲンフィルムの背後から光を当て像を浮かび上がらせる機械）を使用させてくれるように説得しますが、医療機関側が応じない場合は、留置命令を発して対象物を裁判所に持ち帰ることになります。

〔解説〕

1　コピー機については、医療機関側が使用させてくれない場合はもちろん、そもそも医療機関にない場合に備えて、裁判所（または申立人）も、カメラマンを同行するか、カメラ、ビデオカメラやコピー機（携帯用のもの）を持参するなどして、常に万全の準備体勢を整えておくことが不可欠です（**Q38**、**Q51**参照）。

しかし、やむをえず本問のような状況になった場合は、裁判所としては、医療機関側を説得し、任意に協力してもらうほかありません。医療機関側の任意の協力が得られた場合、コピー費用等の実費については、便宜上、申立人から医療機関側に対して直接支払ってもらうのが通例となっています。なお、対象物の枚数が少なければ、医療機関側の同意を得るか後

述の留置命令を発したうえで、近所のコンビニエンスストア等にあるコピー機を使うことも可能でしょうが、記録を紛失するおそれや管理の関係上、あくまで最後の手段と考えるべきです。

シャウカステンについては使用させてもらえるよう説得するほかないでしょう。

2 医療機関側を説得してもコピー機やシャウカステンを使わせてくれない場合には、次のような解決方法が考えられます。

(1) 留置命令（民訴法232条、227条）を発して対象物を裁判所に持って帰る方法

留置命令の発令には特に理由は必要なく、また、証拠調べの行われる前後を問わず発することができると解されますから（菊井＝村松Ⅱ638頁、コンメⅣ553頁）、検証自体は現場で終えたとしても、留置命令を発して持ち帰ることが許されると考えられます。

留置命令を発する場合は、あらかじめ命令書を準備していくこともできますし、現場において口頭で発することも可能です。ただし、口頭で発した場合は、調書に留置命令が発せられたことを明確に記載する必要があり（民訴規則67条1項7号）、また、調書上で発令対象物件を特定する必要があります。なお、この際、医療機関側から預り証の発行を求められることも考えられますが、通常、後掲文例のような留置物受領書を書記官が作成することで足り、裁判所が預り証を発行する必要はありません。留置物受領書は、あらかじめ職印を押印したものを持参し、①診療科目、②カルテの種類（入院・外来の別等）などを記載すれば足りるでしょう（後掲文例参照。なお、同文例における番号4の「フィルム類一式」については、フィルムの包装紙等にフィルムの内訳が記載されていない場合や複数の包装紙等が存在する場合には、後日の紛争を避けるため、備考欄に内訳を記載するのが相当です）。

留置後の留置物の取扱いについては、「裁判所の事件に関する保管金等の取扱いに関する規程」が定められており、原則として民事保管物として受け入れ、使用する際には仮出しの手続をとる必要がありますが、同規程の運用についての最高裁通達により、「事務の取扱い上やむを得

ないとき」「民事保管物（供託書を除く）のうち事件記録とともに保管するのが相当であると認められる物」として、民事保管物として会計に預けることなく、担当部で保管する取扱いが可能ですので、そのほうが簡便でよいでしょう。その場合、主任書記官において保管するなどの配慮が必要です。裁判所において、留置物をコピーして、医療機関側に留置物を返還することになるでしょう。

　もっとも、留置命令には強制力がないため、医療機関側に拒絶されるとどうしようもありません（**Q80**参照）。

(2)　コピーして後で送ってもらう方法

　医療機関側が協力してくれる場合にはこの方法も考えられます。もっとも、そもそも改ざんのおそれを理由に発令しているのですから、後日の紛争を避けるため、医療機関側がコピーをとって、それを後で申立人に送ることについて、申立人と医療機関側の双方が同意した旨調書に記載しておくべきでしょう。

(3)　なお、設問のような場合に、実務上、書記官が預り証を発行して対象物を事実上持ち帰るという方法がとられることもあるようですが、手続上の措置を明確化しておくべきであること、留置命令を発することにより留置物を簡便な方法で保管することが可能であることなどからすれば、法律上の根拠がある留置命令を発する方法によるべきでしょう。

3　病院側が上記2(1)または(2)の方法をとることにも応じない場合は、検証自体は実施できたとしても、検証物の形状等を記録化して保全することはもはや不可能であるといわざるをえないわけですから、検証物の枚数や特に改ざん等の可能性がうかがわれる箇所、ならびに相手方が複写および持ち出しを拒否する旨を調書に残すことになるでしょう（なお、コピーができない場合であってもデジタルカメラ等での撮影が可能な場合には、撮影をすべきですし、大量の画像が想定され、相手方の事前段階における態度に照らすとシャウカステンの利用に応じてくれないような事情がうかがわれる場合には、申立人において携帯用のシャウカステンをレンタルしたうえで、証拠保全に臨むことも考えられるでしょう）。

　なお、過去には、医療機関にシャウカステンがなかったので、電気スタ

ンドにトレーシングペーパーをかぶせて代用したという事例や、提示を受けた画像記録の種類、枚数および撮影日を記録して、続行期日を指定し、続行期日において、前回期日で確認した画像記録の種類等を照合しその旨調書に記載してから、画像記録の複写を行った事例もあったようです。

(文例)

令和○○年(モ)第○○○○号

留 置 物 受 領 書

令和○○年○○月○○日

○○病院　　　殿

　　　　　　　東京地方裁判所民事第○○部
　　　　　　　　　裁判所書記官　　○　○　○　○　㊞

留置命令に基づき、次の物を受領しました。

	品　目　等	備　考
1	☑ カルテ一式 （☑　内　　　科、入院診療録　　）	
2	☑ カルテ一式 （☑　産婦人　科、入院診療録　　）	
3	☐ カルテ一式 （☐　　　　　科、　　　　　　　）	
4	☑ フィルム類一式	
5	☑ 心電図	
6	☐	
7	☐	
8	☐	
9	☐	
10	☐	

※受領した物は、☑を付したものに限る。

Q71 電磁的に記録された情報に対する検証等の実施方法

電磁的記録として保存された情報について証拠保全が申し立てられた場合、どのように検証しますか。

 電磁的記録自体は無体物であり、それ自体を検証することは不可能ですので、対象の電磁的記録をディスプレイ上に表示してもらうか、紙等に印刷してもらうことによって見読可能な状態にしたうえでそれをみることにより検証することになります。

解 説

1 情報化社会が進むにつれて、従来は紙に記録されていたものが電磁的記録として保存されるようになっています。また、診療録等については、平成11年4月22日付けで、厚生省（現厚生労働省）健康政策局長・医薬安全局長・保険局長連名通知「診療録等の電子媒体による保存について」が出され、診療録等の記録を電磁的記録として保存することが許されるようになったこともあり、多くの病院で、電磁的記録（電子カルテ）として保存されています。

2 検証とは、裁判官が五感の作用によって事物の形状・性質、現象、状況を感得し、その判断内容を証拠資料とする証拠調べの一方法です。しかし、電磁的記録は、そこに記録された情報が証拠保全の対象となるにもかかわらず、対象となる情報自体は、そのままでは外形的には見読することができる状態にはありませんので、見読することが可能な状態にしたうえで検証することが必要となります。具体的には、相手方において、電磁的記録をディスプレイ上に表示してもらうか、紙等に印刷してもらうことによって見読可能な状態にしたうえで検証することになります。検証の方法

としてそのどちらを選択するかは、データの種類（文字情報か画像か等）、分量、さらには後述の記録化の方法等を考慮して判断することになるでしょう。なお、検証物たる電磁的記録が可視化するための端末（パソコン、タブレット等）とは別の媒体（外付けハードディスク等）に保存されている場合であっても、その場で端末と媒体とを接続することができるのであれば、所持者の協力のもとに接続して可視化してもらい、それを検証することになるでしょう。

　このようにして行った証拠保全の結果の記録化の方法としては、ディスプレイ上に表示された画面を写真撮影したり、紙等に印刷したものを提出してもらったり、裁判所が持参したデジタル記録媒体に保存したりすることが考えられます。記録化の方法の詳細については**Q75**を参照してください。

　過去の事例としては、コンピュータソフトウェアの違法コピーによる損害を立証するなどのために、ソフトウェアの検証を申し立てられた事案において、相手方にある全パソコンを起動し、シリアル番号を確認して、順にパソコンの画面を写真撮影した例があります。

　近年は、データ更新日時のような更新履歴だけでなく、ログ記録（IPアドレス、訪問時刻、更新内容など）を検証物として申立てがされる事例が散見されますが、その他の電磁的記録と同様の方法により検証を行い、記録化することになると考えられます。

Q72 データの復元の可否

検証を実施する過程でデータを復元することやデータの復元を前提とする検証物提示命令を発することは可能ですか。

A 裁判所が検証を実施する過程でデータの復元を実施する場合やデータの復元を前提とする検証物提示命令を発する場合には、データの復元の方法やデータの復元に伴う電磁的記録媒体および電磁的記録自体を毀損するおそれなどを踏まえて、データの復元が検証の範囲を超えないか、相手方または第三者においてデータの復元を拒絶する正当な事由が存在するかどうか慎重に検討する必要があります。

解説

1 検証の対象物を相手方または第三者が所持・占有している場合には、相手方または第三者が検証に協力しなければ、検証を実施することができないため、このような場合には相手方または第三者は検証協力義務を負うものの、検証およびそれに際しての提出義務を拒絶する正当な事由が存在し、検証協力義務を免れる場合には、所持者は検証の実施を拒むことができますし（Q30参照）、検証物提示命令の申立てがされている場合には裁判所はこれを却下することとなります（東京高決平11.12.3判タ1026号290頁参照）。

2 電磁的記録に関する証拠保全の申立てにおいては、電磁的記録自体が検証の対象物として申し立てられることが一般的であり（Q71参照）、ディスプレイに表示された文字や図形等の情報群や電磁的記録媒体に保存された情報が印刷された紙面等は検証の対象物ではありません。もっともデータ自体は肉眼で確認・判読することはできないため、検証の実施方法とし

て、電磁的記録を可読化させ、ディスプレイに表示された文字や図形等の情報群や電磁的記録媒体に保存された情報が印刷された紙面等を検証する必要があります。

　そして、データの復元も、通常の操作方法では可視化できないデータを復元の方法で可視化させ、ディスプレイに表示させる方法の一つとも考えられますから、検証の対象物の所持者にデータの復元に対する協力を求めることも検証協力義務として許容される余地があると考えられます。もっとも、所持者等が検証協力義務に反して検証の目的物の提示等を拒絶した場合に直接強制は許されないことからすれば、データ復元の協力義務が肯定される場合であっても裁判所等が所持者等の同意なくデータの復元を行うことは許されません。

3(1)　相手方または第三者の指示説明に基づきデータがごみ箱やバックアップデータに存在することが明らかになった場合には、ごみ箱やバックアップデータに存在するデータ自体を検証の対象とすることが考えられます。また、当該データを原状に戻す場合においてもその方法は当該データをゴミ箱やバックアップデータから元の保存先に移動させるにすぎないことからすれば、一般的にはこれを拒む正当な事由が存在するとは考え難いでしょう。

(2)ア　データが削除された場合でも、管理領域に当該データが削除済みである旨のマークが付加されるにとどまり、当該データが記録されているデータ領域には当該データが残存している場合があります。この場合には、当該データが残存しているデータ領域の箇所に新たなデータが上書きされない限り、データ領域から当該データを復元することが可能な場合があります。（櫻庭信之＝行川雄一郎＝北條孝佳編「法律実務のためのデジタル・フォレンジックとサイバーセキュリティ」（商事法務、2021）253頁）

　　イ　データの復元の一般的な方法としては、データ復元ソフトを使用したり、専門業者に解析してもらったりする方法が考えられます。この点、復元の方法によっては、復元の過程でデータや電磁的記録媒体を毀損する危険性があるため、これを理由に相手方または第三者が復元

を拒否する場合には、正当な事由が存在し、検証の実施を拒めると考えられるでしょう。
(3)　電磁的記録媒体が衝撃や通電不良、経年劣化などで故障してしまう場合がありますが、電磁的記録媒体の一部が正常であれば、専門業者に依頼するなどの方法でデータを復旧できる可能性があります。しかしながら、このような場合には、電磁的記録媒体の分解等を伴う場合もあるなど、(2)と比べても復元の過程でデータや電磁的記録媒体を毀損する可能性が高いことなどからすれば、相手方または第三者はこのような復元を拒否する正当な事由が存在すると考えられるでしょう。
(4)　データは、一定単位ごとに並んだ二進数のデータ列であるところ、データ列自体が改変されるなどした場合に、これを修正して改変前のデータに復元することも考えられます。しかしながら、裁判官が五感の作用によって自ら対象物の性状等を検査するという検証の性質上、検証の対象物は改変された現在のデータであって、改変前のデータに復元することは検証の範囲を超えると考えられます。

Q73 電磁的記録を検証場所等で再生できない場合の対応

　再生用のソフトウェアや機器が現場にない場合のように、電磁的記録を現場で再生して確認することができない場合は、どのようにすればよいですか。

A　電磁的記録を現場で再生することができない場合は、これを検証することができないので、続行期日を指定して、再生用のソフトウェアや機器を準備して再度赴くか、それらの準備ができないようであれば、検証不能として終了することになります。もっとも、相手方が任意に交付することに同意する場合は、当事者間のやりとりに委ねてよいでしょう。

･･･解･説･･

1　電磁的記録の保存方法によっては、再生するのに特別なソフトウェアや機器が必要なものもあり、そのようなソフトウェアや機器を裁判所も申立人代理人も持っておらず、また、証拠保全の現場にもないということもありえます。
　このような場合、裁判官が五感の作用によって電磁的記録の内容を感得することができない以上、検証不能として終了することになります。
　もっとも、相手方が再生用のソフトウェアや機器を他所から取り寄せることができる場合には、取寄せを待つことが時間的に可能であれば、取寄せを待ったうえで、そのソフトウェアや機器を用いて検証するのが相当です（**Q61**参照）。
2　指定した期日に検証が実施できなかった場合は、続行期日を指定し、検証場所を裁判所または相手方の住所もしくは事務所所在地と定め、当該電

磁的記録を再生するのに必要なソフトウェアや機器を準備して、または相手方に準備してもらって、再生して検証を行うことが考えられます（この場合の記録化の方法については、**Q75**参照）。それらのソフトウェアや機器の準備ができない場合は、検証不能として手続を打ち切らざるをえません。

　もっとも、相手方が後日データを任意に交付することに同意する場合には、検証は不能とすることになりますが、証拠保全の手続外における当事者間のやりとりに委ね、後日、相手方から申立人に対してデータを保存した記録媒体や印刷した紙を送ってもらうこともありうると思われます。

3　CD-R、DVD-R等の記録媒体に記録（コピー）することはできるものの、その場で再生することはできないという場合も考えられます。このような場合も、上記と同様に、記録されたデータをその場で確認することができない以上、検証としては不能とせざるをえないと思われます。もっとも、相手方が、記録してそれを申立人に交付することに同意するのであれば、証拠保全の手続外における当事者間のやりとりに委ねるのが相当です。

Q74 電磁的記録に修正等がある場合の対応

電磁的記録において、改ざんや抹消等の跡があるかどうかはどのようにみればよいですか。

A 電子カルテの場合には、保存されている更新履歴を調べることによって改ざんや抹消等の跡の有無を調べることになります。

解説

　紙に記録されたものについては、使用された筆記具や修正液の痕跡から後で書き加えられたことがわかったり、記録の形状から頁の加除がわかったりするなど、改ざんや抹消等を比較的容易に覚知することができました。

　これに対し、電磁的記録の場合は、一般的にデータが書き換えられたり消去されたりしても、残されたデータからは視覚的に覚知することはできません。

　しかし、電子カルテを使用している医療機関の多くにおいては、更新履歴の保存が行われているようです（Q76参照）。そこで、更新履歴が保存されていれば、もしデータが書き換えられたり、消去されたり、書き加えられたりしていたとしても、更新履歴に現れることになりますので、申立人から更新履歴を調べてほしいとの申立てがあったときは、更新履歴を調べることによって改ざんや抹消の跡の有無をみることになります。なお、その際には、最新の更新日時を確認しておくことが必要となります。

Q75 電磁的記録の記録化の方法

電磁的記録について証拠保全を行った場合、どのように調書に記録すればよいですか。

A コンピュータのディスプレイ上の表示を写真撮影したものや、紙等に印刷したものを調書に添付するという方法によるほか、CD-R、DVD-R等の記録媒体に保存して、それを調書に添付するという方法によることもできます。

解説

1 証拠保全の調書には、書面、写真、録音テープ、ビデオテープその他裁判所において適当と認めるものを引用し、記録に添付して調書の一部とすることができます（民訴規則78条、69条）。

電磁的記録の証拠保全は、コンピュータのディスプレイ上に表示するか、紙等に印刷し、それをみることにより検証することになります（**Q71**参照）。その記録化の方法としては、印刷してもらった紙を調書に添付するという方法や、ディスプレイに表示してもらい、それを撮影し、その写真を調書に添付するという方法もありますが、その電磁的記録をディスプレイ上に表示するためのソフトウェアを裁判所が有しており、かつ、その電磁的記録を裁判所が持参した記録媒体へ保存することが技術的に可能な場合には、それらの記録媒体へ保存することによって記録化し、その記録媒体を調書に添付するという方法も考えられます。

なお、電磁的記録をディスプレイ上に表示するために特殊なソフトウェアが必要である場合もあります。相手方がその電磁的記録を記録媒体に保存することを了解した場合には、保存をした記録媒体を調書添付すること

も考えられますが、上記の場合には、裁判所においてディスプレイ上に表示することができないのですから、検証場所においてディスプレイ上に表示してもらったものを写真撮影するなどの方法と併用すべきでしょう。

2 　当事者および利害関係を疎明した第三者は、証拠保全の調書の謄写を請求することができ（民訴法91条3項）、上記のように記録媒体に保存する方法により記録化した場合には、複製をすることができます（同条4項）。もっとも、再生用のソフトウェアがないために複製ができない場合もありえますし、データは何らかの原因で消えてしまうおそれもあるので、そのようなことも考慮したうえで、申立人と記録化の方法を決めるべきでしょう。

Q76 電子カルテの検証

電子カルテの検証を実施する場合の注意点はどのようなものですか。

A 基本的には、電磁的記録一般に対する検証と方法において異なるところはありませんが、電子カルテについては、特殊なシステムによって管理されている場合が多いこと、更新履歴の保存が推奨されていることに特に注意する必要があります。

解説

1 　診療録（カルテ）の作成・保存については、医師法24条が「①医師は、診療をしたときは、遅滞なく診療に関する事項を診療録に記載しなければならない。②前項の診療録であって、病院又は診療所に勤務する医師のした診療に関するものは、その病院又は診療所の管理者において、その他の診療に関するものは、その医師において、五年間これを保存しなければならない」と定めているところ、昭和63年5月6日付け厚生省（現厚生労働省）健康政策局総務・指導・医事・歯科衛生・看護・薬務局企画・保険局医療課長、歯科医療管理官連名通知「診療録等の記載方法について」によって、作成した医師等の責任が明白であれば、ワードプロセッサー等のいわゆるOA機器によって診療録を作成することが認められ、さらに、平成11年4月22日付け厚生省健康政策局長・医薬安全局長・保険局長連名通知「診療録等の電子媒体による保存について」によって、①保存義務のある情報の真正性が確保されていること、②保存義務のある情報の見読性が確保されていること、③保存義務のある情報の保存性が確保されていることの3要件を満たす場合には、電子媒体によって診療録を保存することが認められました。一般に、「電子カルテ」とは、これらの通知に従って電

子的に記録・保存された診療録のことを指します。

　厚生労働省の保健医療情報システム検討会が平成13年12月26日に発表した「保健医療分野の情報化に向けてのグランドデザイン」では、「平成16年度までに全国の二次医療圏ごとに少なくとも一施設は電子カルテシステムの普及を図る。平成18年度までに全国の400床以上の病院の6割以上、全診療所の6割以上に電子カルテを普及させる」との数値目標が掲げられていました。厚生労働省が実施した平成23年度医療施設調査によれば、全国の医療機関の約20パーセントで電子カルテが導入されており、400床以上の医療機関では約51パーセントで電子カルテが導入されているようです。実際、医療機関に対する証拠保全の場面でも、電子カルテに遭遇する機会は年々増加しています。

2　電子カルテの検証の実施方法は、基本的には電磁的記録一般の検証の実施方法と異なるところはありません（**Q71**、**Q74**、**Q75**参照）。

　ディスプレイ上に電子カルテの内容（データ）を表示してもらって検証を行い、その内容を紙等に印刷してもらうか、画面をカメラで撮影するなどして調書を作成することになります。現在のところ、電子カルテの多くは、汎用性のないシステムによって管理されているようですので、その内容をそのままCD-RやDVD-R等の記録媒体に保存して調書に添付しても、通常のパソコンでは閲覧できないことに注意する必要があります。

3　ところで、上記のとおり、電子カルテについては、情報の真正性の確保が要求されていることから、厚生労働省による「医療情報システムの安全管理に関するガイドライン第4.2版」（平成25年10月）は、「作成の責任の所在を明確にすること」を制度上の要求事項とし、その一環として電子カルテの更新履歴の保存を求めています（同85頁）。

　そして、更新履歴が保存されている場合には、一括印刷機能を使用することにより、最終更新版のみを表示・印刷することも、過去の全ての記載内容を表示・印刷することも可能のようです。ただし、システムによっては、一括印刷機能を使用しても全ての更新履歴が表示、印刷されないことがあるので、注意が必要です。

　電磁的記録については、内容が書き換えられたり消去されたりしても、

第5章　証拠調べの実施等

残された内容からそれを視覚的に確認することができないことが指摘されています（**Q74**参照）が、更新履歴が保存されている電子カルテについては、内容の書換えや消去を後から確認することが可能となります。

　こうした更新履歴（過去の全ての記載内容）も、検証の目的物に含まれると解されますが、検証物目録に更新履歴があげられていない場合、電子カルテを用いている医療機関は、最終更新版のみを表示、印刷することが多いようです。更新履歴自体を検証の対象とする場合、その旨を明示させるのが相当です。

4　電子カルテシステムを導入している医療機関であっても、診療記録の全てを電磁的記録としているとは限らないので、診療録の検証にあたっては、紙やフィルムに作成・保存された記録を見落とすことのないように注意しなければなりません。また、医療機関が電磁的記録として保存する情報のなかには、医療機関が診療録等の定義に該当しないと判断したため、電子カルテとしては取り扱われていないものもあります。この場合、一括印刷機能を使用しても上記情報が印刷されないことがありますので、注意してください。

5　その他、電子カルテに関する証拠保全についての詳細は、東京地方裁判所証拠保全・収集処分検討委員会、医療訴訟対策委員会「電子カルテの証拠保全について」（判タ1329号5頁）を参照してください。

Q77 マイクロフィルムにより保存されている診療録の検証

診療録の検証をしようと医療機関に臨んだところ、診療録がマイクロフィルムにより保存されていた場合、裁判所としては、どのような点に注意して検証を実施すべきですか。

A マイクロフィルムに収録された診療録をそのまま肉眼で見読することは困難であることに注意し、拡大表示してもらったうえで検証を実施し、紙等に印刷してもらって調書を作成するのが相当です。

解説

1 医師法24条2項は、診療録の保存期間を5年と定めていますが、5年の法定保存期間経過後も、診療録をマイクロフィルムに収録したうえで保管している医療機関もあるようです。

　このようにマイクロフィルム化された診療録は、厳密には「診療録」そのものではなく、「診療録の写し」というべきですが、検証の目的物として明示されていない場合であっても、「その他上記診療に関して作成された一切の書類」に含まれるものとして、検証の対象となるものと解されます。

2 マイクロフィルムに収録された診療録は、そのまま肉眼で見読することは困難ですから、拡大表示してもらって検証を実施するのが相当と思われます。診療録をマイクロフィルムに収録して保存している医療機関であれば、通常、これを拡大表示する機器を備えているはずです。

　調書の作成方法については、マイクロフィルムを拡大写真撮影する方法もありますが、通常、紙等に印刷してもらう方法で足りると思われます。

Q78 手術の様子を撮影した動画の検証

手術の様子を撮影した動画についての証拠保全手続を実施する場合、どのような点に注意したらよいのですか。

A 一般に、動画の検証は、全てを再生して、これを視聴することによって行うことになりますが、手術の様子がシネフィルム（映画フィルム）やデジタル記録媒体に記録されている場合には、当該医療機関でなければ検証を実施できないことがあるので、注意が必要です。

解説

1 医療機関のなかには、手術の様子を動画で撮影し、シネフィルム（映画フィルム）やデジタル記録媒体に記録して保管しているところもあるようです。

このような動画については、検証の目的物として明示されていない場合であっても、「その他上記診療に関して作成された一切の書類」に含まれるものとして、検証の対象となると解されます。

2 一般に、動画の検証は、全てを再生して、これを視聴することによって行うことになります。

もっとも、長時間に及ぶ手術を撮影した動画については、検証現場において一期日のうちに検証を終了することが不可能となることも考えられます。このような場合、動画が記録されている媒体につき、留置命令（民訴法232条、227条）を発令して、裁判所に持ち帰り、検証場所を裁判所として続行期日を指定すれば、裁判所において引き続き検証を実施することもできますが（留置命令については、**Q70**、**Q80**参照）、再生に特殊な器具やソフトウェアが必要となるものについては、続行期日を指定して、当該

医療機関において検証を続行するほかありません。
　なお、一期日のうちに検証を終了するのが不可能であることが検証を開始する前に明らかとなった場合、申立人としては、相手方に対して任意に再生可能な記録媒体の複製を交付するよう依頼し、相手方がそれに応じて交付を受けた場合には、証拠保全の申立てを取り下げることも検討すべきです。
3　動画の検証を実施した場合、その結果をどのように調書に記録するかが問題となりますが、裁判所において再生可能な記録形式で媒体に保存してもらえるのであれば、それを調書に添付することが相当です。
　裁判所において再生可能な記録形式での媒体への保存が不可能である場合には、動画を再生している場面をビデオカメラなどで撮影するなどして記録化するほかありません。

Q79 レセプト控えの検証

レセプト（診療報酬明細書）控えについての証拠保全手続については、どのような点に注意したらよいですか。

A 医療機関に保管されているレセプト控えも検証対象物に含められることが多いようですが、レセプトは、患者またはその遺族が保険者に対して原本の開示を請求することができることから、証拠保全の方法によるまでもなく、開示を受けることができます。そのため、裁判所からレセプトの部分についての取下げを求められることもあります。

解説

1　一般に、患者が医療機関において保険診療を受けた場合、患者は医療機関の窓口で医療費の自己負担分を支払いますが、この患者の自己負担部分を超える医療費については、医療機関は、患者が加入している公的医療保険の保険者に対して請求を行います。レセプトは、このように医療機関が保険者に対して医療費を請求する際の明細書（診療報酬明細書）のことで、医療費の個々の単価や、病名、処置名、薬剤名、検査名などが全て記載されています。

　レセプトの原本は、患者が加入している公的医療保険の保険者に保管されていますので、医療機関が保管しているのは、レセプトの控えということになります。

　なお、多くの医療機関においては、レセプトはレセコンと呼ばれるコンピュータで管理されており、この場合、レセプト控えは電磁的記録ということになります（電磁的記録一般の証拠保全については、**Q71**ないし**Q75**参照）。

2　ところで、レセプトの原本については、平成17年3月31日付け厚生労働省保険局長通知「診療報酬明細書等の被保険者等への開示について」および平成23年6月20日付け厚生労働省局長通知「『診療報酬明細書等の被保険者等への開示について』の一部改正について」によって、被保険者から保険者に対して開示請求がされた場合は、保険者は、保険医療機関に対して、レセプトを開示することによって個人情報の保護に関する法律33条2項1号に規定する「本人……の生命、身体、財産その他の権利利益を害するおそれ」がないかどうか、具体的には、レセプトを開示することによって本人が傷病名等を知ったとしても本人の診療上支障が生じないことを事前に確認したうえで（その際、保険医療機関においては主治医の判断を求めるものとする）開示することとされています（ただし、レセプトの「傷病名」欄、「摘要」欄、「医学管理」欄、全体の「その他」欄、「処置・手術」欄中の「その他」欄および「症状詳記」欄を伏せた開示を行うことについて、被保険者等の同意が得られれば、保険者に対する確認は要しないとされています）。また、遺族からの開示請求の場合は、レセプトが医師の個人情報となる場合には、遺族から保険医療機関に対する意見照会をすることについての同意を得たうえで事前に保険医療機関に開示についての意見を照会し、開示しても問題ないとの回答を得た場合に限り開示し、レセプトが医師の個人情報とならない場合には、そのような意見照会をすることなく、開示することとされています。ただし、保険者が、レセプトを開示することが被保険者の生前の意思、名誉を傷つけるおそれがあると判断した場合には開示されません。また、保険者は、遺族からの請求に応じてレセプトを開示した場合には、遺族の同意が得られていれば、保険医療機関に対し、開示した旨の連絡をし、遺族の同意が得られていない場合には、開示請求をした遺族を特定しない形で、開示した旨の連絡をすることとされています。

3　実務上は、医療機関に対する証拠保全手続において、レセプト控えを検証対象物に含めることが一般的なようです。

　　上記のように、レセプト原本が保険者において保管され、一定の場合を除けば、保険者に対するレセプト原本の開示請求が可能であることからす

れば、通常は、医療機関においてレセプト控えを改ざんする意味があるとは考えにくく、保全の必要性が認められるかについては議論のあるところです。また、仮に、レセプト控えに関する改ざんのおそれの疎明があるとして、証拠保全を実施するとしても、医療機関のなかには、特定の患者についてのレセプト控えを選別するのに多大な時間を要するとして、レセプト控えの提示について難色を示すところもあります。

　裁判所としては、面接の際、申立人に対し、レセプト原本の開示請求については、上記のように保険者に対して請求できること、医療機関側からその提示について難色を示された場合には、裁判所が取下げを求める可能性があることを説明しておくのが相当です。

　医療機関側から、選別に多大な時間を要するなどとして提示が受けられなかった場合、裁判所は申立人にレセプト控えについての申立ての取下げを求め、取下げがされない場合には、レセプト控えについては検証不能とすることになります。

Q80 検証が実施または終了できない場合の処理

検証物が大量で全部の記録化をする時間がない場合、相手方から業務に支障があるので持ち帰ってほしいといわれた場合、どのようにすればよいですか。

A 予定していた期日に検証が終了しなかった場合は、続行期日で検証するために、留置命令（民訴法232条、227条）を発して裁判所に持ち帰り、検証自体は予定していた期日に終了したが、記録化がその期日に終わらなかった場合は、調書作成のために、留置命令を発して裁判所に持ち帰ることになります。

……解・説……

1 期日は、終了の宣言をすることによって終了しますが、延期、続行の宣言をすることによっても終了します。期日の延期とは、期日の目的たる事項に入らずこれを新期日に譲ることをいい、期日の続行とは、目的たる事項に入ったがその期日で完結しないため次回に継続することをいいます。

　証拠保全が予定していた期日で終了した場合は問題ありませんが、治療期間・入院期間が長期にわたる場合や、患者が集中治療室（ICU）に入っていたような場合には、診療録や検査結果等が大量に存在することがしばしばあります。対象物が大量にあって、予定していた期日では終了しなかった場合は、続行期日を指定し、検証場所を定めて、留置命令（民訴法232条、227条）を発して裁判所に持ち帰ることになります。その場合の続行期日の検証場所は、裁判所か相手方の住所地等かのいずれかということになります。また、検証自体はその期日に現場で終えたものの、記録化が当初予定していた時間内には終わらなかった場合には、留置命令を発し

第5章　証拠調べの実施等　255

て、調書作成のために対象物を裁判所に持ち帰ることが考えられます。留置命令は、現場で口頭で発することも可能ですが、その場合は、調書にその旨を記載しておく必要があります（民訴規則67条1項7号）。調書には、留置命令の対象物件を、診療科目やカルテの種類等によって特定する必要があります。また、裁判所が持ち帰る対象物を明確にしておくために相手方から受領書の発行を求められた場合には、持ち帰る対象物を記載した留置物受領書（Q70参照）を相手方に交付することが考えられます。

　ただし、留置命令には物理的な強制力はなく、拒否したとしても制裁はありません。そこで、相手方が留置命令に従わない場合は、強制的に持ち帰ることはできませんので、次回期日を指定して、再度現場に赴くことになるでしょう。もっとも、続行期日までに相当の日数を要し、既に現場に臨んで証拠調べを実施するまでの緊急性が失われているような場合にまで、続行期日を指定することは消極的に解さざるをえません（Q61参照）。この場合、検証不能とせざるをえないでしょう。

2　留置命令を発して裁判所に持ち帰った場合のその後の留置物の取扱いについては、「裁判所の事件に関する保管金等の取扱いに関する規程」により、民事保管物として会計課で領置物取扱主任官が保管し、必要がある場合にはそこから仮出しをすることになると定められていますが、同規程の運用についての通達により、事務の取扱い上やむをえないときは、民事保管物のうち事件記録とともに保管するのが相当であると認められる物については、これを保管物主任官に送付しない取扱いをすることができるとされていることから、これに基づき、担当部で保管する取扱いをすることが可能です。もっとも、その場合には、主任書記官が保管するなどの配慮が必要でしょう（留置命令については、Q70参照）。

　この点、実務上、書記官名で預り証を差し入れて事実上預かって帰るという方法がとられることもあるようですが、後で問題が生じるのを避け、手続上の措置を明確化しておくべきであることから、事実上預かるのではなく、法律上の根拠のある留置命令によるべきでしょう。

　また、対象物が印刷物等の大量に存在している物（商品、商品カタログ、パンフレット、事業案内、営業マニュアル等）の場合には、相手方が

所有権放棄をしてもよいという場合には、所有権放棄をしてもらって現物をもらって帰るということもありえます。この場合、所有権放棄がされたことは調書上明らかにしておくことになります。
3　以上のような方法をとることができるとはいっても、現場に行ってから予想外に大量の対象物が出てくるという事態はできるだけ避けたほうがよいので、申立書の審査や面接の段階で、長期に入院をしていたことや集中治療室に入っていたことなどの事情の有無を把握するように努め、そのような事情があり、目的物が大量に存在することが予測される場合には、証拠保全の開始時間（午前中から始めるなど）、記録化の方法、同行するカメラマンの人数等を工夫するなど、事前の対策を講じておくことが相当です。

第6章

証拠保全手続終了後の手続

Q81 証拠保全手続終了後に送付された書面の処理

検証場所において相手方から検証物はないとの回答を受けたことから、検証不能として証拠保全手続を打ち切ったところ、後日、相手方から、検証物が見つかったとして裁判所にその写しが送付されてきた場合、裁判所としてはどのような対応をすべきですか。

A 裁判所としては、送付を受けた経緯を記載したうえで、証拠保全の記録の末尾に検証調書とは明確に区別できるようにして編てつしておくのが相当です。

・・・解・・説・・・

1 稀ではありますが、検証不能として証拠保全手続を打ち切ったところ、後日、相手方から、検証物が見つかったとして裁判所にその写しが送付されてくることがあります。

このような場合、裁判所としては、証拠保全手続は既に終了している以上、相手方から送付されてきた書面を検証の結果とすることはできません。

しかし、このような書面も当該証拠保全申立事件に関連する書面ではありますから、当該証拠保全申立事件の記録の一部となると解するのが相当です。

したがって、裁判所としては、送付されてきた書面については、送付を受けた経緯を余白に記載するなどしたうえで、当該証拠保全申立事件の記録の末尾に編てつすることになります（証拠法大系5巻205頁〔齋藤隆・阿閉正則・下澤良太・餘多分亜紀執筆部分〕）。この場合、証拠調べ調書（検証調書）に添付された検証物と紛らわしくならないように、これと区

別して綴じておくことが必要です。
2　また、このような場合、申立人に対し、相手方から検証物の写しが送付されてきたことを連絡するのが相当と考えられます。もっとも、これは法的義務に基づくものではありません。

　申立人としては、必要に応じて、これらの書面について閲覧等の請求をすることになります（民訴法91条）。
3　以上述べたことは、相手方から裁判所に検証物が送付されてきた場合の対応ですが、検証物が見つかったとの連絡が来るにとどまり、検証物が送付されてこないことも考えられます。このような場合、相手方が検証物を送付しない以上、これを申立人に開示するか否かはあくまで相手方の判断に委ねるべきです。したがって、裁判所としては、相手方に対し、当該検証物を開示するかどうかについては相手方において検討し、開示するのであれば、申立人に対して直接連絡をとられたい旨を伝えるのが相当と考えられます。また、裁判所から申立人に対して検証物が見つかった旨を連絡するにしても、相手方がそのような連絡を希望する場合に限るべきでしょう。

Q82 手続の再開の可否

　病院における検証の際に、検証物である診療録の一部が転院先に送られていたため、その部分については検証不能として証拠保全手続を打ち切ったところ、後日、その診療録が返却された場合、証拠保全手続を再開することはできますか。

 いったん終了した証拠保全手続を再開することはできません。

―――― 解・説 ――――

1　病院における検証の際に、検証物である診療録の一部が転院先に送られていたため、その部分については検証不能として証拠保全手続を打ち切ったところ、後日、その診療録が返却された場合、いったん検証不能として証拠保全手続を打ち切った以上、その証拠保全手続は終了していますから、再開することはできません。

　このような場合に、申立人に対して、診療録の一部が返却されたことを連絡するかについては、証拠保全手続は終了している以上、連絡をする法的義務はなく、当事者間の任意のやりとりに委ねるのが相当です（**Q81**参照）。

2　申立人としては、相手方からの任意の開示が得られず、返却されてきた診療録についても保全する必要がある場合には、新たな証拠保全の申立てをするほかありません。

262　第2編　検証の方法による証拠保全（医療事件を中心にして）

Q83 本案裁判所への上程手続

1. 証拠保全手続が終了した後、本案訴訟が提起された場合、証拠保全の結果は本案訴訟の手続にどのように現れますか。
2. 証拠保全手続後に提起された本案訴訟が、証拠保全とは異なる相手方に対して提起された場合、また、本案訴訟の訴訟物が証拠保全の際に予定されていたものとは異なる場合にはどのようになりますか。

(1) 設問1について

証拠保全を行った裁判所の裁判所書記官が、本案の裁判所の裁判所書記官に対し、証拠保全の記録を職権で送付し、本案訴訟手続では、証拠保全の結果を本案訴訟の口頭弁論に上程すれば、当該訴訟において証拠調べがされたのと同一の効力を生じます。

(2) 設問2について

これに対し、証拠保全と本案訴訟の当事者または訴訟物が異なる場合には、証拠保全の結果は同一の事件に関する証拠調べとはいえませんので、証拠保全の結果を上程するという方法によることはできず、本案訴訟に、別件の証拠調べの結果として書証として提出することになります。

····解···説··············

1　証拠保全のための証拠調べが行われた場合には、その証拠調べを行った裁判所の裁判所書記官は、本案の訴訟記録の存する裁判所の裁判所書記官に対し、証拠調べに関する記録を送付しなければならないとされています（民訴規則154条）。この証拠保全に関する記録の送付は、裁判所書記官が職権で行うものです（注釈(7)319頁）が、証拠保全を行った裁判所と本案

第6章　証拠保全手続終了後の手続　263

が提起された裁判所との間で、本案訴訟が提起されたことや証拠保全が実施されたことを知らせる制度はないため、民訴規則54条により、訴え提起前に証拠保全のための証拠調べが行われたときは、訴状に、その証拠調べを行った裁判所および証拠保全事件の表示を記載しなければならないものと定められており、その記載をもって証拠保全に関する記録の送付の端緒とすることにしています。これにより、本案が提起された裁判所の書記官がその件につき証拠保全が行われたことを知ることができ、証拠保全を行った裁判所の書記官に対し、証拠保全事件の記録の送付を求め、それに基づいて記録が送付されることになります。証拠保全手続では訴訟費用の裁判は行われず、証拠保全に関する費用は、訴訟費用の一部とされ、判決または和解条項で負担が定められることになりますが（**Q35**参照）、証拠保全記録の取寄せにかかる費用も訴訟費用に含まれるものとして、上記同様に負担が決せられることになります（民事訴訟費用等に関する法律2条2号、11条1項1号）。

　証拠保全のための証拠調べの結果は、本案訴訟に上程されることになりますが、その場合、証拠調べ調書が本案訴訟において新たに書証として提出されたものとして扱われるのではなく、証拠調べの結果を口頭弁論に上程すれば、これにより本案訴訟において証拠調べがされたのと同一の効力を生じることになります。その際、当事者は、「証拠調べの結果を援用する」との訴訟行為を行うのが慣行となっています。調書には、証人等目録の証拠保全事件を記載した部分の備考欄に、「第○回弁論結果陳述」のように記載します。もっとも、診療録等は、検証物として証拠保全される場合がほとんどですから（**Q27**参照）、上記のように証拠調べの結果を本案訴訟に上程した場合、本案訴訟に上程されるのは、検証の結果である当該文書の形式・体裁等にすぎないことになりますので、診療録等に記載されている内容についての証拠調べのためには、証拠保全記録を謄写するなどしたうえで、書証として提出することが必要となります。

2　証拠保全後に提起された本案訴訟が、証拠保全とは異なる相手方に対して提起された場合には、同一の事件に関する証拠調べとはいえないことになりますので、上記1のように、証拠調べの結果を弁論に上程するという

方法によることはできず、別件の証拠調べ調書を書証として提出することになります（菊井＝村松Ⅱ733頁、コンメⅣ615頁）。また、本案訴訟の訴訟物が証拠保全の際に予定されていたものとは異なる場合も同様です。なお、前者の場合、証拠調べに立ち会う機会を与えられなかった本案訴訟の相手方当事者が、当該証拠調べの結果の信用性を争ってきたときには、裁判所からその証拠価値につき消極的評価を受ける可能性があります（**Q8**参照）。

3 　証拠調べをした証拠保全事件記録の保存期間は証拠保全手続が完結した日から10年間とされています（事件記録等保存規程（昭和39年最高裁判所規定第8号）第4条、別表第一の27）。したがって、本案訴訟を提起する時期によっては、証拠保全記録が廃棄され、これを送付することが不可能な場合があることに注意する必要があります。

第3編

検証以外の方法による証拠保全

Q84 証拠保全においてできる証拠調べ

証拠保全では、検証のほかにどのような証拠調べができますか。

A 証拠保全における証拠調べの方法に条文上の制限はなく、理論上は、検証のほかにも、証人尋問、当事者尋問、書証の取調べ、鑑定および調査嘱託ができます。

····解···説·····

　これまでに東京地裁で行われた証拠保全における証拠調べの方法として最も多いのは、証拠保全決定をした裁判所が検証物の保管場所に赴いて検証を実施するという方法で、平成6年から平成15年までに東京地裁に申し立てられた証拠保全の90パーセント以上を占めていました。これは、改ざんのおそれを理由に医療機関を相手方として診療録等の検証を求める事例が圧倒的に多かった（平成6年から平成15年までに東京地裁に申し立てられた証拠保全の約62パーセントが診療録を対象としたものでした）ことによるものと考えられます（以上につき、証拠法大系5巻162頁〔齋藤隆・阿閉正則・下澤良太・餘多分亜紀執筆部分〕）。

　もっとも、東京地裁に申し立てられた証拠保全における検証の割合は、平成31年（令和元年）から令和5年までで約83パーセントとやや減少傾向にあります。また、医療機関を相手方として診療録等の検証を求める証拠保全の割合は大きく減少しており、平成31年（令和元年）から令和5年まででは約20パーセントでした。その背景には、主たる医療機関を中心として診療録等の任意開示制度が充実してきていることから、証拠保全によらなくても、診療録等を入手することが可能となったためと考えられます。

第3編　検証以外の方法による証拠保全　269

Q85 書証の方法による証拠保全

書証の方法による証拠保全はどのようなものですか。

A 　書証の方法による証拠保全としては、文書送付嘱託による方法と文書提出命令による方法があります。

解説

1 　検証は裁判官が五感の作用で対象物の性状・性質を認識した結果を証拠資料とするためのものであり、書証は文書の意味内容を証拠資料とするためのものですから、基本的には、証拠保全の事由を「廃棄・散逸のおそれ」とする場合は書証の方法によることが、「改ざんのおそれ」とする場合は検証の方法によることが考えられます（**Q27**参照）。申立人としては、想定される証拠保全の事由との関係で、対象となる文書について、文書の意味内容だけを保全すれば足りるのか（書証）、それとも文書に施された修正の有無等の形状についても保全する必要があるか（検証）を踏まえて、証拠調べの方法を選択することになります。

2 　書証の方法により証拠調べを行う場合、対象となる文書の所持者に対して当該文書の提出を求める方法としては、文書の送付を嘱託して文書の所持者に対象となる文書を裁判所に送付させる方法（民訴法226条）と文書提出命令を発する方法（民訴法219条）とがあります。具体的な手続については、文書送付嘱託による場合は**Q86**および**Q87**、文書提出命令による場合は**Q88**を参照してください。

Q86 文書送付嘱託の手続

文書送付嘱託の方法による場合、証拠保全の手続はどのようなものになりますか。

A 基本的には、検証の方法による場合と同様ですが、証拠保全決定、送達の方法、証拠保全の実施方法などについて、相違点があることに注意すべきです。

・・・解・説・・・

1 申立ておよび審査
 (1) 文書送付嘱託の方法による証拠保全の申立てを行う場合であっても、将来被告となるべき者（訴え提起前の場合）または申立人の反対当事者（訴え提起後の場合）が当該証拠保全手続の相手方となります（**Q6**参照）。
 (2) 文書送付嘱託の方法による証拠保全の管轄は、文書の所在地（保管場所）ではなく、文書を所持する者の居所に認められます（**Q14**参照）。
 (3) 文書送付嘱託の方法による証拠保全を行うことができるのは、所持者が意図的に文書の廃棄等を行うおそれがなく、文書の送付につき協力を得ることができる見込みがある場合に限られます（**Q87**参照）。
 (4) そのほか、文書送付嘱託の方法による証拠保全の申立ておよびこれに対する判断にあたって注意すべき点は、検証の方法による場合と同様です。
2 証拠保全決定（決定書主文例8参照）
  文書送付嘱託によって送付された文書を当事者が謄写し、改めて必要な範囲で書証として裁判所に提出するという実務上の運用を前提とすると

（証拠法大系4巻74頁〔古閑裕二執筆部分〕）、文書の所持者に対して当該文書を送付することを嘱託する旨の決定とは別に、書証の取調べの決定と証拠調べ期日の指定を行う必要があります。

　証拠調べ期日の指定を文書送付嘱託の決定と同時に行うこともできますが、対象となる文書がいつ裁判所に到着するか、そもそも、文書の送付につき協力が得られるかなど、文書送付嘱託の決定を行う時点では不確定な要素が多いので、文書送付嘱託の決定および送付の嘱託を先行させ、文書が裁判所に到着し、申立人が取調べの対象となる文書を特定した後に、当該文書を書証として取り調べる旨の決定および証拠調べ期日の指定を行うのが相当と考えられます。

　なお、証拠保全手続における証拠調べ期日は、公開の要請がありませんから、法廷で行う必要はありませんが、弁論準備手続室など証拠調べにふさわしい場所で行うのが相当です。

3　送達

(1)　まず、文書送付嘱託の決定を申立人と相手方に対して告知する必要があります。相手方に対する告知は、検証による場合と同様、決定書謄本および申立書副本を送達することにより行うことになりますが、検証による場合と異なり証拠調べ期日の直前に送達する必要がないので、執行官送達の方法による必要はなく、郵便送達によることで足りると考えられます。

　その後、文書の所持者に対して送付の嘱託を行うことになりますが、文書の所持者が相手方の場合には、文書送付嘱託の決定書謄本を送達するのと同時に送付を嘱託することも許されると考えられます。文書の所持者が第三者の場合には、相手方への送達が確認できた後、通常の文書送付嘱託と同様に嘱託することになります。

(2)　文書送付嘱託の決定および送付の嘱託を先行させ、書証の取調べの決定および証拠調べ期日の指定を留保する場合には、後日、書証の取調べの決定および証拠調べ期日の指定を行った段階で、相手方に対し、その旨の決定書謄本（決定書主文例8参照）および呼出状を送達することになります。

4 証拠保全の実施
(1) 文書が送付された場合
　裁判所は、文書が嘱託先から送付された場合、当該文書を留め置いたうえで（民訴法227条）、申立人に連絡します。
　そして、裁判所から連絡を受けた申立人は、送付された文書の謄写を申請し、謄写されたもののなかから必要な部分を選択して裁判所に提出することになります（なお、裁判所に提出されなかった部分については、証拠保全の申立てが取り下げられたと解されます）。この際、相手方の人数分の副本および証拠説明書を作成して裁判所に提出する必要があります（民訴規則137条1項。書証の副本および証拠説明書を直送することもできます（同条2項））。
　文書送付嘱託の決定および送付の嘱託を先行させる場合には、この段階で、申立人と打合せをしたうえ、書証の取調べの決定および証拠調べ期日の指定を行うことになります。裁判所としては、相手方の立会いの機会を保障するために、相手方に対して期日の呼出しをする必要があることに注意しなくてはなりません（民訴法240条）。
　証拠調べ期日では、通常の書証の取調べと同様に証拠調べを実施します。なお、調書には、「書証目録記載のとおり」などと記載したうえで、書証目録を作成し（申立人から提出された証拠説明書を引用できることは、本案の場合と同様です）、文書の写しとともに調書の一部とするのが相当です。また、証拠調べ期日に相手方から文書の成立について主張があった場合には、書証目録にその旨を記載する必要があります。
(2) 文書が送付されなかった場合
　嘱託先（文書の所持者）が文書の送付を拒絶した場合や文書を所持していない旨の回答をした場合には、書証の取調べは不可能です。したがって、申立人に対して証拠保全の申立てを取り下げるよう促すか、証拠調べ期日を指定し当該期日を開いたうえ、証拠調べ不能を理由に手続を打ち切ることになります。この場合には、嘱託先（文書の所持者）が文書の送付を拒絶したために証拠調べが不能となったことなどを調書に記載すべきです（嘱託した文書のうちの一部のみが送付された場合に

は、送付されなかった文書について証拠調べが不能となったことなどを調書に記載することになります)。

　なお、文書送付嘱託の決定と同時に証拠調べ期日の指定を行った場合において、期日までに嘱託先から回答がないときは、今後、文書が送付される蓋然性の程度に応じて、証拠調べ不能を理由に手続を打ち切るか、証拠調べ期日を変更するか（または証拠調べ期日を開いたうえで続行期日を指定する）選択することになります。

Q87 文書送付嘱託の方法による場合の注意点

証拠保全を文書送付嘱託の方法により行う場合、注意すべき事項はありますか。

A 文書の所持者の協力を得ることができる見込みがある場合に限って実施できる点などに注意すべきです。

解 説

1 文書送付嘱託の方法による証拠保全が申し立てられた場合に、これが実効性を有するのは、文書の送付につき、文書の所持者の協力を得ることができる見込みがある場合（例えば、文書の所持者が意図的に当該文書を廃棄、散逸させるおそれはないが、保存期間の満了等により、機械的に文書を廃棄するおそれがある場合）に限られると考えられます。

2 文書送付嘱託の申立ては、それ自体が書証（検証）の申出であるという考えもありますが、実務上は、嘱託先（文書の所持者）から送付された文書を当事者が謄写し、改めて書証としてこれを裁判所に提出するのが一般的です（証拠法大系 4 巻74頁〔古閑裕二執筆部分〕）。このような実務上の取扱いを前提とすると、文書の所持者に対して当該文書を送付することを嘱託する旨の決定のほかに、当該文書を書証として取り調べる旨の決定（書証の取調べの決定）および証拠調べ期日の指定を行う必要があります（手続については**Q86**参照）。

3 上記のような実務上の取扱いを前提にした場合、文書が裁判所に送付された後、申立人がその一部のみを書証として裁判所に提出することも許容されると考えられます。申立人が書証として提出しなかった文書については、その範囲で証拠保全の申立ての一部取下げがあったものと解すべきで

すが、手続を明確にするために、当該文書について取下書の提出を求めるのが相当と考えられます。

4　民訴法232条1項は文書送付嘱託に関する同法226条を検証の目的の送付の場合に準用しているので、理論上は、検証物についても送付嘱託の方法によることができますが、証拠保全の事由が「改ざんのおそれ」である場合に送付嘱託の方法によることは、送付嘱託後証拠調べ期日までの間に紛争の存在を相手方に認識させ、診療録等の改ざんを行う時間的余裕、機会を与える可能性があるので、消極的に解すべきです（畔柳達雄「医療事故訴訟提起前の準備活動」新実務民訴5・206頁）。

なお、定型的に改ざんのおそれの少ないといわれる転院先の病院の診療録等が検証の目的物である場合については、裁判所の負担軽減のため、送付嘱託のうえ、検証することも許される（林圭介「証拠保全に関する研究」民訴雑誌37号37頁以下）との考え方もありますが、そもそも改ざんのおそれが少ないのに、改ざんのおそれを理由にして診療録等の証拠保全をすることを矛盾なく説明できるか疑問は残ります。

5　提訴前証拠収集処分として、文書送付嘱託を申し立てることもできます（民訴法132条の4第1項1号）が、申立てに先立って提訴予告通知をしておく必要がある（同法132条の2）ため、やはり、改ざんのおそれがある場合には不向きと思われます（**Q2**参照）。

Q88 文書提出命令の手続

文書提出命令の方法による場合、証拠保全の手続はどのようなものになりますか。

A 文書送付嘱託の方法による場合に準じて行います。文書の所持者の協力が得られる見込みがある場合に限って実施することができる点も文書送付嘱託の方法による場合と同様です。

解説

1 文書提出命令の方法による証拠保全の手続

　文書の所持者に対して文書の提出を命じ、提出された文書を書証の方法によって取り調べる場合、その手続は文書送付嘱託の方法による場合に準じて行うことになります。文書の所持者の協力が得られる見込みがある場合に実施することができる点でも、文書送付嘱託と同様ですので、実務上は文書送付嘱託の方法によることが多いと思われます。

2 申立ておよび審査

(1) 証拠保全において文書提出命令の申立てを行う場合であっても、将来被告となるべき者（訴え提起前の場合）または申立人の反対当事者（訴え提起後の場合）が当該証拠保全手続の相手方となります（**Q6**参照）。

(2) 書証の取調べの方法による証拠保全を行う場合、対象となる文書の所持者の居所に管轄が認められます（民訴法235条2項）。

(3) 文書提出命令を申し立てる場合には、①相手方、②証明すべき事実、③文書の表示、④証拠保全の事由（民訴規則153条2項）のほかに、⑤文書の趣旨、⑥文書の所持者、⑦文書提出義務の原因について記載する必要があります（民訴法221条1項）。

(4) 証拠保全の判断にあたっては、証拠の必要性については原則として判断しないものとされていることに注意する必要があります（**Q21**参照）。

3 審尋等

(1) 証拠保全の相手方が文書を所持している場合、文書提出命令の決定に対しては抗告が許されることから、事前に意見を述べる機会を与えることが相当です。事前に意見を述べる機会を与えることで、証拠保全の目的を達することができなくなるおそれがある場合には、そもそも文書提出命令によって文書を送付させることは不適当と考えられます。

(2) 証拠保全の相手方以外の第三者が文書を所持している場合、文書提出命令の決定を行うためには、あらかじめ当該第三者の審尋を行うことが必要です（民訴法223条2項）。また、文書を所持しない証拠保全の相手方に対しても、本案においては、相手方にも意見を述べる機会が事実上付与されていることに照らすと、証拠保全においても、事前に意見を述べる機会を与えるのが相当と考えられます。

文書提出命令の相手方が文書提出命令の申立てに対して意見がある場合には、書面で意見を述べなければならないとされている（民訴規則140条2項）ことからすれば、第三者に対する審尋は書面で意見を述べさせることで足りると考えられます。また、審尋の機会を与えればよく、第三者が書面で回答しない場合や審尋期日に出頭しない場合であっても、文書提出命令を発令することはできます。

4 決定・送達

証拠保全の決定は、文書の所持者に対して文書の提出を命じたうえで、書証として取り調べる旨の決定（書証の取調べの決定）および証拠調べ期日の指定を行うことになります。書証の取調べの決定および証拠調べ期日の指定を留保することができる点、郵便送達の方法により送達することができる点については、文書送付嘱託の場合と同様です（**Q86**参照）。

なお、書証の取調べの決定に対しては不服申立てができませんが（民訴法238条）、文書提出命令の決定については、即時抗告をすることができます（民訴法223条7項。もっとも、最決平12.12.14民集54巻9号2743頁は、文書提出命令の決定に対しては、文書の提出を命じられた所持者および申

立てを却下された申立人以外の者は、抗告の利益を有しない旨判示しています）。

5　証拠調べの実施

　文書提出命令に基づき文書が裁判所に提出された場合、文書提出命令の申立人が改めて書証の申出を行っている実務上の取扱いを前提とすれば（証拠法大系4巻91頁〔萩本修執筆部分〕）、書証の方法による証拠調べの実施は、文書送付嘱託の場合と同様になります（文書送付嘱託の手続につき**Q86**参照）。

　ただし、文書提出命令を発したにもかかわらず文書が裁判所に提出されなかった場合に、文書の所持者に対する制裁の規定（民訴法224条、225条）を適用するときは、証拠調べ期日を開いたうえで、文書が提出されなかった旨を調書に記載し、証拠調べ不能を理由に手続を打ち切る必要があります。

Q89 調査嘱託

証拠保全で調査嘱託を申し立てることはできますか。

A 証拠保全で調査嘱託を申し立てることも理論上は可能ですが、改ざんのおそれを証拠保全の事由とすることにはなじまないことなどについて注意すべきです。

····〈解〉·〈説〉··

1 調査嘱託とは、公正さを有すると考えられる団体に対し、手元にある資料に基づき容易に調査することができる客観的事項について調査を嘱託して、その調査の結果を証拠資料とする、簡易・迅速な証拠調べです（民訴法186条）。証拠保全は、あらゆる証拠方法につき認められるので、証拠保全で調査嘱託を申し立てることも、理論上は可能です。しかしながら、嘱託先である団体の公正さが前提となる以上、改ざんのおそれを証拠保全の事由とする調査嘱託の申立ては、制度の趣旨になじまないでしょう。

具体例としては、遺留分侵害額請求の本案訴訟の提起が予定されている事案で、被相続人と取引のあった金融機関において取引履歴の保存期間満了が目前である場合に、遺産を調査するため、証拠の滅失のおそれを証拠保全の事由として、当該金融機関に対して調査嘱託をすることなどが考えられます（なお、嘱託先は証拠保全の相手方にはなりませんので注意してください。**Q6参照**）。

2 証拠保全で調査嘱託を行う場合の手続は、基本的に本案訴訟において調査嘱託を実施する場合と同様であると考えられます。調査嘱託の結果は口頭弁論に顕出することによって訴訟資料となるとの見解によれば（最判昭45.3.26民集24巻3号165頁参照）、証拠調べ期日を設ける必要はないもの

と考えられます。
3　なお、調査嘱託は、提訴前証拠収集処分として申し立てることもできます（民訴法132条の4第1項2号）が、提訴前証拠収集処分を申し立てるには、あらかじめ適式の提訴予告通知をしなければならないので（民訴法132条の2）、上記の例のように緊急性があるような場合には、証拠保全を選択するほうがよいと思われます。事案に応じて使い分けることが必要となるでしょう。

Q90 鑑　定

証拠保全で鑑定を申し立てるときは、どのような点に注意すればよいですか。

 訴えの提起前に鑑定の申立てをする場合には、特に管轄に注意する必要があります。

解　説

1　訴え提起前の証拠保全においても、鑑定の申立てをすることができます（Q84参照）。東京地裁で報告された鑑定の申立件数は、平成31年（令和元年）から令和5年までの間では4件でした（うち2件は検証と同時に申し立てられました）。

2　訴え提起前に鑑定の申立てをする場合には、管轄に注意をする必要があります。管轄が「尋問を受けるべき者」（民訴法235条2項）である鑑定人の居所に生ずるのみならず、鑑定対象物件の所在地にも生ずるのかという問題があるからです。

　鑑定人の居所に管轄が生ずるとする場合、管轄の標準時である申立て時には、鑑定人は選任されていませんから、申立てがされた裁判所の管轄区域内に居住する適切な鑑定人がいると判断された段階で、遡って管轄が生ずることになります。反対に、その管轄区域内に適格者がいない場合、遡って管轄がなかったことになり、裁判所は、申立てを却下することになります（東京高決昭42.10.6判時501号73頁参照）。

　これに対し、鑑定対象物件の所在地にも管轄が生ずるという見解もあります（松田克己『民事訴訟における証拠保全に関する実証的研究』昭和45年度裁判所書記官研修所実務研究報告書第9巻2号34頁）。これは、鑑定

人の居所を管轄とすると、多くの場合、証拠保全の緊急性から申立人において上申した者がそのまま鑑定人に選任されることになり、当該鑑定人の居所に管轄が生じてしまう、また、鑑定人適格者の多い大都市に集中するおそれがあるというものです。しかし、この見解は明文規定を欠くため、相当とは思われません。立法を待つべきでしょう（条解1287頁、注釈(7)305頁参照）。

　もっとも、検証と同時に申し立てる場合には証拠保全にも民訴法7条が類推適用されるという見解（条解1287頁、注釈(7)305頁等）によれば、「検証物の所在地」にも管轄が生ずることになります。なお、客観的併合申立ての許否についてはQ4を、土地管轄を異にする複数の証拠保全の併合申立ての許否についてはQ15をそれぞれ参照してください。

3　鑑定の申出をするときは、申出と同時に、鑑定を求める事項を明らかにしなくてはなりません（民訴規則129条1項）。鑑定人の指定は裁判所が行うので、申立人が鑑定人を推薦しても裁判所を拘束しません（民訴法213条）。また、鑑定に要する費用としては、鑑定人の旅費、日当および宿泊料（民事訴訟費用等に関する法律18条1項）のほか、鑑定人に対する鑑定料（同条2項）があります。これらの費用は申立人において予納すべきであり、申立人が予納命令に従わない場合には、証拠保全の申立てが却下されることになります（Q35参照）。

4　証拠保全において鑑定を実施する際、相手方が鑑定の対象物の提示を拒絶した場合には、どのような対応が考えられるでしょうか。

　民訴法においては、鑑定の対象物の所持者や当事者が鑑定への協力義務を負うとの規定はありません。相手方が対象物を任意に提示した場合には、これを鑑定することができるのは当然ですが、相手方が対象物の提示を拒むことも考えられます。このような場合、検証の申出とともにすれば、検証物提示命令を発令することによって、結果的に鑑定にも協力させることが可能となるとの見解（松田克己『民事訴訟における証拠保全に関する実証的研究』昭和45年度裁判所書記官研修所実務研究報告書第9巻第2号56頁参照）もありますが、検証と鑑定とを同時に申し立てることを許容するとしても、あくまで検証物提示命令に応じて提示されたものをその

まま鑑定の用に供するのは妥当ではありません。相手方から任意の協力を得られない以上、鑑定については、その時点で不能とせざるをえないでしょう。

5　なお、提訴前証拠収集処分として、専門家の意見の陳述を嘱託することもできます（民訴法132条の4第1項3号）。事案によって使い分けるとよいでしょう（**Q2**参照）。

Q91 人 証

証拠保全で証人尋問および当事者尋問を申し立てるときは、どのような点に注意すべきですか。

 証拠保全で証人尋問および当事者尋問を申し立てる場合、当該証人等について証拠保全の事由が必要であることはもちろん、証人等の特定、尋問事項書の提出が必要であること、さらに本案訴訟において再尋問が実施される場合もあることに注意すべきです。

解説

1 証拠保全において、人証の申立てをすることも可能です（Q84参照）。なお、東京地裁で平成31年（令和元年）から令和5年までの間に報告された人証の申立件数は20件であり、うち3件が実施されています。

2 証拠保全における人証の申立ての方法は、本案訴訟における証拠の申出と変わりません。証人等を特定し、尋問事項書を提出する必要があります（民訴規則106条、107条、127条）。

　証人等の特定は、呼出しができる程度にする必要があり、通常、住所、氏名で特定します。

　また、証拠保全の段階では、特に訴え提起前の場合は、争点の整理がされていませんが、申立人においては、抽象的な尋問事項を掲げて有利な証言を漁るようなことのないように、尋問事項はできるだけ具体的に列挙すべきです。

3 証拠保全の事由としては、証人等となる者が余命いくばくもない場合や長期の海外渡航等の予定がある場合、来日中の外国人で帰国が予定されている場合などが一般的には考えられます。

第3編　検証以外の方法による証拠保全　285

記憶の低下が証拠保全の事由になるかについては、単なる時間の経過によるものでは足りず、認知症等の病気などで急激に記憶が低下してしまうといった事情が必要になります。

　また、偽証工作のおそれが証拠保全の事由になるかについては、①本来の証拠価値を発揮することが困難になるという点で文書の改ざんのおそれがある場合と同様であるとして、これを肯定する見解（条解1285頁）と、②供述の信用性の問題として決すべき問題であり、また、このような工作によって文書の改ざんのような不可逆的な事態は生じないとして、これを否定する見解（菊井＝村松Ⅱ718頁、コンメⅣ600頁、大阪高決昭38.3.6判タ147号106頁参照）があります。

4　証拠調べ期日においては、当然、相手方に対して立会いの機会を保障する必要があり、実施の際には、相手方が権利を防御する準備や代理人を選任する時間的余裕をもたせて相手方を呼び出すべきでしょう。そのために、証拠調べに先立ち、相手方との間で期日を調整することになります。実施例においても、人証の採用決定をする際に、証拠調べ期日は追って指定とし、相手方と期日を調整のうえ、証拠調べ期日を指定したものがあります。また、期日当日に証人が不在であることによって尋問が不能となることを避けるため、証人との間でも期日調整をしておくべきでしょう。

　相手方に対する呼出状の送達をせずにした証拠調べは、違法となります（東京地判昭35.9.27判時238号26頁参照）。ただし、証人となるべき者が危篤状態にあるなど、急速を要すると判断した場合には、裁判所は、例外的に呼出しをせずに証拠調べを実施することができます（民訴法240条ただし書。条解1295頁、菊井＝村松Ⅱ731頁、コンメⅣ572頁参照）。

5　なお、証拠保全としての証拠調べは、本案訴訟での証拠調べと同一の効果を有し、口頭弁論期日において証拠保全の結果を援用すれば、これを判決の基礎とすることができます。しかし、証拠保全手続で証人尋問をした場合でも、本案訴訟の段階でなおその証人が尋問できる場合には、当事者の申出があれば、裁判所は、その尋問をしなければ、証拠保全手続における証人尋問の結果を判決の基礎とすることができません（民訴法242条）。なお、同条は、「その尋問をしなければならない」と規定していますが、

訴訟上その証人を採用する必要がない場合や、必要があっても受訴裁判所が直接尋問できない場合にまで、再尋問しなければならないとする趣旨ではありません（条解1298頁）。

第4編

その他の証拠保全

第1章

労働事件

Q92 労働事件

労働事件に関する証拠保全では、どのような点に注意すべきですか。

A 他の場合と大きく異なる点はあまりありませんが、残業代等を含む賃金請求権の消滅時効期間が3年と通常の債権に比べて短いことや、証拠保全の事由に関して対象物の性質や労働基準法の規定との関係で具体的な検討が必要となること等について注意する必要があります。

・・・解・・説・・・

1 労働事件に関する証拠保全としては、いわゆる残業代請求や、労働者の過労死を理由とする損害賠償請求を本案訴訟として、労働者またはその遺族が、使用者の保管する後記3の資料の検証を求める事例等が考えられます（労働事件の証拠保全については、内藤寿彦「労働訴訟における証拠保全、文書送付嘱託、文書提出命令、調査嘱託等」労働関係訴訟の実務〔第2版〕（商事法務、2018）538頁以下参照）。

2 労働事件に関する証拠保全においても、他の場合と同様、証拠の性質・保管状況、相手方との交渉経過、相手方の規模・社会的信用等の具体的な事情に基づき、改ざんや廃棄のおそれが客観的に疎明されなければなりません。なお、残業代等を含む賃金請求権の消滅時効期間が3年（ただし、退職手当の請求権の消滅時効期間は5年。労働基準法115条、附則143条3項）であることには注意する必要があるでしょう。

3 労働事件に関する証拠保全の対象物（検証物）としてあげられることが多い資料は、以下のとおりです。

(1) タイムカード、出勤簿、賃金台帳

これらの資料については、労働基準法上、使用者に3年間の保存義務

があり（同法109条、附則143条1項、同法施行規則56条）、これに違反した場合の罰則（同法120条1号）も定められていることから、保存期間の経過前に廃棄のおそれが高いというためには相応の疎明が必要になる場合があると思われます（廃棄・散逸のおそれの疎明についてはQ26参照）。また、タイムカードは、日々の出退勤が機械的に印字記録されるもので、これを事後的に改ざんするには相当の労力を要しますから、そのような労力をかけてまで改ざんがされるおそれがあることの疎明が必要です。タイムカードについては、紛争になっていても、使用者が任意に開示する場合が多いことから、証拠保全を申し立てる前に、一度は使用者に対して任意開示を求めておくべきと考えられます。残業代は3年間の消滅時効（労働基準法115条、附則143条3項）、付加金は3年間の除斥期間にかかるため（同法114条、附則143条2項）、証拠保全を行うよりも、まず手持ちの証拠で残業代の計算をして使用者に請求（催告）し、訴訟提起、労働審判の申立て等により時効の完成を猶予したうえで、各手続のなかでタイムカードの開示を求めていくほうがよい事案もあるでしょう。

(2) 業務日誌、コンピュータ内の電磁的記録

　上記の資料以外にも、労働の実態を明らかにする必要があるとして、業務日誌や、コンピュータ内のファイル、メール、労働者のコンピュータ使用時刻に関するログ記録等の電磁的記録が証拠保全の対象物としてあげられることがあります。これらの資料についても、資料の形態・内容、使用者の従前の資料の取扱い方法、使用者との事前の交渉経過、事案の内容等から、改ざんや廃棄等のおそれがあることを具体的に疎明する必要があります。

　また、この場合、対象物（検証物）が大量であることが多く、対象物の絞り込みや優先順位については、面接段階で慎重に打合せをしておくことが必要です（面接についてはQ38、対象物が大量な場合の対応についてはQ22およびQ66、対象物に無関係な第三者の情報が含まれている場合の対応についてはQ68、電磁的記録の検証に関する問題はQ71以下、対象物が大量で全部の記録化をする時間がない場合の対応について

はQ80をそれぞれ参照)。
4　労働事件に関する証拠保全においても、検証の実施や記録化の方法は、他の場合と大きく異なることはありません。

第2章

金融商品取引事件

Q93 申立書の記載方法

金融商品取引事件を本案訴訟とする証拠保全の申立てについて、申立書の記載は、どのような点に注意すればよいですか。

 一般的な注意点に加え、証拠保全の事由については、改ざんのおそれを理由とする場合には相手方との具体的な交渉経過を記載したり、廃棄のおそれを理由とする場合には対象物ごとに法定の保存期間との関係を記載したりすべきであることに注意する必要があります。また、検証物目録については、取引を行った者および取引の内容等を具体的に記載して検証物を特定するとともに、個々の取引が他の取引と合理的に区別できるように記載する必要があります。

····解··説·····

1　金融商品取引事件を本案訴訟とする証拠保全としては、①証券会社の従業員から勧誘を受けてオプション取引等の金融商品取引を行った申立人が、証券会社を相手方として、不法行為または債務不履行に基づく損害賠償請求事件を本案訴訟として、「相手方の従業員が申立人に対して取引を勧誘する際、商品の危険性を十分説明しなかったこと」や「上記勧誘が顧客である申立人の適合性を無視してされたものであること」等を証すべき事実として、相手方の保管する取引口座開設申込書や商品の理解に関する確認書、適合性審査に関する書類等の検証を求める事例、②商品先物取引業者から勧誘を受けて商品先物取引を行った申立人が、当該先物取引業者を相手方として、不法行為に基づく損害賠償請求事件を本案訴訟として、「相手方の商品取引員により、両建ての勧誘、無意味な反復売買や仕切り指示の無視等がされたこと」等を証すべき事実として、相手方の保管する

296　第4編　その他の証拠保全

業務日誌や録音記録等の検証を求める事例等が考えられます。

　金融商品取引事件についても、証拠が相手方に偏在していることは医療事件と同様であり、これについて証拠保全の申立てを行う場合も、医療事件に関する証拠保全についての議論（第2編および第3編）がほぼそのまま妥当します。そこで、一般的議論はそちらに譲ることとし、本章では、検証の場合を例に、金融商品取引事件を本案訴訟とする証拠保全に特有の注意点について解説します。

2　証拠保全の事由についての注意点
(1)　証拠保全の事由は、具体的事情に基づいて客観的に疎明されることが必要です。
(2)　改ざんのおそれは、一般に、紛争の実情が相手方に不利であったり、相手方の従前の対応が不合理であるほど高まる関係にあります。それまで投資経験のなかった申立人が短期間に多額の損失を被っていることや、業者側が顧客に対して当然開示すべき資料を開示しないことなどは、改ざんのおそれを基礎付ける事情といえるでしょう。この点、金融商品取引事件を本案訴訟とする証拠保全において、申立人が、証拠保全の申立て前に、相手方から、顧客勘定元帳等の資料の一部について任意に開示を受けている場合、申立書には、資料の一部について任意に開示を受けたことを記載したうえ、その余の資料については開示を拒まれていることなど、相手方との交渉の具体的経過を記載するのが相当です。
(3)　廃棄・散逸のおそれを理由とする証拠保全については、法律上保存期間が定められている帳簿書類（具体的な年数は業者や帳簿書類の種類等によって異なるので、金融商品取引法46条の2、47条、48条、金融商品取引業等に関する内閣府令157条、181条、184条、商品先物取引法222条、商品先物取引法施行規則113条等を参照してください）については、当該保存期間を基準に廃棄・散逸のおそれを判断されることになりますし、法定の保存期間がない場合には、相手方の内部で定められた保存期間や、当該文書の一般的な保存・管理方法等をもとに判断されることになると考えられるので、申立書の記載についても、このような点に注意すべきでしょう。

3 検証物目録についての注意点（一般的議論は**Q3**参照）

　申立書の検証物目録では、取引を行った者および取引の内容等を具体的に記載することにより、検証物を特定する必要があります。申立人は、取引ごとに、取引の種類（商品名）、取引期間および取引番号等を明らかにして、取引が合理的に区別できるように記載すべきです。

　具体的には、取引を行った者については、「申立人（平成3年4月1日生、顧客番号△△△△△）」などと、生年月日や顧客番号を記載して特定し、取引については、例えば、①「令和2年6月30日付け契約締結に係る通貨オプション取引」、②「令和2年2月1日から令和4年3月1日までの□□□□□オプション取引」、③「外国投資証券取引（取引番号○○○○○）」などと、基本契約の締結日、取引の種類、名称、取引期間、取引番号等により、特定することが考えられます。実際にこれらの方法で検証の対象となる取引を特定したうえ、「申立人の上記取引に関して作成された下記の資料」などと記載して、検証物を特定した事例がありました（書式については第5編第1章第1の3の（別紙）検証物目録参照）。

　このように取引が合理的に区別できるように記載せず、例えば、取引期間だけで検証物を特定しようとすると、注文伝票などのように、相手方が、全顧客について、商品ごとに取引日順に並べて一括して管理している資料を検証の対象とする場合、相手方は、検証期日に、全ての商品ごとに膨大な資料のなかから検証物を探し出さなければならなくなりますし、また、裁判所としても、検証物に漏れがないか、他の顧客の資料が混在していないかを全ての商品ごとにチェックしながら検証しなければならなくなって、適切かつ効率的な検証が困難になります。

Q94 対象となる資料

　金融商品取引事件を本案訴訟とする証拠保全は、どのような資料を対象とすべきですか。

　取引口座開設申込書、顧客カード、取引申込書等のさまざまな書面を対象とすることが考えられますが、契約締結前交付書面、計算書類等、証拠保全の事由との関係で検討を要すると考えられる書面もあるため、注意が必要です。

解説

1　金融商品取引事件を本案訴訟とする証拠保全において、相手方が資料の提供を拒むなどして申立人との関係で改ざんのおそれが疎明されている場合には、取引口座開設申込書、顧客カード、取引申込書、約諾書、取引の理解に関する確認書、適合性審査に関する文書、注文伝票、取引日記帳、取引計算書、委託者別取引勘定元帳、委託者別証拠金現在高帳、業務日誌および管理者日誌、録音記録（適合性審査や商品注文の際の申立人と相手方従業員との通話等を録音した電磁的記録）等を、検証の対象とすることが可能であると思われます。

2　これに対し、契約締結前交付書面や契約締結時交付書面は、業者が顧客に交付するもので、申立人が所持しているはずの書類ですので、通常は、証拠保全の事由はないと考えられます。また、従業員の給与体系や営業ノルマに関する資料は、申立人との関係で作成されるものではないため、申立人との関係で改ざんのおそれが疎明される場合は少ないように思われます。そのほか、貸借対照表や損益計算書等の計算書類は、会社法435条等により作成および保管が義務付けられ、監査の対象ともなるため、改ざん

第2章　金融商品取引事件　299

のおそれは相対的に低いと考えられますし、取引約款、パンフレット等の一般に公開され、配布されているような書面についても、改ざんのおそれがあると認められることは、通常ないと思われます。

Q95 検証実施の注意点

金融商品取引事件を本案訴訟とする証拠保全について、検証を実施する場合、どのような点に注意すればよいですか。

A 他の場合と同様に、申立人以外の顧客に関する情報が記載されている部分の取扱い、録音記録の再生および複製の可否、対象物が大量の場合の対処などに注意する必要があります。

解説

1 非電磁的記録

　注文伝票、業務日誌および管理者日誌等は、紙媒体で保管されていることが多いようです。これらの文書においては、申立人に関する情報が、他の顧客に関する情報と同一文書上に記載されていることが多いため、申立人に関する情報以外の部分については、プライバシー等の保護のためにマスキングが必要になることがあります（**Q68**も参照してください）。また、これらの文書は、取引を担当した支店に保管されている場合があることについては、**Q96**を参照してください。

2 電磁的記録

　業者によっては、個々の顧客の取引履歴等の情報を電磁的記録として管理している場合があり、顧客勘定元帳等は、電磁的記録として保存されていることが多いようです。また、取引口座開設申込書や取引申込書など、顧客が業者に提出した文書について、PDF化して電磁的記録として保存されていることがあります。電磁的記録を対象とする検証の一般的な注意点については、**Q71**から**Q75**までを参照してください。

3 録音記録

金融商品取引事件を本案訴訟とする証拠保全においては、録音記録を対象として、検証の申立てがされることがあります。
　録音記録の検証は、記録を再生し、音声を聴取することによって行うことになります。業者によっては、録音記録の管理を別会社に委託していたり、外部サーバーに保存しているなどの理由により、検証場所で再生することができない場合がありますが、その場合の処理については、**Q73**を参照してください。
　録音記録の検証結果を記録化する方法としては、データのコピー等、裁判所で再生可能な媒体に複製できるのであれば、複製したものを調書に添付することにより記録化することができます。上記の複製が不可能な場合には、録音記録を再生し、再生された音声を、CD-RやDVD-R等の裁判所で再生可能な他の電磁的記録媒体に録音して、それを調書に添付するなどの方法が考えられます。
　録音記録の保存形式、再生方法、複製の可否等については、申立人や申立人代理人からよく聴取する必要がありますが、申立人や申立人代理人もこれらの事項を十分把握することができないことがありますので、面接段階では、検証場所で録音記録を再生することができないことや、再生は可能でも複製は不可能であることを想定して、その場合の処理についてあらかじめ協議しておく必要があります。

4　対象物が大量に存在する場合
　取引期間が長期にわたる場合や取引回数が多い場合には、対象物や録音記録が大量に存在することがあります。対象物が大量にあって、予定していた期日では検証が終了しなかった場合や、検証自体は終了したが記録化が終わらなかった場合の処理については、**Q80**を参照してください。
　録音記録についても、対象となる録音記録の量によっては、予定した期日では録音記録の全てを再生することが不可能なことがあります。また、再生自体は時間内に可能でも、これを複製することができないこともあり、このような場合には、対象となる録音記録について再生して検証を実施するとともに、対象となる録音記録のファイルの個数や、総時間数、最終更新日時を調書に記載したり、パソコンの画面上に対象となる録音記録

の一覧表を表示させてこれをプリントアウトまたは写真撮影したりするなどの事後的に編集することができないような措置を講じたうえ、相手方に録音記録の複製を依頼し、後日複製したものを裁判所に送ってもらい、それを記録に綴るなどの方法が考えられます。

Q96 検証場所についての注意点

　金融商品取引事件を本案訴訟とする証拠保全について、検証場所について注意すべき点はありますか。

A　検証場所は相手方の本店または取引支店となりますが、検証の対象となる文書や電磁的記録等が検証場所に存在しない場合があること、および、取引支店を検証場所とする場合でも、送達は原則として法人代表者宛てに法人の本店所在地にすべきことに注意が必要です。

解説

1　金融商品取引事件を本案訴訟とする証拠保全においては、金融商品取引業者または先物取引業者の本店を検証場所として検証の申立てがされることが一般的ですが、取引を担当した支店を検証場所として検証の申立てがされることもあります。

2　支店を検証場所として検証の申立てがされた場合、当該支店が「営業所」（民訴法103条1項ただし書）に当たるとして、当該支店の所在地を送達場所とすることが可能な場合もありますが、原則的には、法人代表者宛てに法人の本店所在地に送達すべきでしょう。なお、本店所在地を送達場所としたうえ、執行官による送達完了を確認した後に、必要に応じ決定書の謄本等の送達書類の抜粋および検証場所借用のための事務連絡等を検証場所となる支店宛てにファクシミリで送信した事例があります。

3　検証の対象となる文書等については、本店あるいは支店のいずれか一方のみに保管されていたり、外部の倉庫に保管されていることがあり、検証場所に検証対象物が存在しない場合がありますので、注意が必要です。例えば、注文伝票や業務日誌等について、取引を担当した支店のみに保管さ

れており、本店には存在しない場合や、顧客勘定元帳等が、本店において一括して管理されており、支店には存在しない場合などがあります。このように、検証場所に検証対象物が存在しない場合の処理については、**Q61**を参照してください。

　また、文書の原本とその電磁的記録とが別々に保管されていることもあります。例えば、申立人が相手方に提出した取引口座開設申込書について、検証場所である本店には、PDF化した電磁的記録のみが存在し、原本は取引を担当した支店や外部の倉庫で保管されている場合などです。このような場合に、検証場所においては当該電磁的記録について検証を実施したうえ、原本の保管状況について立会人に説明させて調書に記載した事例があります。

4　録音記録についても、別会社にその管理を委託していたり、本店のデータセンターで管理しており、検証場所とされた支店からはそのデータセンターにアクセスできないなどの理由により、検証場所で再生することができないことがあります。このような場合、検証不能とせざるをえない場合が多いと思いますが、検証場所において録音記録を再生できない理由については、立会人の指示説明として調書に記載すべきです。

5　面接段階では、申立人または申立人代理人から、検証の対象となる文書等の保管状況等についてよく聴取する必要がありますし、申立人または申立人代理人も実情を十分把握できない場合に備えて、検証場所に検証対象物が存在しない場合の処理についても、よく協議しておく必要があります。

第2章　金融商品取引事件　305

Q97 検証物提示命令の申立てと発令

金融商品取引事件を本案訴訟とする証拠保全について、検証物提示命令の申立てがある場合、どのような点に注意すればよいですか。

 金融商品取引事件を本案訴訟とする証拠保全の場合には、相手方に検証の対象物の提示を拒まれるケースが多く、文書についての提出義務制限の潜脱にならないように、対象となる個々の文書について相手方が文書提出義務を負うか検討する必要があり、特に①職業・技術機密文書（民訴法220条4号ハ）、②自己利用文書（民訴法220条4号ニ）の該当性については注意が必要です。

・・・解・説・・・

1 検証物提示命令の発令の可否

文書について検証の方法による証拠保全がなされる場合に、無制限に検証物提示命令を発してしまうと、文書についての提出義務制限の潜脱になりかねません。そこで、文書に対する証拠保全の場合には、証拠調べが検証の方法によって実施される場合であっても、相手方に文書提出義務が認められない部分については、検証物提示命令を発するべきではないでしょう（**Q30**参照）。

金融商品取引事件を本案訴訟とする証拠保全の申立てでは、対象物の提示を拒まれるケースも多く、対象となる個々の文書について、相手方が文書提出義務を負うか否かについて事前に検討しておく必要があります。文書提出義務が認められるか否かについては、民訴法220条各号への該当性を判断することになりますが、特に問題となるのは、①職業・技術秘密文書（民訴法220条4号ハ）、②自己利用文書（民訴法220条4号ニ）です。

まず、①について、最決平20.11.25民集62巻10号2507頁は、「文書提出命令の対象文書に職業の秘密に当たる情報が記載されていても、所持者が民訴法220条4号ハ、197条1項3号に基づき文書の提出を拒絶することができるのは、対象文書に記載された職業の秘密が保護に値する秘密に当たる場合に限られ、当該情報が保護に値する秘密であるかどうかは、その情報の内容、性質、その情報が開示されることにより所持者に与える不利益の内容、程度等と、当該民事事件の内容、性質、当該民事事件の証拠として当該文書を必要とする程度等の諸事情を比較衡量して決すべきものである」としていますから、かかる基準により個別に要件の充足性を判断することになります。

　次に、②について、最決平11.11.12民集53巻8号1787頁は、「ある文書が、その作成目的、記載内容、これを現在の所持者が所持するに至るまでの経緯、その他の事情から判断して、専ら内部の者の利用に供する目的で作成され、外部の者に開示することが予定されていない文書であって、開示されると個人のプライバシーが侵害されたり個人ないし団体の自由な意思形成が阻害されたりするなど、開示によって所持者の側に看過し難い不利益が生ずるおそれがあると認められる場合には、特段の事情がない限り、当該文書は」自己利用文書に当たるとしています（最決平18.2.17民集60巻2号496頁、最決平19.11.30民集61巻8号3186頁も参照）。これによれば、例えば、対象となる文書に法令上作成義務があるような場合、作成義務があるのは監督官庁の検査の対象となることが予定されているからといえますから、「専ら文書の所持者の利用に供するための文書」（民訴法220条4号ニ）とはいえず、原則として自己利用文書とはならないといえるでしょう（**Q33**参照）。

2　裁判例

(1)　証券会社の注文伝票・取引日記帳

　　やや古いものでありますが、証券会社の作成する注文伝票および取引日記帳について、法律関係文書に該当するとした裁判例があります（大阪高決平7.2.21金商990号22頁）。証券会社が作成する注文伝票・取引日記帳は、それらが金融商品取引法等の法令に基づいて作成、保存が義務

付けられ、監督官庁の検査対象となりますから、民訴法220条4号ニの自己利用文書性が否定され、4号文書に該当するとともに、挙証者である顧客との関係では民訴法220条3号後段の法律関係文書に該当することになるでしょう（山本和彦＝須藤典明＝片山英二＝伊藤尚編『文書提出命令の理論と実務〔第2版〕』（民事法研究会、2016）246頁）。

(2) 商品取引会社の外務員が作成する業務日誌

やや古いものでありますが、商品取引会社の外務員が作成する業務日誌について、法律関係文書に該当するとした裁判例があります（大阪高決平7.2.21判時1543号132頁）。商品取引会社の外務員が作成する業務日誌は、顧客との適正な取引関係を維持し形成するために、業界団体の自主的な基準に基づいて作成が義務付けられている文書で、作成が義務付けられている趣旨は法令の場合と同様と考えられますから、現行法でも、これらの文書について自己利用文書性が否定され、4号文書に該当するとともに、挙証者である顧客との関係では3号後段の法律関係文書に該当することになるでしょう（前掲『文書提出命令の理論と実務』247頁）。

第3章
刑事施設を検証場所とする証拠保全

Q98 申立書の記載方法

刑事施設を検証場所とする証拠保全の申立てについて、申立書の記載は、どのような点に注意すべきですか。

　証拠保全の事由について、対象物の存在および位置等を記載する必要があるほか、滅失・改ざんのおそれについても、文書の保存期間や違法行為の経緯、態様等を踏まえて記載する必要がある点に注意が必要です。

解説

1 概説

　刑事施設（刑事収容施設及び被収容者等の処遇に関する法律3条所定の刑事施設をいい、具体例としては刑務所、拘置所等があげられます。なお、本章の内容は、基本的に、同法14条2項所定の留置施設にも妥当すると考えられます）を検証場所とする証拠保全は、典型的には、刑事施設の被収容者が、刑務官から暴行等を受けたとして、国に対する国家賠償請求を本案として、居室の監視カメラ映像の検証を求める例が多いですが、管理簿、業務日誌、カルテその他法令で作成が義務付けられている書面の検証や申立人である被収容者の身体の検証を求める事案もみられます。

2 証拠保全の事由について

(1) 対象物の存在

　監視カメラ映像のように刑事施設に通常存在すると考えられる対象物については、その存在、位置等を具体的に記載し、陳述書、現場見取図等により疎明することが必要です。管理簿、業務日誌、カルテ等刑事施設において作成される文書の存否、保存期間等については、公文書等の

管理に関する法律（公文書管理法）および法務省行政文書管理規則等の法令・通達が参考になります。

(2) 滅失・改ざんのおそれ

　滅失のおそれについては、個々の対象物につき保存期間が確定できない場合もありえますが、前記(1)と同様、文書の存否、保存期間等については公文書管理法等の法令・通達が参考になります（廃棄・散逸のおそれの疎明については、**Q26**も参照）。

　改ざんのおそれについては、違法行為に至る経緯、違法行為の態様、刑務官の事後の対応状況等を記載することになりますが、客観的資料による疎明が十分でない場合は、陳述書に具体的事情を記載することによって疎明することが考えられます（改ざんのおそれの疎明については、**Q23**、**Q24**も参照）。

検証実施時の注意点

刑事施設を検証場所とする証拠保全を実施する場合、どのような点に注意すべきですか。

 送達先のほか、検証物の保全の方法に条件を付してきた場合等に備えて十分な事前準備を行う必要がある点に注意が必要です。

······ 解 · 説 ······

1 送達
 (1) 検証場所が刑事施設（刑務所、少年刑務所および拘置所）であって、相手方が国である場合、法務大臣が受送達者となるので、送達先は、法務省、法務局または地方法務局になります。
   なお、検証場所が留置施設であって、相手方が都道府県である場合、都道府県知事が受送達者となるので、送達先は、都道府県庁になります。
 (2) 担当裁判官の対応によっては、証拠保全を円滑に行うために、送達先への送達が確認できた後、検証場所となる刑事施設に対しても、決定書の副本等をファクシミリで送信する場合があります。また、送達先が検証場所となる刑事施設から遠隔地にある場合、相手方の立会いの機会を確保するために、相手方が検証場所に来るのに必要な時間を考慮して送達時刻が決定される場合があります（**Q45**、**Q48**参照）。
2 検証物の保全の方法に条件が付される場合等に備えた事前準備等
 (1) カメラマンの同行、写真・動画による撮影
   証拠保全においては申立人が手配したカメラマンによる写真や動画の撮影を行うことがありますが、刑事施設側がこれを認めるか否かは事案

により異なります。事案によっては、カメラマンの入所や立会いが拒まれる場合や、写真や動画の撮影が拒まれる場合もあるため、そのような場合の対応を想定しておく必要があります。
(2) 検証物へのマスキング

　刑事施設側から、検証物の提示に際し、マスキングをしたうえで記録化するよう求められることがあります。このような場合には、マスキングされた個々の箇所について検証物提示義務の存否が問題となることがあります。
(3) 申立人の身体の検証

　刑事施設内において職員から暴行を受けたこと等を理由として、申立人の身体の検証を申し立てた場合、現場に臨場しても、捜査機関の取調べ等により申立人の身柄が他所にあり、申立人を検証場所に連れてこられない旨回答されることがあります。

　申立人が他所から検証場所に戻るまでにそれほどの時間を要しないというのであれば、申立人が検証場所に戻り次第検証を実施することが可能な場合があります。他方、申立人が検証期日に検証場所に戻れないような場合や戒護上の理由等により、検証場所に連れてくることができないような場合には、続行期日において検証等を実施することになります（**Q61**参照）。

Q100 刑事留置施設を検証場所とする証拠保全における検証物提示命令

刑事留置施設を検証場所とする証拠保全における検証物提示命令の申立てについて、どのような点に注意すべきですか。

A 所持者の検証物提示義務の有無について慎重な検討が必要である点のほか、監督官庁の意見聴取やイン・カメラ審理等の発令に至るまでの手続に留意すべき点に注意が必要です。

解説

1 文書提出義務との関係

証拠保全における検証の目的物が文書である場合において、所持者が当該文書について文書提出義務を負わないときは、検証協力義務が免除されるため、当該文書について検証物提示命令を発令することは相当ではないと解されています（**Q30**参照）。

刑事留置施設を検証場所とする証拠保全においては、被留置者名簿等の当該施設において職務上作成される書類（東京都の場合は、警視庁被留置者留置規程、警視庁被留置者留置規程運用要綱、被留置者の留置に関する規則に定めがあります）や、当該施設内に設置された監視カメラの記録データなどが検証の目的物とされることがありますが、これらの文書ないし準文書の性質に応じて、民訴法220条3号後段（法律関係文書）、同条4号ロ（公務秘密文書）、同号ニ（自己利用文書。ただし、当該施設の運営のために組織的に用いられる文書ないし準文書は、同号ニ括弧書により、同号ニの除外事由には該当しないと考えられます）の該当性が問題となります。

また、刑事関係文書が対象の場合には、刑事訴訟法47条の「訴訟に関す

る書類」との関係が問題となります（最決平16.5.25民集58巻5号1135頁、最決平17.7.22民集59巻6号1837頁、最決平19.12.12民集61巻9号3400頁、最決平31.1.22民集73巻1号39頁）。

2 想定される検証対象物
(1) 被留置者名簿、被留置者出入簿、被留置者反則行為措置簿、被留置者診療簿、被留置者戒具使用・保護室収容簿（警察官以外の第三者が作成した答申書（例えば、保護室に収容される原因となった事実を目撃した旨が記載されているもの）が添付されることや、保護室に収容したことを裏付けるために、保護室内を撮影した写真が添付されることがあります）、被留置者面会簿、看守勤務日誌等
(2) 留置施設内に設置された監視カメラの記録データ（なお、保存期間が定められている可能性があることに留意する必要があります）等

3 民訴法220条3号後段（法律関係文書）該当性
(1) 「法律関係」とは、必ずしも契約を発生原因とする法律関係について作成されたものに限定されるものではなく、公法上の法律関係や不法行為等の契約関係以外の法律関係も含まれるとされています。
(2) 文書の内容と法律関係の関連性の程度としては、法律関係それ自体を記載した文書だけではなく、その法律関係に関連のある事項を記載した文書でもよいとされていますが、そのような文書であっても、その所持者がもっぱら自己使用のために作成した内部文書は含まれないとされています（最決平12.3.10集民197号341頁）。

4 民訴法220条4号ロ（公務秘密文書）該当性
(1) 「公務員の職業上の秘密」に該当するには、①公務員が職務上知りえた秘密であること、②非公知の事項であること、③実質的にもそれを秘密として保護するに値すると認められることが必要であり、また、公務員の所掌事務に属する秘密だけでなく、公務員が職務を遂行するうえで知ることができた私人の秘密であって、それが本案事件において公にされることにより、私人との信頼関係が損なわれ、公務の公正かつ円滑な運営に支障を来すこととなるものも含まれるとされています（最決平17.10.14民集59巻8号2265頁）。

(2) 「公共の利益を害し、又は公務の遂行に著しい支障を生ずるおそれ」があるというためには、文書の性格から単に抽象的な「おそれ」が認められるだけでは足りず、文書の記載内容から具体的な「おそれ」が認められることが必要です（最決平17.10.14民集59巻8号2265頁）。

5 手続等
(1) 監督官庁の意見聴取手続

公務員の職務上の秘密に関するものについて検証物提示命令の申立てがなされた場合は、裁判所は、民訴法220条4号ロ該当性について、監督官庁の意見を聴取する必要があります（民訴法232条1項、223条3項）。

監督官庁が、国の安全が害されるおそれや犯罪捜査に支障を来すおそれなどを理由に民訴法220条4号ロに該当するとの意見を述べた場合には、裁判所はその意見について相当の理由があるか否かについて判断することになります（民訴法232条1項、223条4項）。

(2) イン・カメラ審理

文書の記載内容に踏み込んで判断する必要がある場合には、裁判所がイン・カメラ審理の実施を検討することもあります（**Q34**参照）。

6 参考裁判例
(1) 刑事施設内の文書の法律関係文書（民訴法220条3号後段）の該当性について判断した裁判例としては、東京高決平23.3.31判タ1375号231頁〔退去強制令書に基づき送還・護送中に死亡した外国籍男性に関して国が作成した送還・護送事故に関する報告書。肯定〕、札幌高決平13.1.22（公刊物未掲載）〔在監者の身分帳簿の視察表のうち、その負傷について報告する部分。肯定〕、千葉地決平10.7.27判タ1014号269頁〔刑務所記録係および採証係が現場で本件の状況を記録した現場記録表およびこれに関して作成、収集した写真、録音その他の証拠資料。肯定〕、東京高決平8.3.26（公刊物未掲載）〔拘置所における在監者の診療録およびこれに伴う看護記録。肯定〕があります。

(2) 公務秘密文書（民訴法220条4号ロ）該当性について判断した裁判例としては、東京地決平29.1.13（公刊物未掲載）〔刑務所職員が刑務所収

容中の受刑者である申立人に対する懲役刑の執行に関して作成した文書のうち、申立人の居室番号、申立人の現在の身体的特徴および申立人の身上に関する調査結果や申立人に対する処遇上の評価が記載されている各部分。肯定〕、東京高決平28.10.14（公判物未掲載）〔①被留置者診療簿、保護室収容簿の委嘱医師の氏名、病院名、薬局名、②被留置者診療簿、被留置者戒具使用・保護室収容簿、被留置者面会簿（保護室収容簿に添付されている答申書を除く）の氏名非公開職員の氏名、印影、③被留置者戒具使用・保護室収容簿の保護室内での戒具の使用状況および保護室への収容状況を撮影した各写真、④保護室収容簿に添付された答申書。①ないし③について否定。④について肯定〕、仙台高決平28.4.20（公判物未掲載）〔受刑者の診療録、看護日誌、医務日誌、勤務日誌、願箋、健康診断簿、行刑経過表および処遇調査票のうち、総括矯正処遇官より下位の刑務官、医師および看護師の氏名および印影部分。肯定〕があります。

(3) 刑事訴訟法上の非公開訴訟記録（刑事訴訟法47条）該当性について判断した裁判例としては、前掲東京高決平23.3.31〔退去強制令書に基づき送還・護送中に死亡した外国籍男性に関して国が作成した送還・護送事故に関する報告書。肯定した上で、相手方の提示拒否は裁量権を逸脱しまたは濫用するものとされた〕があります。

第5編

資料

第1章
申立書例・決定書例・主文例

【目　　次】

- 第1　申立書・決定書例 ……………………………………………………323
  - 1　申立書例（医療関係）……………………………………………323
  - 2　決定書例（医療関係）……………………………………………326
  - 3　申立書例（金融商品取引関係）…………………………………327
  - 4　決定書例（金融商品取引関係）…………………………………329
- 第2　決定書主文例 ……………………………………………………………331
  - 1　相手方病院の保管に係る診療録等を検証した事例（検証物提示命令留保）…………………………………………………………………331
  - 2　相手方病院の保管に係る診療録等を検証した事例（検証物提示命令発令）…………………………………………………………………331
  - 3　第三者たる医師の保管に係る診療録等を検証した事例（検証物提示命令発令）………………………………………………………332
  - 4　マンション上下階間の漏水事故において相手方の居宅を検証した事例……332
  - 5　相手方の保管に係る診療録等につき検証物送付嘱託を行い、検証を実施した事例………………………………………………………333
  - 6　第三者たる医師の保管に係る診療録等につき検証物送付嘱託を行った事例………………………………………………………………333
  - 7　相手方の保管に係る診療録等につき文書提出命令を行った事例……334
  - 8　相手方の保管に係る診療録等につき文書送付嘱託を行い、書証として取り調べた事例…………………………………………………334
  - 9　死に瀕している証人の臨床尋問を証拠保全で行った事例……335
  - 10　焼損した建物について鑑定を行った事例……………………335
  - 11　調査嘱託を行った事例…………………………………………335
- 第3　却下決定例 ………………………………………………………………336
  - 1　却下決定例①（全部却下）………………………………………336
  - 2　却下決定例②（一部却下）………………………………………336
- 第4　申立てチェックリスト（検証・書証）………………………………338

第1　申立書・決定書例

1　申立書例（医療関係）[*1]

証拠保全申立書

　　　　　　　　　　　　　　　　　　令和○○年○○月○○日

東京地方裁判所　御中

　　　　　　　　　　申立人ら代理人弁護士　甲　野　太　郎　印

　　当事者の表示　　別紙当事者目録記載のとおり[*2]

申立ての趣旨

　東京都○○区○○町○丁目○番○号所在の相手方の開設する○○病院（以下「○○病院」という。）に臨み、相手方保管に係る別紙検証物目録記載の物件の提示命令及び検証を求める。

申立ての理由

第1　証明すべき事実

　　　Aの主治医であったB医師が、悪性リンパ腫の転移や再発の可能性を考慮して、早期に悪性リンパ腫を探索する検査を行うべきであったにもかかわらず、これを怠り、3か月余もの長きにわたって検査を行わなかったため、悪性リンパ腫の発見が遅れ、これによりAが死亡するに至った事実

第2　証拠保全の事由

　1　当事者

　　　Aは、平成○○年○月○日生まれであり、死亡時は○○歳であり、申立人らはAの両親である（疎甲6）。[*3]

　　　相手方は、東京都○○区○○町○丁目○番○号に○○病院を開設している医療法人であり、B医師は、○○病院に勤務する医師であり、Aの主治医であった者である（疎甲1ないし4）。

　2　事実経過

　　　　（中略）

　3　医学的知見

　　　　（中略）

　4　責任原因

　　　前記医学的知見に照らせば、B医師は、前記事実経過のとおり、遅くとも、Aがひどい腹痛に襲われた令和○○年○月○日の時点において、悪性

リンパ腫の転移や再発の可能性を疑い、CT検査、MRI検査、エコー検査等を行うべきであったのに、悪性リンパ腫が1か所しか存在しないという誤った診断に基づき、3か月余にわたって上記検査を行わなかった。Aの死亡は、盲腸近くの悪性リンパ腫の発見が遅れたことに起因しているので、仮に、B医師において、悪性リンパ腫の転移や再発等の可能性を子細に検討して上記検査を行っていれば、上記リンパ腫も早期に発見することができ、早期治療により、Aの死亡を回避することができたものである。

5 証拠保全の必要性
(1) 申立人らは、相手方を被告として、診療契約上の債務不履行又は不法行為に基づき、損害賠償請求訴訟を提起すべく準備を行っているところである。
(2) 医療過誤訴訟においては、医療機関の作成する診療録等が、医師の過失を立証する証拠として非常に重要であるが、これらはすべて相手方の保管に係り、相手方においてこれを改ざんすることは容易であるから、これをあらかじめ保全しておく必要性は一般的に高いといえる。

とりわけ、本件においては、Aの死亡後、申立人らがB医師に面会を求め、Aの死亡の原因について説明を求めたところ、B医師は、Aの悪性リンパ腫の発見が困難であったこと、最初の検査時に見落としがなかったことを強調するのみであり、申立人らが再三にわたり再発、転移の可能性を指摘していた旨述べても、これに対して何ら合理的な回答をしなかった。さらに、申立人らは、○○病院に対して、診療録等の任意の提示を求めたが、○○病院は、B医師に過失はなく、診療録等を提示する必要はない旨述べて、提示を拒絶した（疎甲1）。

このような事情に照らせば、申立人らが損害賠償請求訴訟を提起した場合、相手方が、その管理下にある診療録等を改ざんするなどの危険性が高いといえる。

6 まとめ
よって、申立人らは、そのような相手方による診療録等の改ざんを防ぐために、本件申立てに及んだ次第である。

疎 明 方 法
1 疎甲第1号証　陳述書（申立人○○）
2 疎甲第2号証　診察券
3 疎甲第3号証　入院証明書
4 疎甲第4号証　死亡診断書
5 疎甲第5号証　医学書抜粋
6 疎甲第6号証　戸籍（除籍）全部事項証明書

添 付 書 類
1 疎明方法の写し　　　　　　　　　　　　　　　　　　各2通

```
            2  訴訟委任状                            2通
            3  資格証明書                            1通
```

(別紙)

```
                    当 事 者 目 録*4
〒○○○-○○○○    ○○県○○市○○○-○○
         申   立   人    ○    ○    ○    ○
同所
         申   立   人    ○    ○    ○    ○
〒○○○-○○○○    東京都○○区○○町○-○○  ○○ビル○階
                  甲野法律事務所（送達場所）
                  電  話  03-○○○○-○○○○
                  ＦＡＸ  03-○○○○-○○○○
         申立人ら代理人弁護士    甲  野  太  郎
〒○○○-○○○○    東京都○○区○○町○丁目○番○号
         相    手    方    医療法人財団○○会*5
         同代表者理事長    ○    ○    ○    ○
```

(別紙) *6

```
                    検 証 物 目 録

  A（平成○○年○月○日生、令和○○年○月○日死亡）の診療（令和○○年
○月○日から令和○○年○月○日まで）に関して作成された下記の資料（電磁
的記録又は変更履歴があるものは、それらも含む。）*7
                          記
  1  診療録
  2  医師指示票・指示簿
  3  看護記録
  4  レントゲン写真、CT、MRI、エコー写真
  5  腫瘍生検結果
  6  生検で採取した組織標本
  7  その他諸検査結果票
  8  保険診療報酬明細書控え
  9  その他同人の診療に関し作成された一切の資料及び電磁的記録
```

* 1 証拠保全申立書に記載すべき事項等については、**Q 3** を参照。
* 2 申立人側が別紙目録を作成する場合、裁判所としては、その記載内容を確認したうえで、決定書等に適宜利用でき、証拠保全決定の迅速な発令に役立てることができる。
* 3 申立書においては、立証を要する事項ごとに証拠を記載することが望ましい（訴状についての民訴規則53条1項参照）。
* 4 当事者の表示に関する問題は、**Q 6** 以下を参照。
* 5 医療法人については医療法39条、代表者については同法46条の5第1項参照。
* 6 検証物目録は、別紙を添付する方法をとることが多い。
* 7 検証対象物の特定およびその関連問題については、**Q 3**、**Q64**参照。

2　決定書例（医療関係）

令和○○年㈲第○○○○号　証拠保全申立事件

決　　　　定

　　当事者の表示　　別紙当事者目録記載のとおり

　上記当事者間の頭書事件について、当裁判所は、申立てを理由あるものと認め、次のとおり決定する。*8

主　　　　文

1　東京都○○区○○町○丁目○番○号所在の相手方の開設する○○病院に臨み、相手方保管に係る別紙検証物目録記載の物件について検証する。
2　上記証拠調べ期日を令和○○年○○月○○日午後1時と指定する。
　令和○○年○○月○○日
　　東京地方裁判所民事第○部
　　　　　　　　裁　判　官　　○　○　○　○　㊞
（別紙省略）

---

* 8 本件は検証物提示命令を留保したものである。この取扱いについては、**Q 30**、**Q55**以下参照。

3 申立書例（金融商品取引関係）*9

証拠保全申立書

令和〇〇年〇〇月〇〇日

東京地方裁判所　御中

申立人代理人弁護士　甲　野　太　郎　印

　　当事者の表示　　　別紙当事者目録記載のとおり

申立ての趣旨
　東京都〇〇区〇〇町〇丁目〇番〇号所在の相手方本店に臨み、相手方保管に係る別紙検証物目録記載の物件の提示命令及び検証を求める。*10

申立ての理由
第1　証明すべき事実
　　　相手方又はその従業員らが、申立人に対し、令和〇年〇月〇日付け契約締結に係る通貨オプション取引を勧誘するに当たり、申立人の適合性を十分に審査し、取引の危険性について十分な説明と情報提供を行うべきであったにもかかわらず、これを怠り、違法な勧誘や説明をし、申立人に全く適合しない取引を開始させ、1000万円を超える損害を与えた事実
第2　証拠保全の事由
　1　当事者
　　　申立人は、昭和〇〇年〇月〇日生まれの女性であり、本件における通貨オプション取引開始時は65歳で、単身にて居住していた。申立人は、長らく主婦をしており、本件の被害に遭うまで、通貨オプション取引はもちろん、金融商品取引全般について何らの知識も経験も有しなかった（疎甲1）。
　　　相手方は、有価証券の売買等を目的として設立された会社であり、日本証券業協会の会員であって、東京都〇〇区〇〇町〇丁目〇番〇号に本店を置いている。
　2　金融商品の内容（疎甲2）
　　　（中略）
　3　事実経過（疎甲1、3）
　　　（中略）
　4　責任原因
　　　相手方又はその従業員らは、新規契約者である申立人に対し、通貨オプション取引を勧誘するに当たり、申立人の適合性を十分に調査し、取引の

第1章　申立書例・決定書例・主文例　327

危険性について分かり易く説明すべきであったにもかかわらず、これを怠り、申立人に1000万円を超える損害を与えた。このような相手方又はその従業員らの勧誘及び説明は、適合性の原則及び説明義務に反し、不法行為ないし契約上の債務不履行を構成するものである。
5　証拠保全の必要性
(1)　申立人は、相手方を被告として、不法行為ないし契約上の債務不履行に基づき、損害の賠償を請求すべく提訴準備を行っている。
(2)　金融商品取引事件においては、証券会社等の作成する各種帳簿等が、取引を証明する最も重要な証拠であるが、これらは全て相手方が保管している上、相手方においてこれを改ざんすることは容易であるから、これをあらかじめ保全しておく必要性は一般的に高いといえる。

とりわけ、本件においては、それまで何らの投資経験を有していない申立人が、通貨オプション取引の内容について全く理解できなかったために、相手方従業員である担当者に対し、危険性のある金融商品取引をする意向がない旨明確に伝えていたにもかかわらず、担当者による執ような勧誘を受け、危険性のない取引であると誤信して開始した結果、1000万円を超える損害を被ったものである。(疎甲1)

また、当職は、申立人の依頼を受け、相手方に対し、相手方の勧誘方法や取引の経過に問題がある旨指摘し、相手方の保管する各種帳簿類の開示を求めたが、相手方は、責任を否定する発言に終始し、必要書類の任意交付を拒絶した。(疎甲4、5)
(3)　このような事情に照らせば、申立人が上記訴訟を提起した場合、相手方が、その管理下にある帳簿等を改ざんするなどの危険性が高いといえる。
6　まとめ
よって、申立人は、そのような相手方による帳簿等の改ざんを防ぐために、本件申立てに及んだ次第である。

疎　明　方　法
1　疎甲第1号証　　陳述書(申立人)
2　疎甲第2号証　　パンフレット
3　疎甲第3号証　　取引残高報告書
4　疎甲第4号証　　通知書
5　疎甲第5号証　　回答書
　　(中略)

添　付　書　類
1　疎明方法の写し　　　　　　　　　　　　　　　各2通
2　訴訟委任状　　　　　　　　　　　　　　　　　1通
3　資格証明書　　　　　　　　　　　　　　　　　1通

（別紙当事者目録省略）

（別紙）

検 証 物 目 録[*11]

　申立人（昭和〇〇年〇月〇日生）の令和〇年〇月〇日付け契約締結に係る通貨オプション取引（取引期間令和〇年〇月〇日から令和〇年〇月〇日まで）に関して作成された下記の資料（電磁的記録を含む）

記

1　取引口座開設申込書
2　取引の理解に関する確認書
3　適合性審査に関する文書
4　取引勘定元帳
5　顧客カード
6　業務日誌及び管理日誌（ただし、相手方従業員〇〇〇〇、△△△△及び□□□□がそれぞれ作成した上記取引期間内のもの）
7　申立人と相手方従業員との間の電話での通話内容を録音した記録（ただし、上記取引期間内のもの）
8　その他本件の取引に関して作成された一切の書類及び電磁的記録等

[*9]　金融商品取引事件を本案訴訟とする証拠保全の申立書の記載方法については、**Q93**参照。
[*10]　検証場所についての注意点は**Q96**、検証物提示命令の申立てと発令の注意点は**Q97**参照。
[*11]　検証物目録についての注意点は、**Q93**、**Q94**参照。

4　決定書例（金融商品取引関係）

令和〇〇年(モ)第〇〇〇〇号　証拠保全申立事件

決　　　定

　　当事者の表示　　別紙当事者目録記載のとおり

　上記当事者間の頭書事件について、当裁判所は、申立てを理由あるものと認め、次のとおり決定する。

主　　　文

1　東京都○○区○○町○丁目○番○号所在の相手方本店に臨み、相手方保管に係る別紙検証物目録記載の物件について検証する。
2　上記証拠調べ期日を令和○○年○○月○○日午後1時と指定する。
　令和○○年○○月○○日
　　東京地方裁判所民事第○部
　　　　　　裁　判　官　　　○　○　○　○　　印
(別紙省略)

第2　決定書主文例

1　相手方病院の保管に係る診療録等を検証した事例
（検証物提示命令留保）＊12

(1)　東京都○○区○○町○丁目○番○号所在の相手方の開設する○○病院に臨み、相手方保管に係るＡ（昭和○○年○月○日生、令和○○年○月○日死亡）の診療（令和○○年○月○日から令和○○年○月○日まで）に関する下記の物件（電磁的記録、変更履歴を含む）を検証する。

記

ア　診療録（外来診療録、入院診療録、問診票、医師指示票、食事指示票、処方箋、処置録、放射線照射録、診断書控え、紹介状等を含む。）
イ　看護記録（温度板等を含む。）
ウ　各種検査の写真、伝票、記録、報告書等（レントゲン写真、内視鏡写真、造影写真、MRI検査写真、CTスキャン、超音波検査、脳波、心電図、経皮的動脈酸素飽和度測定検査、血液検査、生化学検査、細菌検査等に関するものを含む。ビデオによるものも含む。紹介状等も含む。）
エ　医師当番表
オ　看護師当番表
カ　病棟日誌
キ　診療報酬請求書（レセプト）控え
ク　その他診療に関する一切の資料
(2)　上記証拠調べ期日を令和○○年○○月○○日午後1時と指定する。

＊12　検証物提示命令を留保する取扱いについては、**Q30**、**Q55**以下参照。

2　相手方病院の保管に係る診療録等を検証した事例
（検証物提示命令発令）

(1)　東京都○○区○○町○丁目○番○号所在の相手方の開設する○○病院に臨み、相手方保管に係る別紙検証物目録記載の物件を検証する。
(2)　相手方は、上記検証物を証拠調べ期日において提示せよ。
(3)　上記証拠調べ期日を令和○○年○○月○○日午後1時と指定する。
（別紙省略。以下同じ。）

3 第三者たる医師の保管に係る診療録等を検証した事例
（検証物提示命令発令）*13

【従来型の証拠が第三者の保管に係る場合の決定書例（証拠法大系5巻192頁〔齋藤隆・阿閉正則・下澤良太・餘多分亜紀執筆部分〕）】

> (1) 東京都○○区○○町○丁目○番○号所在の相手方病院に臨み、乙野花子保管の甲野一郎（昭和○○年○月○日生）の診療（診療期間令和○年○月○日から同○年○月○日）に係る別紙目録記載の物件を検証する。
> (2) 乙野花子は、上記検証物を証拠調べ期日に提示せよ。
> (3) 上記証拠調べ期日を令和○○年○月○日午後○時と指定する。

【電磁的記録が第三者保管に係る場合の決定書例】

> (1) 東京都○○区○○町○丁目○番○号所在の相手方病院に臨み、乙野花子所持*14の甲野一郎（昭和○○年○月○日生）のメール（対象期間令和○年○月○日から同○年○月○日）に係る別紙目録記載の物件を検証する。
> (2) 乙野花子は、上記検証物を証拠調べ期日に提示せよ。
> (3) 上記証拠調べ期日を令和○○年○月○日午後○時と指定する。

*13 検証物提示命令を発令するにあたり、所持者が当事者以外の第三者である場合には、第三者を審尋しなければならないことについて、**Q32**参照。第三者に対する証拠保全決定送達の要否について、**Q47**参照。

*14 令和4年法律第48号による改正後の民訴法231条の2第1項では、電磁的記録の証拠調べについて、その申出は当該電磁的記録を提出し、または当該電磁的記録を利用する権限を有する者にその提出を命ずることを申し立ててしなければならないと規定している。そのため、「相手方が利用権限を有する」という表現を用いるほうが適切な場合もある。

4 マンション上下階間の漏水事故において相手方の居宅を検証した事例*15

> (1) 東京都○○区○○町○丁目○番○号所在の○○マンション○階○○○号室の相手方居室に臨み、同室内部の溢水箇所及びその状況について検証する。
> (2) 上記証拠調べ期日を令和○○年○○月○○日午後○時と指定する。

*15 検証対象物の特定はこの程度でよいと思われるが、検証にあたっては、当

事者双方に事前に指示説明書を提出させ、検証の実施および調書作成を正確かつ迅速に行うことができるようにしておく必要がある。

5 相手方の保管に係る診療録等につき検証物送付嘱託を行い、検証を実施した事例[16]

【証拠保全決定及び期日指定を一括して行う場合】

> (1) 相手方に別紙検証物目録記載の物件を当裁判所へ送付する旨の嘱託をする。
> (2) 上記物件について検証する。
> (3) 上記証拠調べ期日を令和○○年○○月○○日午後○時と指定する。

【まず送付嘱託決定を行い、検証物到着後に期日指定を行う場合】[17]

> (送付嘱託決定)
> 　相手方に別紙検証物目録記載の物件を当裁判所へ送付する旨の嘱託をする。

> (証拠調べ期日指定の決定)
> (1) 別紙検証物目録記載の物件について検証する。
> (2) 上記証拠調べ期日を令和○○年○○月○○日午後○時と指定する。

[16] 証拠保全において送付嘱託の方法を採用する場合の注意点につき、Q29、実施の際の注意点につきQ86、Q87参照。

[17] 送付嘱託を先行させる取扱いによれば、まず、裁判所において送付嘱託を採用する旨決定し、裁判所書記官が所持者に対して送付嘱託を行い（民訴規則31条2項）、検証物の到着を待って証拠調べ期日を指定することとなる。
　よって、送付嘱託採用決定における別紙目録と、証拠調べ期日の指定における別紙目録の内容は異なる可能性がある。

6 第三者たる医師の保管に係る診療録等につき検証物送付嘱託を行った事例

【証拠保全決定および期日指定を一括して行う場合】[18]

> (1) 丙野三郎に別紙検証物目録記載の物件を当裁判所へ送付する旨の嘱託をする。

第1章　申立書例・決定書例・主文例　333

(2) 上記物件について検証する。
(3) 上記証拠調べ期日を令和○○年○○月○○日午後○時と指定する。

＊18　まず送付嘱託決定を行い、嘱託文書到着後に期日指定を行う場合については、主文例5参照。

7　相手方の保管に係る診療録等につき文書提出命令を行った事例

(1) 相手方は、この決定謄本送達の日から○○日以内に、別紙文書目録記載の文書を当裁判所に提出せよ。
(2) 上記文書を書証として取り調べる。
(3) 上記証拠調べ期日を令和○○年○○月○○日午後○時と指定する。

8　相手方の保管に係る診療録等につき文書送付嘱託を行い、書証として取り調べた事例

【証拠保全決定および期日指定を一括して行う場合】＊19

(1) 相手方に別紙文書目録記載の文書を当裁判所へ送付する旨の嘱託をする。
(2) 上記文書について、書証として取り調べる。
(3) 上記証拠調べ期日を令和○○年○○月○○日午後○時と指定する。

【まず文書送付嘱託決定を行い、嘱託文書到着後に期日指定を行う場合】

（文書送付嘱託決定）
　相手方に別紙文書目録記載の文書を当裁判所へ送付する旨の嘱託をする。

（証拠調べ期日指定の決定）
(1) 別紙文書目録記載の文書について、書証として取り調べる。
(2) 上記証拠調べ期日を令和○○年○○月○○日午後○時と指定する。

＊19　文書送付嘱託の方法による場合の手続はQ86、その注意点はQ87参照。

9　死に瀕している証人の臨床尋問を証拠保全で行った事例

(1)　東京都○○区○○町○丁目○番○号所在の○○病院において、証人丁野四郎を別紙尋問事項につき尋問する。
(2)　上記証拠調べ期日を令和○○年○○月○○日午後○時と指定する。

10　焼損した建物について鑑定を行った事例[20]

(1)　相手方所有にかかる東京都○○区○○町○丁目○番○号所在建物につき、令和○○年○○月○○日に同建物において発生した火災の出火原因及び出火場所に関する鑑定の申出を採用する。
(2)　本件の鑑定人として、東京都△△区△△町△丁目△番△号　△△△△を指定する。

[20] 機械設備について検証および鑑定を行う場合の主文について、松田克己「証拠保全覚書」全国書協会報84号49頁参照。

11　調査嘱託を行った事例[21]

株式会社○○銀行に別紙記載事項について調査の嘱託をする。

[21] 調査嘱託による証拠保全を行うにあたっての注意点につき、**Q89**参照。
なお、調査嘱託の結果は口頭弁論に顕出することによって訴訟資料となるとする見解によれば（最判昭45.3.26民集24巻3号165頁参照）、証拠調べ期日を設ける必要はないものと思われる。

第3 却下決定例

1 却下決定例①（全部却下）

令和○○年㋲第○○○○号　証拠保全申立事件

　　　　　　　　　　決　　　　定

　　　　当事者の表示　　別紙当事者目録記載のとおり

　　　　　　　　　　主　　　文
　　本件申立てを却下する。
　　　　　　　　　　理　　　由
　　本件申立ては、その証明すべき事実が明らかでないところ、申立人はその補正をしないし、また、証拠保全の事由につき、これを認めるに足りる疎明もないので、当裁判所は、これを却下することとし、主文のとおり決定する。
　　令和○○年○○月○○日
　　　東京地方裁判所民事第○部

　　　　　　　　　　　　　裁　判　官　　○　○　○　○　印

（別紙省略）

2 却下決定例②（一部却下）

令和○○年㋲第○○○○号　証拠保全申立事件

　　　　　　　　　　決　　　　定

　　　　当事者の表示　　別紙当事者目録記載のとおり

　　　　　　　　　　主　　　文
1　東京都○○区○○町○丁目○番○号所在の相手方の開設する○○病院に臨み、相手方保管に係る別紙検証物目録記載の物件について検証する。
2　上記証拠調べ期日を令和○○年○○月○○日午後○時と指定する。
3　申立人のその余の申立てを却下する。
　　　　　　　　　　理　　　由
（理由省略）

令和○○年○○月○○日
　東京地方裁判所民事第○部

　　　　　　　　　　　　　　　裁　判　官　　○　○　○　○　印

（別紙省略）

第4　申立てチェックリスト（検証・書証）

1	申立書		□作成者、作成年月日、宛先の記載、作成者の押印 □添付書類の有無（委任状、資格証明書、疎明方法の写し等）
2	管轄	提訴前	□証人、文書の所持者、検証物の所在地（民訴法235Ⅱ）
		提訴後	□証拠を使用すべき審級の裁判所（第1回期日指定前、同Ⅰ本文） □受訴裁判所（第1回期日指定後、弁論終結まで、同Ⅰただし書）
		提訴後（例外）	□証人、文書の所持者、検証物の所在地（同Ⅱ） □急迫の事情（同Ⅲ）の存在
3	貼用印紙		□一つの申立てにつき500円
4	当事者目録		□郵便番号、電話番号、ファクシミリ番号の記載 □訴訟委任状、資格証明書との照合 □未成年者における法定代理人親権者の記載、戸籍謄本（戸籍全部事項証明書）等との照合 □相手方の表示（本案の被告） □送達先（受送達者注意）
5	物件目録		□患者、取引行為者等につき生年月日等による特定 □診療、取引期間等の特定 □対象物の記載 □電磁的記録等の記載
6	疎明資料		□疎甲第○号証の記載 □原本・写しの別
7	添付書類		□資格証明書は3カ月以内に発行された原本 □未成年者については本人と親権者の戸籍謄本（戸籍全部事項証明書）等 □委任状の委任事項、受任者と委任者の住所氏名、押印、日付
8	申立ての趣旨		□検証対象物、書証対象物の特定 □検証、書証の別 □検証物提示命令、文書提出命令の申立ての有無

9	申立ての理由	□証すべき事実 □証すべき事実と証拠方法の関係 □証拠保全の事由 　（廃棄、改ざんのおそれ等） □本案提起の予定 □証拠保全の対象物の存在の疎明 □証拠保全の事由につき具体的なおそれを基礎付ける疎明
10	面接	日時　　　年　　月　　日　　時　　分 □疎明資料の原本確認 □訂正、補充、疎明資料追完等の指示、確認 □送達方法（執行官or郵便） □実施方法、見込時間、予定人数 □実施日時 □検証物提示命令の取扱い
11	裁判官指示事項等	□申立人（代理人）への送達 □相手方又は第三者への送達方法 □官用車使用申請、出張命令等 　（メモ）

第2章

調書記載例

【目　　次】

- 第1　検証目的物の範囲の明示に関する記載例 …………………………………343
    - 1　決定書の検証物目録と提示された検証物との対応確認 ………………343
    - 2　検証目的物の一部を取り下げた場合 ……………………………………343
    - 3　原本の代わりに印字したものを検証物として提示された場合 ………344
- 第2　検証物に修正等がある場合の記載例 ……………………………………345
    - 1　修正液で塗りつぶされた箇所があり、その下の記載が読めない場合 …345
    - 2　修正液で塗りつぶされた箇所があり、その下の記載が読める場合 ……345
    - 3　付箋が貼られていた場合 …………………………………………………345
    - 4　鉛筆による書き込みがあった場合 ………………………………………345
    - 5　カラーの記載があった場合 ………………………………………………346
- 第3　検証物が電磁的記録だった場合の記載例 ………………………………347
    - 1　電磁的記録の代わりに印字書面の提示を受けた場合 …………………347
    - 2　録音記録が提示された場合 ………………………………………………347
    - 3　DVD等が提示された場合 ………………………………………………348
- 第4　検証の全部または一部不能の場合の記載例 ……………………………350
    - 1　法人格が別であることによる検証不能の場合 …………………………350
    - 2　目的物を作成していないことによる検証不能の場合 …………………350
    - 3　一部不能の場合 ……………………………………………………………351
- 第5　検証物提示命令に関する記載例 …………………………………………352
    - 1　申立人が検証物提示命令の申立てを取り下げた場合 …………………352
    - 2　現場において検証物提示命令を発令し、これに対し相手方が異議を述べた場合 ……………………………………………………………………352
    - 3　検証物提示命令申立てに対する判断を留保する場合の記載例 ………352
- 第6　その他 ………………………………………………………………………354
    - 1　未開封の封筒を開封した場合 ……………………………………………354
    - 2　申立人が相手方提示の物以外にも検証目的物があるはずだと述べた場合 …………………………………………………………………………354

証拠保全に関する調書の記載例を掲載した文献には、以下のものがあります。

裁判所職員総合研修所監修『民事実務講義案Ⅰ〔五訂版〕』（司法協会、2016）233頁

裁判所書記官研修所監修『新民事訴訟法における書記官事務の研究Ⅰ』（司法協会、1998）267頁

鈴木信幸『民事検証の手続と調書』（法曹会、1976）387頁

松田克己『民事訴訟における証拠保全に関する実証的研究』昭和45年度裁判所書記官実務研究第9巻第2号163頁

佐々木茂美編著『新版医事関係訴訟の実務』（新日本法規、2005）63頁

第1　検証目的物の範囲の明示に関する記載例

1　決定書の検証物目録と提示された検証物との対応確認

(当事者の指示説明欄)
相手方
1　ここに提示したものが、検証の目的物になっている文書及び電磁的記録である。
　　なお、前記「第1　検証の目的物」記載の各番号ごとの文書及び電磁的記録については次のとおり。
(1)　「1　委託者別外国為替証拠金取引勘定元帳」及び「2　委託者別委託証拠金現在残高」については、「顧客売買報告書」のうち「決済明細報告書」欄、「未決済明細報告書」欄及び「スワップ金利」欄、並びに「売買報告書」のうち「決済建玉明細」欄、「未決済建玉明細」欄及び「スワップ金利」欄が、「1　委託者別外国為替証拠金取引勘定元帳」に該当し、同各書面のうち「口座残高報告書」欄が、「2　委託者別委託証拠金現在残高」に該当する。
(2)　申立人と相手方従業員との会話を記録した録音記録は存在しない。

2　検証目的物の一部を取り下げた場合

(当事者の指示説明欄)
相手方
1　本件証拠保全決定で検証の目的物となっている領収書については、領収書は支払をした者に交付しているものであり、相手方において保管しているものとしては、入金票が領収書に当たる。
2　検証の目的物となっている受任事件簿及び入金票を提示する。
申立人
　　検証の目的物である領収書（入金票）について、令和4年分を除いて取り下げる。

3 原本の代わりに印字したものを検証物として提示された場合

（当事者の指示説明欄）
相手方
1　診療報酬明細書（レセプト）の控えについては、電磁的記録として保管されているので、それを印字したものを提示する。
2　上記診療報酬明細書（レセプト）の印字された用紙の所有権を放棄する。

第2　検証物に修正等がある場合の記載例

1　修正液で塗りつぶされた箇所があり、その下の記載が読めない場合

（検証の結果欄）
　相手方提示に係る文書等の記載内容は以下1ないし8に記載するほか添付複写紙のとおりである。
1　診療録は、添付複写紙のとおりである。ただし、診療録3丁表の作成日付欄5行目の記載は修正液で塗りつぶされ、上に「3／5」と記載されていた。修正液の下の記載は判読できなかった。
（…以下省略…）

2　修正液で塗りつぶされた箇所があり、その下の記載が読める場合

　診療録は、添付複写紙のとおりである。ただし、診療録3丁表の作成日付欄5行目の記載は修正液で塗りつぶされ、上に「3／5」と記載されていた。その下の文字は「7／30」と読めた。

3　付箋が貼られていた場合

　麻酔記録は、添付複写紙のとおりである。ただし、麻酔記録の右下に位置する看護師名欄に「〇〇」と記載された付箋が貼られていた（その付箋の下の記載は添付複写紙のとおりである）。

4　鉛筆による書き込みがあった場合[*22]

　麻酔記録は、添付複写紙のとおりである。ただし、麻酔記録の左上部に位置

> する術前措置欄に、鉛筆書きで「〇〇〇〇」と記載されていた。

*22　鉛筆による書き込みは、容易に消去、改ざんできるので、調書に記載しておく意味がある。

5　カラーの記載があった場合

> 　手術記録は、添付複写紙のとおりである。ただし、手術記録の左下部に位置する既往歴等欄には、赤字で「〇〇〇〇」と記載されていた。

第3　検証物が電磁的記録だった場合の記載例

1　電磁的記録の代わりに印字書面の提示を受けた場合

（検証の結果欄）
　相手方提示に係る文書等の記載内容は、以下1ないし10に記載するほか、添付複写紙のとおりである。なお、裁判官が、電磁的記録を印字した書面と、CD-R内の電磁的記録の内容とが同一であることを、同書面と同CD-R内の電磁的記録のディスプレイ画面とを照合し、確認した。[23]
　…（1ないし9は省略）…
10　電磁的記録を印字した書面30枚（添付複写紙42枚目以降。前項のCD-R内の電磁的記録をＡ4判用紙に印刷したもの。）
　(1)　DVDドライブ（Ｅ：）と題する画面（添付複写紙42枚目。フロッピーディスク内に23の文書が保管されていることを示すもの。以下、文書名の特定は、同画面表示内の表記による。）
　(2)　初診記録252501（添付複写紙43枚目ないし45枚目）
　…（以下省略）…

[23]　電磁的記録をディスプレイ画面に表示させることが可能な場合には、電磁的記録と印字書面との同一性を確認することが望ましい。

2　録音記録が提示された場合[24]

（検証の結果欄）
　相手方提示に係る文書等の記載内容は、以下1ないし8に記載するほか、添付複写紙、添付CD-Rのとおりである。
　…（1ないし3は省略）…
4　CD-R3枚
　「4／18　○○○○様ご遺族」と記載されたインデックスが貼付されたもの、「4／27　○○○○様ご遺族」と記載されたインデックスが貼付されたもの、「5／1　○○○○様ご遺族」と記載されたインデックスが貼付されたものの各音声データをCD-R3枚にコピーし、本調書末尾に添付した。ただし、「4／18　○○○○様ご遺族」と記載されたインデックスが貼付されたCD-Rに収録されている音声は、本件と無関係な会議の音声であることが明らかであるため、録音しなかった。

> 5　診療録19冊の表紙部分、CTスキャン及びレントゲン写真の入っていた紙封筒
> 　　これらの状況は、別添CD-Rの映像のとおりである。
> 　…（中略）…
>
> 　　　　　　　　　　　　　　　　　　　　裁判所書記官　　○　○　○　○

＊24　添付CD-Rと調書との連続性が容易に認識できる措置をとるべきである。

3　DVD等が提示された場合

> （当事者の指示説明欄）
> 相手方（○○○○）
> 　　ここに提示したものが、検証の目的物になっている文書及び電磁的記録である。なお、前記「第1　検証の目的物」記載の各番号ごとの文書及び電磁的記録については次のとおりである。
> 　…（1ないし3は省略）…
> 4　「6　申立人と相手方従業員との会話（電話によるものを含む。）を記録した電磁的記録媒体」に関しては、検証の対象期間内における申立人を含めた顧客から相手方への売付注文や買付注文の電話での会話を録音したものとしてCD-R 2枚（下記①及び②）とDVD-RAM 5枚（下記③ないし⑦）がある。
> 　　CD-Rには相手方旧事務所において、売付注文や買付注文の電話を受けた際の会話が残されている。電話での会話は当時四、五台設置されていた小型ICレコーダーにて録音し、後にこれをCD-Rに落としたものである。令和5年5月以降はDVD-RAMに保存しているが、これは専用の大型録音機を使用して録音したものである。
> 　　録音された内容がどの顧客に関するものかを識別するには、それぞれの録音内容を再生し、会話の冒頭で話されるコードナンバーの確認をもって行う以外に方法はない。なお、申立人のコードナンバーは342である。
> 　　　　　　　　　　　　　　　記
> ①　CD-R上に「令和5.3.12」と表示のあるもの（なお、記載日付は、ICレコーダー内の録音内容をCD-Rに移し替えた日付を示す。）。
> ②　CD-Rケース上のラベルに「音機5.4.16」と記載されたもの（令和5年3月12日から同年4月16日までの録音を収めたものである。）。
> 　…（③ないし⑥は略）…
> ⑦　令和6年1月16日以降の録音を保存している現在使用中のDVD-RAM。
> 5　「7　前記6の記録に付随して作成、記録された、通話日時、通話時間等

についての電磁的記録及び前記6のCD-R等に添付された、通話日時、通話時間、担当者等を記載した文書」としては、前項に記載したCD-R及びDVD-RAMに対応することが可能なパソコンにおいて中身を開くことにより、同画面上に内線電話番号ごとに、個別通話の録音開始日時及び録音終了日時を表示することができる。

(検証の結果欄)
　　相手方提示にかかる文書等の記載内容は、以下1ないし8に記載するほか、添付CD-R、添付DVD-RAM及び添付複写紙(別冊)のとおりである。
　…(1ないし3は省略)…
4　CD-R 2枚
　　現場において、CD-R上に「令和5.3.12」と表示のあるもの(当事者指示説明欄4項①)及びCD-Rケース上のラベルに「音機5.4.16」と記載されたもの(同②)について、相手方の同意を得て複製を作成し、それを本調書末尾に添付した。なお、上記②CD-Rの中身を確認したところ、何も記録されていないことが判明したので、立会人に理由を尋ねたところ、担当者が本日夜勤明けのため不在であり、同人に連絡がつかないので詳細は不明であるとの回答を得た。
5　DVD-RAM 3枚(現在使用中のもの以外のDVD-RAMをカートリッジに入れられた状態でその表面を撮影したもの)
　…(以下省略)…

第4　検証の全部または一部不能の場合の記載例

1　法人格が別であることによる検証不能の場合

（検証不能）
　相手方代表者は、○○○○美容外科クリニックなる名称で本件医院を経営しているのは△△△△であって、確かに△△△△は相手方会社の取締役であり、かつ相手方会社は○○○○美容外科クリニックに対し資金、機材等を提供しその経営のコンサルティングを行ってはいるものの、○○○○美容外科クリニックと相手方会社とは別人格であるとの理由で検証を拒否したため、検証不能であった。

2　目的物を作成していないことによる検証不能の場合[*25]

（当事者の指示説明欄）
相手方立会人　株式会社○○○○ゼネラルマネージャー△△△△
　1　当社の代表者代表取締役である□□□□は、本日出勤していない。□□□□が当社に出勤するのは、月に二、三回程度である。本日は、私から□□□□へ連絡が取れない。
　2　当社は、本件検証の目的物を含む、金銭に関する出納関係帳簿類を一切作成していない。株式会社○○○○として確定申告は行っているようだが、これは、□□□□が直接税理士に依頼しているようで、当社には確定申告関係書類はないし、税理士の連絡先等も分からない。確定申告についても、当社の帳簿類は一切ないことから、税理士には書面での資料は一切渡していないので、どのように申告手続きを行っているのか分からないが、恐らく、大体のところを口頭で税理士に伝えているのではないか。
　3　疎甲第10号証添付資料5によると当社が「マルチ商法」の業者として載っているようだが、実際には5年以上前にいわゆるマルチといわれている商売はやめている。当社は現在、「○○○○」という商品と美容関係のサロンを経営している。ただし、現在の経営実態になってから当社への売上金の入金はまだなく、税務署から電話の差押えをされている状態であるが、今年の5月頃から入金の見込みがあるかもしれない。
　4　上記のような経営状態であるので、私は令和5年5月頃から給料をもらっていないし、□□□□にも役員報酬等の金員は渡っていないはずであ

> る。私は、株式会社○○○○から給料をもらっていないので、他の仕事もしている状況であるが、万が一、□□□□に役員報酬等のお金が渡っていたら憤慨するものである。
> 5　私も本件証拠保全以前からの申立人と□□□□の経緯については、把握している部分もあるので、後日、私から□□□□に連絡が取れたときに、本日の事実経過及び申立人代理人に直接連絡をして打合せをするように伝える。
>
> （検証の結果欄）
> 　相手方立会人が検証の目的物を作成していないと供述し、提示を受けられないので、検証不能であった。

＊25　検証不能の場合は、このように不能となった事情や当事者の述べた理由を具体的に記載する例もある。

3　一部不能の場合

> （当事者の指示説明欄）
> 相手方
> 1　決定書別紙検証物目録1(5)の分類調査票は分類処遇の基礎資料であり内部文書として処遇に必要な事項が細かく記載されているものであり、民訴法220条4項のロに該当する文書であると思うので提示しない。
> 2　決定書別紙検証物目録1(7)の給食記録は存在しない。同内容で別標題の記録も存在しない。
> 3　決定書別紙検証物目録5及び6の各書類については、「○○○○」では特定不十分であり、たとえ特定ができても収容されているかどうかを答えることになるし、「○○○○」のプライバシー保護の観点及び守秘義務の観点から提示すべきでないと思う。
> 　…（以下省略）…
> （一部不能）
> 　決定書別紙検証物目録1の(5)及び(7)、5並びに6記載の各書類は、前記（当事者の指示説明欄）記載の各理由により相手方が任意の提示を拒んだり、書類自体が存在しなかったため検証不能であった。

第5　検証物提示命令に関する記載例

1　申立人が検証物提示命令の申立てを取り下げた場合

(検証物提示命令について)
申立人
　　本件提示命令の申立てを取り下げる。

2　現場において検証物提示命令を発令し、これに対し相手方が異議を述べた場合

(検証物提示命令について)
裁判官
　　相手方に対し、本調書第○項の検証の目的物に記載の診療録及び医師指示票の提示命令
相手方
　　提示命令に異議があるので、即時抗告する予定である。

3　検証物提示命令申立てに対する判断を留保する場合の記載例

(当事者の指示説明)
相手方
　　決定書別紙検証物目録(以下「目録」という。)記載1に当たる目的物は、相手方は所持しない。
　　目録記載2及び3に当たる目的物は、相手方の職務上知り得た事実で黙秘すべきもの(民訴法197条1項2号)に当たり、提示義務はない。
申立人
　　目録記載1の目的物は、相手方が関係取締法規に基づいて現在も保管すべき文書であり、所持しないはずがない。
　　目録記載1の目的物に基づいて行うべき報告を欠くことにより、相手方にいかなる行政上の不利益が生じ得るかにつき、主張の追加を検討する。

（検証の結果欄）
　　目録記載1ないし3の各目的物は、前記（当事者の指示説明）相手方欄記載の各理由により、提示を受けられなかった。
（検証物提示命令について）
申立人
　　本件提示命令の申立てのうち、目録記載1ないし3以外の目的物に係る部分を取り下げる。
相手方
　　目録記載2の目的物は、改ざん防止の対応として、本建物内にある相手方の金庫に格納した。当該金庫の鍵は、本証拠保全手続の終了までの間、本日中に到着する顧問弁護士において保管してもらう予定である。
　　目録記載1の目的物は、担当部署において廃棄済みと報告を受けており、既に存在しないが、仮に発見されたときは、その分量等に応じて上記顧問弁護士に改ざん防止の対応をしてもらうこととする。
申立人
　　相手方の改ざん防止の対応に異議はない。
裁判官
　　相手方に対し、目録記載3の目的物につき、民訴法232条、223条6項により提示を命ずる。
相手方
　　目録記載3の目的物（電磁的記録）を本日出力して印字した用紙を提示する。
　　上記印字された用紙の所有権を放棄する。
裁判官
　1　目録記載1ないし3の目的物につき、本件提示命令の判断を留保する。
　2　目録記載3の目的物につき、民訴規則152条、151条、141条により、相手方が提示した用紙を一時保管する。
　3　当事者双方は、○月○日までに、上記各目的物に係る提示命令の可否について、主張及び証拠の提出をすること。
　4　本件提示命令を発令し、同決定が確定した場合は、再度検証期日を指定することとする。本件提示命令を却下する場合は、却下決定が確定したときは検証不能として証拠保全手続を終了させることとし、上級審で提示命令が発令され、同決定が確定したときは再度検証期日を指定することとする。

第6 その他

1 未開封の封筒を開封した場合

（検証の結果欄）
　　相手方提示に係る文書等の記載内容は、以下1ないし8に記載するほか、添付複写紙のとおりである。
　…（1ないし3省略）…
　4　相手方宛ての封筒及び手紙は別紙複写紙（添付複写紙50枚目及び51枚目）
　　　封筒は、未開封だったので、相手方の同意を得て、開封の上手紙を取り出し、検証した。

2 申立人が相手方提示の物以外にも検証目的物があるはずだと述べた場合

（当事者の指示説明欄）
相手方
　　本件検証の目的物としては、ここに提示してあるものだけであり、決定書別紙検証物目録に記載されているその他のものは一切ない。
申立人
1　歯科診療録5丁裏は、診療当初白紙だったものがすべて書き換えられており、同診療録5丁裏と6丁表との間にあったはずのカルテが2枚なくなっている。その2枚のカルテには罫線がなかった。
2　歯科診療録について、令和5年12月頃、診療録中に「すぐ抜けた」「○○炎」との記載があったはずだが、同記載がなくなっている。
3　歯科診療録について、令和5年12月27日及び令和6年1月12日に受診した際の各カルテがあったはずだが、同カルテがなくなっており、同診療録10丁裏をみると「12月18日（続）」の記載の後「06.2.20」の記載に日付が飛んでいる。
4　○○歯科大学医学部附属病院診療録4丁表について、相手方麻酔科医師が記入したはずの記載がなくなっている。

事項索引

[あ行]

アクセスログ……………………115

移送………………………100, 101

[か行]

改ざんのおそれ…………122, 125, 130, 133, 161, 178, 179, 198, 202, 227, 254, 269, 270, 276, 280, 286, 296, 297, 299
学校法人………………………81, 185
家庭裁判所……………………96, 108
カメラマン同行方式………33, 159, 160, 194, 195, 224, 225
簡易裁判所…………96, 97, 107, 108
管轄…17, 96, 99, 106, 108, 271, 277, 282
官公署、事務所、住居等の管理者
………………………………201
看護記録…………29, 37, 45, 48, 146
鑑定………………97, 149, 269, 282
管理者………………82, 192, 200

期日の呼出し…………176, 181, 273
却下……………111, 114, 148, 151, 177
却下決定…………170, 173, 207, 208
旧国立病院………………………81, 188
業務日誌………293, 297, 299, 301, 308
金融商品取引事件………296, 299, 301, 304, 306

クラウドサービス…………94, 102〜105

計算書類…………………………299
決定書……………………………36
検証………129, 133, 139, 149, 164, 178, 219, 223, 236, 246, 260, 269, 270
検証協力義務……………136, 137, 238
検証調書…………………………56
検証場所の管理者………………200
検証不能…………196, 197, 200〜202, 211, 213〜216, 241, 242, 254, 256, 260, 262, 305
検証物提示命令…………17, 27, 50, 114, 129, 136, 139, 141, 146, 147, 163, 172, 173, 183, 196, 197, 203〜205, 207, 208, 211, 216, 283, 306

抗告………………………170, 211
公示送達…………89, 177, 181, 182
更新履歴……29, 46, 237, 243, 246〜248
更正決定…………166, 167, 177, 221
公立大学法人……………………81
公立病院………………………191, 192
顧客カード………………………299
顧客勘定元帳……………301, 305
国立高度専門医療研究センター……81, 187, 188, 190
国立大学法人……………………81, 187
国立ハンセン病療養所……81, 186, 188
国立病院…………………81, 186, 188, 190
国立病院機構…………………186〜189
国立病院機構所管………………189
国立療養所………………………81
コピー機…………195, 225, 232, 233
コピー費用………………………232
コピー方式………………159, 160, 224
コンピュータソフトウェア…………237

[さ行]

サーバー………………94, 95, 104, 302

事項索引　355

再開……………………………………262
散逸………112, 127, 270, 275, 293, 297

事故報告文書………………145〜148
自己利用文書………145, 146, 306〜308
執行官送達……………24, 30, 37, 149,
　　　　　　　　　　　161, 178, 179, 272
シネフィルム……………………………250
事物管轄……………………………………97
シャウカステン…47, 50, 227, 232〜234
出勤簿………………………………………292
主文の範囲外の物………………219, 221
証拠開示機能………………………64, 120
証拠調べが不能…………………………177
証拠調べ期日…………31, 40, 169, 176,
　　　　　　　　　217, 272, 275, 278, 286
証拠調べ期日の期日請書…………37
証拠調べ期日の呼出状……37, 175, 176
証拠調べ調書……………………………264
証拠調べに立ち会う機会………201, 265
証拠調べ不能………………273, 274, 279
証拠保全機能………………………………64
証拠保全における相手方……78, 80, 83
証拠保全の事由…………17, 71, 112, 129,
　　　　　　　　　270, 280, 285, 292, 296, 297
証拠保全の費用…………………………149
上程………………………………51, 263, 264
証人尋問………………………………269, 285
商品先物取引………………………126, 296
証明すべき事実……………17, 71, 110
職業・技術………………………………306
書証……………129, 133, 134, 143, 179,
　　　　　　　　　263, 269, 270, 271, 275
人事訴訟事件を本案訴訟とする証
　　拠保全の管轄………………………96
真実擬制…………………139, 143, 197, 209
審尋調書…………………………………157
診療報酬明細書………………………252

診療録……………113, 118, 122, 129, 140,
　　　141, 146, 164, 190, 198, 213, 221, 224,
　　　227, 229, 236, 246, 248, 249, 262, 269

責任者……………………………201, 202, 217

送達……………………………………………29
送達先………………………………183, 185
送達書類……………………………………175
送達場所………29, 89, 188, 191, 192, 304
送付嘱託………………………………133, 134
即時抗告……………173, 208〜211, 278
即時抗告権………………………………208
訴訟救助……………………………152, 153
疎明………………113, 114, 118, 125, 127
疎明資料………………18, 19, 26, 37, 134,
　　　　　　　　　156〜159, 175, 176, 221
疎明方法……………………………………72, 124

[た行]

大学付属病院………………………81, 187
第三者…………………………………………78
第三者審尋………………………………163
第三者の審尋………………141, 143, 278
タイムカード……………………………292
立会いの機会……77, 79, 83, 87, 169,
　　　　　　　　　175, 178, 180, 185, 186,
　　　　　　　　　201, 217, 218, 273, 286

地方公共団体設置病院…………………82
地方裁判所………………96, 97, 107, 108
注文伝票…………298, 299, 301, 304, 307
調査嘱託………………………………269, 280
帳簿書類……………………………………297
帳簿類……………125〜128, 143, 144, 159
賃金台帳……………………………………292

訂正…………………………………………27

提訴前証拠収集処分‥‥‥‥‥66, 134,
　　　　　　　　　　276, 281, 284
データの復元‥‥‥‥‥‥‥‥‥‥238
デジタルカメラ方式‥‥‥159, 195, 224
デュープ‥‥‥‥‥‥‥‥‥‥‥‥230
電子カルテ‥‥‥‥29, 45, 46, 198, 236,
　　　　　　　　　　243, 246～248
電磁的記録‥‥‥‥159, 160, 236, 241,
　　　　　　　　243, 244, 246～248,
　　　　　　252, 293, 299, 301, 305

当事者尋問‥‥‥‥‥‥‥‥‥269, 285
当事者等の立会い‥‥‥‥‥‥‥‥217
当事者の死亡‥‥‥‥‥‥‥‥‥‥168
当事者の表示‥‥‥‥‥‥‥‥‥‥‥70
特別代理人‥‥‥‥87, 150, 168, 169, 217
独立行政法人‥‥‥‥‥‥‥‥81, 186
土地管轄‥‥‥‥‥‥‥‥99, 100, 106
取引口座開設申込書‥‥‥299, 301, 305
取引日記帳‥‥‥‥‥‥‥‥‥299, 307

[は行]

廃棄‥‥‥‥‥112, 127, 134, 213, 270,
　　　　　　271, 275, 293, 296, 297
バックアップデータ‥‥‥‥‥‥‥239

病棟日誌‥‥‥‥‥‥‥‥‥47, 49, 194

不服申立て‥‥‥‥‥‥‥‥‥‥90, 170
不服申立権‥‥‥‥‥‥‥‥‥152, 176
文書送付嘱託‥‥‥‥97, 143, 144, 215,
　　　　　　　　　　270～272, 275
文書提出義務‥‥‥‥‥‥‥‥129～131,
　　　　　　　　145～147, 277, 306
文書提出義務の除外事由‥‥‥‥‥143
文書提出義務のない文書‥‥‥‥‥131

文書提出命令‥‥‥‥143, 163, 270, 277
文書提出命令（検証物提示命令）‥163

併合申立て‥‥‥‥‥‥‥‥‥‥74, 99

法律関係文書‥‥‥‥‥‥‥‥307, 308
保存期間‥‥‥‥112, 127, 213, 249, 265,
　　　　　　275, 280, 293, 296, 297

[ま行]

マイクロフィルム‥‥‥‥‥‥‥‥249

民事保管物‥‥‥‥‥‥‥‥‥233, 256

メール‥‥‥‥‥‥‥‥‥95, 115, 293
面接‥‥‥‥‥‥‥‥24, 25, 156, 158,
　　　　　　　　　161, 220, 293, 305

申立手数料‥‥‥‥‥‥‥‥‥‥8, 149

[や行]

郵便送達‥‥‥‥‥24, 178～180, 272, 278

呼出状‥‥‥‥‥‥89, 175, 182, 272, 286

[ら行]

留置物受領書‥‥‥‥‥‥194, 235, 256
留置命令‥‥194, 232～234, 250, 255, 256

レセプト‥‥‥‥‥‥‥‥‥‥252～254
レントゲン‥‥‥‥‥‥‥‥‥‥47, 230
レントゲンフィルム‥‥‥‥‥‥49, 230

労働事件‥‥‥‥‥‥‥‥‥‥‥‥292
録音記録‥‥‥‥‥‥‥297, 299, 301, 305
ログ記録‥‥‥‥‥‥‥‥‥‥‥‥237

事項索引　357

証拠保全の実務【第3版】

2025年1月23日　第1刷発行
(2006年8月31日　初版発行)
(2015年8月5日　新版発行)

　　　　　　　　　　　編著者　朝　倉　佳　秀
　　　　　　　　　　　　　　　高　木　勝　己
　　　　　　　　　　　発行者　加　藤　一　浩

〒160-8519　東京都新宿区南元町19
発　行　所　一般社団法人　金融財政事情研究会
出 版 部　TEL 03(3355)2251　FAX 03(3357)7416
販売受付　TEL 03(3358)2891　FAX 03(3358)0037
URL https://www.kinzai.jp/

DTP・校正：株式会社友人社／印刷：株式会社太平印刷社

・本書の内容の一部あるいは全部を無断で複写・複製・転訳載すること、および磁気または光記録媒体、コンピュータネットワーク上等へ入力することは、法律で認められた場合を除き、著作者および出版社の権利の侵害となります。
・落丁・乱丁本はお取替えいたします。定価はカバーに表示してあります。

ISBN978-4-322-14483-3